DE LA SAGESSE,

TROIS LIVRES,

PAR PIERRE CHARRON,

PARISIEN, CHANOINE THÉOLOGAL ET CHANTRE EN L'ÉGLISE CATHÉDRALE DE CONDOM.

Nouvelle Édition,

PUBLIÉE

AVEC DES SOMMAIRES ET DES NOTES EXPLICATIVES,

HISTORIQUES ET PHILOSOPHIQUES,

PAR AMAURY DUVAL,

MEMBRE DE L'INSTITUT.

> Nostre livre instruit à la vie civile, et forme un homme pour le monde, c'est à dire à la sagesse humaine.
> PRÉFACE DE L'AUTEUR.

TOME SECOND.

Paris.

RAPILLY, PASSAGE DES PANORAMAS, N° 43.

1827

CHARRON.

II.

EX LIBRIS
J. BERRIAT St PRIX

ON TROUVE CHEZ LE MÊME LIBRAIRE.

Les Mille et un Jours, contes orientaux, traduits du turc, du persan et de l'arabe, par Petis-de-La-Croix, Galland, Chawis, etc. 5 beaux volumes in-8°, ornés de dix gravures dessinées par Deveria, et gravées par les premiers artistes. 45 fr.

Toutes les personnes qui ont souscrit à notre belle édition des *Mille et une Nuits*, s'empressent de compléter le recueil des contes orientaux connus jusqu'à ce jour, en y joignant cette nouvelle édition des *Mille et un Jours*.

Collection des Romans grecs, annotée par MM. Courier, Trognon, Buchon, etc. 4 vol. in-8°. 23 fr.

Chaque ouvrage se vend séparément, savoir :

Daphnis et Chloé, 1 vol. in-8°. 5 fr.

Les Amours de Théagène et Chariclée, 2 vol. in-8°. 12

L'Ane de Lucius de Patras, 1 vol. in-8°. 6

Théatre complet des Latins, avec le texte en regard. 15 vol. in-8°, papier vélin. Au lieu de 6 fr. 50 c. le volume, 5 fr. 50 c.

Chefs-d'oeuvre des théatres étrangers; traduits par MM. Aignan, Andrieux, etc. 44 vol. in-8°, papier satiné. Au lieu de 6 fr. le volume, 4 fr.

Les personnes qui prendraient les 59 vol. ne paieraient également le Théâtre des Latins que 4 fr. le vol.

DE LA SAGESSE.

LIVRE SECOND,
CONTENANT LES INSTRUCTIONS ET REIGLES GENERALES DE SAGESSE.

PRÉFACE,
Auquel y a peincture generale de sagesse, et le sommaire du livre.

SOMMAIRE. — Après avoir indiqué dans le premier livre, les moyens de se connaître, l'auteur recherchera dans le second, quelles sont les règles générales de la Sagesse; et dans le troisième, quelles en sont les règles particulières. — Il est étrange que la plupart des hommes se soucient peu de savoir bien vivre. — Le second livre est divisé en quatre parties : la première, traite de la préparation à la sagesse; la seconde, de ses fondemens; la troisième, des six fonctions de la sagesse; la quatrième, de ses effets et de ses fruits. Ce sont en tout douze règles et leçons de sagesse en autant de chapitres.

Exemples : Démocrite et Héraclite.

AYANT, au livre precedent, ouvert à l'homme plusieurs et divers moyens de se cognoistre, et toute l'humaine condition, qui est la premiere partie et un très grand acheminement à la sagesse, il faut maintenant entrer en la doctrine d'icelle, et entendre en ce second livre ses reigles et ses advis generaux, reservant les particuliers au livre suivant et troisiesme. C'estoit un prealable que d'appeller l'homme à soy, à se taster, sonder, estudier, afin de se cognoistre et sentir ses deffauts et sa miserable condition, et ainsi se rendre capable des remedes salutaires et necessaires, qui sont les advis et enseignemens de sagesse.

Mais c'est chose estrange que le monde soit si peu soucieux de son bien et amendement. Quel naturel que de ne se soucier que sa besongne soit bien faicte? On veust tant vivre, mais l'on ne se soucie de sçavoir bien vivre. Ce que l'on doibt le plus et uniquement sçavoir, c'est ce que moins l'on sçait et se soucie sçavoir. Les inclinations, desseins, estudes, essais, sont (comme nous voyons) dès la jeunesse si divers, selon les divers naturels, compagnies, instructions, occasions : mais aucun ne jette ses yeux de ce costé-là, aucun n'estudie à se rendre sage ; personne ne prend cela à cueur, l'on n'y pense pas seulement. Et si par fois, c'est en passant, l'on entend cela comme une nouvelle qui se dict où l'on n'a point d'interest : le mot plaist bien à aucuns, mais c'est tout ; la chose n'est de mise ny de recette en ce siecle d'une si universelle corruption et contagion. Pour appercevoir le merite et la valeur de sagesse, il en faut avoir jà quelque air de nature, et quelque teinture. S'il faut s'essayer et s'esvertuer, ce sera plustost et plus volontiers pour chose qui a ses effects et ses fruicts esclatans, glorieux, externes et sensibles, tels qu'à l'ambition, l'avarice, la passion, que pour la sagesse, qui a les siens doux, sombres, internes et peu visibles. O combien le monde se mescompte ! il ayme mieux du vent avec bruict, que le corps, l'essence sans bruict; l'opinion et reputation, que la verité. Il est bien vrayement homme (comme il a esté dict au premier livre), vanité et misere, incapable de sagesse. Chascun se sent de l'air qu'il haleine et où il vit, suit le train de vivre suyvi de tous; comment voulez-vous qu'il s'en advise d'un autre ? Nous nous suyvons à la piste, voire nous nous pressons, eschauffons, nous nous coiffons et investissons les vices et passions les uns aux autres; personne ne crie, hola ! nous faillons, nous nous mescomptons. Il faut une speciale faveur du ciel, et ensemble une grande et genereuse force et fermeté de nature pour remarquer l'erreur commune que personne ne sent, de s'adviser de ce de quoy personne ne s'advise, et se resoudre à tout autrement que les autres.

Il y en a bien aucuns et rares, je les voy, je les sens, je les fleure*¹ et les haleine avec plaisir et admiration; mais quoy ! ils sont ou Democrites ou Heraclites; les

---

*¹ Je les flaire.

uns ne font que se mocquer et gausser, pensant assez monstrer la verité et sagesse, en se mocquant de l'erreur et folie. Ils se rient du monde, car il est ridicule ; ils sont plaisans, mais ils ne sont pas assez bons et charitables. Les autres sont foibles et poureux *2; ils parlent bas et à demy bouche ; ils desguisent leur langage; ils meslent et estouffent leurs propositions, pour les faire passer tout doucement parmy tant d'autres choses, et avec tant d'artifice, que l'on ne les apperçoit quasi pas. Ils ne parlent pas sec, distinctement, clairement et acertés *3, mais ambiguëment comme oracles *. Je viens après eux et au dessoubs d'eux : mais je dis de bonne foy ce que j'en pense, et en croy clairement et nettement. Je donne icy une peincture et des leçons de sagesse, qui sembleront peut-estre à aucuns nouvelles et estranges, et que personne n'a encores donné ni traitté de cette façon; et ne doubte pas que les malicieux, gens qui n'ont la patience ny la force de juger doucement et

---

*2 Peureux.

*3 Et avec assurance.

* *Variantes.* Je viens après eux et au dessoubs d'eux : mais je dis de bonne foy ce que j'en pense et en croy clairement et nettement. Je ne doubte pas que les malicieux, gens de moyen estage, n'y mordent : et qui s'en peust garder ? mais je me fie que les simples et debonnaires, et les ætheriens et sublimes, en jugeront equitablement.

meurement des choses, mais detroussement *4 condamnent tout ce qui n'est de leur goust et de ce qu'ils ont desja receu, n'y mordent. Et qui en peust estre asseuré? Mais je me fie que les simples et debonnaires, et les ætheriens et sublimes en jugeront équitablement. Ce sont les deux bouts et estages de paix et serenité. Au milieu sont tous les troubles, tempestes et les meteores, comme a esté dict⁵.

Pour avoir une rude et generale cognoissance de ce qui est traicté en ce livre, et de toute la doctrine de sagesse, nous pourrons partir *6 cette matiere en quatre poincts ou considerations ; la premiere est des preparatifs à la sagesse, qui sont deux : l'un est exemption et affranchissement de tout ce qui peust empescher de parvenir à elle, qui sont ou externes, erreurs et vices du monde ; ou internes, les passions : l'autre est une pleine, entiere et universelle liberté d'esprit. Ces deux premiers et les plus difficiles rendent l'homme capable et propre à la sagesse, car ils vuident et nettoyent la place, affin qu'elle soit plus ample et capable à recevoir une grande chose, qui est la sagesse : *magna et spatiosa res est sapientia, vacuo illi loco opus est, — supervacua ex animo tollenda sunt*⁷, et c'est le

---

*4 Comme un *détrousseur*, voleur de grand chemin, c'est-à-dire, sans retard ni réflexion.

⁵ L. 1, chap. 63.

*6 Partager. — *Partir*, du latin *partiri*.

⁷ « La Sagesse est une chose d'une grande étendue ; elle ne

premier : puis la rendent ouverte, libre et toute preste à la recevoir, c'est le second.

La seconde est des fondemens de sagesse, qui sont aussi deux, vraye et essentielle preud'hommie, et avoir un certain but et train de vie. Ces deux regardent nature, nous reglent et accommodent à elle : le premier à l'universelle, qui est la raison, car preud'hommie n'est autre chose, comme se dira : le second à la particuliere d'un chascun de nous, car c'est le choix du genre de vie propre et commode au naturel d'un chascun.

La troisiesme est de la levée de ce bastiment, c'est-à-dire des offices et fonctions de sagesse, qui sont six, dont les trois premiers sont principalement pour chascun en soy, qui sont pieté, reglement interne de ses desirs et pensées, et doux comportement en tous accidens de prosperité et d'adversité : les autres trois regardent autruy, qui sont l'observation telle qu'il faut, des loix, coustumes et ceremonies, conversation douce avec autruy, et prudence en tous affaires. Ces six respondent et comprennent les quatre vertus morales, les premier, quatriesme et cinquiesme proprement appartiennent à la justice, à ce que debvons à Dieu et au prochain : le second et troisiesme

---

peut se loger que dans un lieu entièrement vide. — Pour la recevoir, il faut débarrasser son esprit de tout ce qu'il peut contenir de superflu ». Sen. epist. LXXXVIII. — *Id. ibid.*

à la force et temperance : le sixiesme proprement à la prudence. Et pource ces six sont la matiere et le subject du troisiesme livre, qui traicte au long les quatre vertus morales, et en particulier les offices et debvoirs du sage; mais en ce livre ils sont traictés en general.

La quatriesme est des effects et fruicts de sagesse, qui sont deux, se tenir prest à la mort, et se maintenir en vraye tranquillité d'esprit, la couronne de sagesse et le souverain bien. Ce sont en tout douze regles et leçons de sagesse en autant de chapitres, qui sont les propres et peculiers traicts et offices du sage, qui ne se trouvent point ailleurs. J'entens au sens que nous le prenons et descrivons icy; car encores qu'aucunes d'icelles, comme la preud'hommie, l'observation des loix, semblent se trouver en autres du commun et prophanes, mais non telles que nous les depeignons et requerons icy. Celuy est donc sage lequel se maintenant vrayement libre, franc et noble, se conduit en toutes choses selon nature, accommodant la sienne propre et particuliere à l'universelle, qui est Dieu, vivant et se portant devant Dieu, avec tous et en tous affaires, droit, ferme, joyeux, content et asseuré, attendant de mesme pied toutes choses qui peuvent advenir, et la mort la derniere.

CHAPITRE PREMIER*.

Exemption et affranchissement des erreurs et vices du monde, et des passions.

PREMIERE DISPOSITION A LA SAGESSE.

SOMMAIRE. — L'homme qui aspire à la sagesse, doit avant tout bien se connaître : c'est le sujet du premier livre. Le seul sage se connaît, et qui se connaît bien est sage. Le fruit de la connaissance de l'homme et de soi-même est de se garder de la contagion du monde, et même de soi. Ce sont deux obstacles à la sagesse, l'une externe, qui consiste dans les opinions et la corruption générales ; l'autre interne, dans nos propres passions. Il faut donc éviter la contagion des erreurs populaires, et résister à ses propres passions. Indication des remèdes et des moyens de les vaincre et de s'en défaire. Le premier est par l'apathie ; le deuxième, en étouffant une passion par une autre ; le troisième, en évitant tout ce qui peut l'exciter ; le quatrième, qui est le meilleur de tous, en combattant ses passions par une vertu ferme et résolue. Mais il faut surtout se garder de la présomption.

Exemples : Phocion. — Bias. — Proverbe espagnol.

**IL faudroit icy, pour la premiere leçon et instruction à sagesse, mettre la cognoissauce de soy et de l'hu-

---

* C'est aussi le 1er. chapitre du 2me. livre, dans la première édition.

** *Variante.* Qui a envie d'estre sage, il faut dès l'entrée

maine condition, car le premier en toutes choses est de bien cognoistre le subject avec lequel on a affaire, que l'on traicte et manie pour le mener à perfection : mais nous tenons cela desja pour faict ; c'est le subject de tout nostre premier livre : seulement pouvons-nous dire icy pour une repetition sommaire de tout le precedent, que l'homme aspirant à la sagesse doibt sur toutes choses et avant tout œuvre, bien se cognoistre et tout homme : c'est là vraye science de l'homme : très utile, de très grand estude, fruict et efficace, car l'homme c'est tout ; propre au sage, le seul sage se cognoist, et qui bien se cognoist, sage est ; très difficile, car l'homme est extremement fardé et des-

---

qu'il se delibere et resolve de se delivrer, preserver et garantir de deux maux, qui sont du tout contraires et formels empeschemens de sagesse. L'un est externe, ce sont les opinions et vices populaires, la contagion du monde ; l'autre interne, ce sont les passions : et ainsi se faut-il garder du monde et de soy-mesme. Desja se voit combien cecy est difficile, et comment se pourra-t-on desfaire de ces deux. La sagesse est difficile et rare, c'est icy la plus grande peine et presque le seul effort qu'il y a pour parvenir à la sagesse. Cecy gagné, le reste sera aisé : c'est la premiere disposition à la sagesse, qui est à se garder et preserver du mal contraire à son dessein. Et cecy est le fruict de tout le premier livre, auquel l'on a pu apprendre à cognoistre le monde et soy-mesme, et par cette cognoissance estre adverty et induict à s'en bien garder. Et ainsi le commencement de ce livre sera la fin et le fruict du precedent.

guisé, non-seulement l'homme à l'homme, mais chascun à soy-mesme : chascun prend plaisir à se tromper, se cacher, se desrober et trahir : *ipsi nobis furto subducimur* [1]; se flattant et se chatouillant pour se faire rire, attenuant ses defauts, encherissant ce qu'il a de bon, connivant et fermant les yeux pour ne se voir bien clair; très rare et soucié [*2] de bien peu, dont n'est merveilles si la sagesse est si rare. Car tant peu y a qui en sachent bien la premiere leçon, ny qui l'estudient, personne n'est maistre à soy-mesme, ny guere à autruy. Aux choses non necessaires et estrangeres tant y a de maistres et de disciples, en cette-cy point, nous ne sommes jamais chez nous, ny au dedans, nous musons tousjours au dehors, l'homme cognoit mieux toutes autres choses que soy [3]. O misere! O insipience! Pour estre savant en cette part, faut cognoistre toutes sortes d'hommes, de tous airs, climats, naturels, aages, estats, professions (à cecy sert le voyager et l'histoire), leurs mouvemens, inclinations,

---

[1] « Nous nous dérobons furtivement à nous-mêmes ». Seneq. épit. CIV.

[*2] Il faut sous-entendre, au commencement de ce membre de phrase le mot *étude*, et lire en conséquence : étude très-rare, et dont peu de personnes se soucient.

[3] « Tous les hommes, dit Socrates, recherchent assez curieusement les affaires d'autrui; mais ils ne descendent jamais en eux-mêmes pour s'examiner comme il faut ». *Apud Xenophontem, Rer. mirabil.* L. III.

actions, non-seulement publiques, c'est le moins, elles sont toutes feinctes et artificielles, mais privées, et specialement les plus simples et naïves, produites de leur propre et naturel ressort; et aussi toutes celles qui le touchent et interessent particulierement; car en ces deux se descouvre le naturel : puis qu'il les rapporte toutes ensemble, pour en faire un corps entier et jugement universel; mais specialement qu'il entre en soy-mesme, se taste, se sonde bien attentivement, qu'il examine chasque pensée, parole, action. Certes enfin il apprendra que l'homme est en verité d'une part une fort chetive, foible, piteuse et miserable chose, et en aura compassion, et d'autre part le trouvera tout enflé et bouffi de vent, d'orgueil, presomption, desirs, dont il en aura despit, desdain et horreur. Or il a esté suffisamment jusques au vif despeint et representé au precedent livre par divers moyens, en tous sens et à tous visages, c'est pourquoy nous ne parlerons davantage icy de cette cognoissance de l'homme et de soy. Mais bien mettrons-nous icy pour premiere regle de sagesse, le fruict de cette cognoissance, affin que la fin et le fruict du premier livre soit le commencement et l'entrée de ce second. Ce fruict est de se garder et preserver de la contagion du monde et de soy-mesme : ce sont deux maux et deux empeschemens formels de sagesse; l'un externe, ce sont les opinions et les vices populaires, la corruption generale du monde; l'autre interne, ce sont les passions nostres : desja se voit combien cecy est difficile, et comment se pourra-t-on defendre et garder de ces deux. La sagesse est difficile et rare, c'est icy le plus grand et presque le seul effort qu'il y a pour parvenir à la sagesse, il se faut emanciper et arracher de cette miserable captivité double, publique et domestique, d'autruy et de nousmesmes, si nous voulons avoir accès à la sagesse : cecy gaigné, le reste sera aysé. Parlons de ces deux maux distinctement.

Quant à l'externe, nous avons ci-devant assez amplement depeinct le naturel populaire, les humeurs estranges du monde et du vulgaire; par où il est aysé de sçavoir ce qui peust sortir de luy. Car puis qu'il est idolastre de vanité, envieux, malicieux, injuste, sans jugement, discretion, mediocrité, que peust-il deliberer, opiner, juger, resoudre, dire ny faire bien et à droict? Nous avons aussi, comme par exemple, rapporté et cotté (en representant la misere humaine) plusieurs grandes fautes que commet generalement le monde en jugement et volonté; par où il est aysé de cognoistre qu'il est tout confit en erreur et en vice. A quoy s'accordent les dires de tous les sages, que la pire part est la plus grande [4]; de mille n'en est pas un bon; le nombre des fols est infiny; la contagion est tres dangereuse en la presse.

---

[4] *Hæc pars major esse videtur, ideo enim pejor est.* Senec. *de Vita Beata*, c. 2.

Parquoy ils conseillent non-seulement de ne tremper point, et se preserver net des opinions, desseins et affections populaires, comme toutes basses, foibles, indigestes, impertinentes et fort souvent fausses, au moins imparfaictes [5]; mais encores de fuyr sur-tout la tourbe, la compagnie et conversation du vulgaire, d'autant que l'on n'en approche jamais sans son dommage et empirement. La frequentation du peuple est contagieuse et très dangereuse aux plus sages et fermes qui puissent estre; car qui pourroit soustenir l'effort et la charge des vices venant avec si grande trouppe? Un seul exemple d'avarice ou de luxe faict beaucoup de mal. La compagnie d'un homme delicat amollit peu à peu ceux qui vivent avec luy. Un riche voisin allume nostre convoitise; un homme desbauché et corrompu frappe par maniere de dire et applique son vice, ainsi qu'une rouille, au plus entier et plus net. Qu'adviendra-t-il donc de ces mœurs ausquelles tout le monde court à bride abattue?

Mais quoy! il est très rare et difficile de ce faire; c'est chose plausible et qui a grande apparence de bonté et justice, que suyvre la trace approuvée de tous; le grand chemin battu trompe facilement, *lata est via ad mortem, et multi per eam.* — *Mundus in maligno*

---

[5] Ici, et jusqu'à la fin de l'alinéa, Charron copie un long et beau passage de Sénèque, sans le citer. *Voyez* Sénèque, épitre VII.

positus [6]; nous allons les uns après les autres comme les bestes de compagnie ; ne sondons jamais la raison, le merite, la justice ; nous suyvons l'exemple, la coustume, et comme à l'envi nous tresbuchons et tombons les uns sur les autres ; nous nous pressons et attirons tous au precipice ; nous faillons et perissons à credit : *alienis perimus exemplis* [7]. Or celuy qui veust estre sage, doibt tenir pour suspect tout ce qui plaist et est approuvé du peuple, du plus grand nombre ; et doibt regarder à ce qui est bon et vray en soy, et non à ce qui le semble et qui est le plus usité et frequenté, et ne se laisser coiffer et emporter à la multitude, qui ne doibt estre comptée que pour un : *unus mihi pro populo, et populus pro uno* [8]. Et quand pour le battre et arrester court, l'on dira, tout le monde dict, croit, faict ainsi, il doibt dire en son cueur, tant pis ; voicy une meschante caution ; je l'en estime moins, puis que tout le monde l'approuve : comme le sage

---

[6] « Comme elle est large la voie qui conduit à la mort (la perdition) ; et le grand nombre s'y engage. — Le monde est sous l'empire de l'esprit malin ». Matth. évang. chap. VII, v. 13. — Saint Jean, épit. I, chap. V, v. 19.

[7] « Ce sont les exemples que nous donnent les autres, qui nous mènent à notre perte ». Sen. *de Vitâ Beatâ*, chap. I ; mais Sénèque peint admirablement dans tout ce chapitre, et le suivant, ce que Charron ne fait qu'esquisser ici.

[8] « Un seul est pour moi comme tout le peuple, et tout le peuple comme un seul ». Sen. epist. VII.

Phocion [9], lequel voyant le monde applaudir tout haut à quelque chose qu'il avoit prononcé, se tournant vers ses amis assistans, leur dict: me seroit-il echappé, sans y penser, quelque sottise, ou quelque lasche et meschante parole, que tout ce peuple icy m'approuve? *Quis placere potest populo, cui placet virtus? malis artibus quaeritur popularis favor* [10]. Il faut donc, tant qu'il est possible, fuyr la hantise et frequentation du peuple, sot, imperit, mal complexionné, mais surtout se garder de ses jugemens, opinions, mœurs vitieuses, et sans faire bruict tenir toujours son petit bureau à part. *Quod scio non probat populus, quod probat populus ego nescio. — Sapiens non respicit quid homines judicent, non it quâ populus, sed ut sidera mundi contrarium iter intendunt, ita hic adversùs opiniones omnium vadit* [11], demourant au monde sans estre du

---

[9] Plutarque, *Vie de Phocion;* et dans les *Dits notables des rois, princes et capitaines.*

[10] « Celui à qui la vertu plaît peut-il plaire au peuple? C'est toujours par de mauvais moyens qu'on parvient à la faveur populaire ». Senec. epist. XIX.

[11] « Ce que je sais, le peuple ne l'approuve pas; et moi je ne sais pas ce que le peuple approuve. — Le sage ne se demande point ce que penseront les autres, il ne marche point avec le peuple; mais comme ces astres qui décrivent une route contraire à celle du reste des étoiles, il se dirige par des opinions contraires à celles du grand nombre ». Senec. epist. XXIX. — *Id. de Constantiâ sapientis*, cap. 14, *in fine.*

monde, comme le roignon couvert et fermé [12] de gresse et n'en tient rien : *non estis de mundo, ideò odit vos mundus* [13];

Odi prophanum vulgus et arceo [14].

C'est la solitude, tant recommandée par les sages, qui est à descharger son ame de tous vices et opinions populaires, et la r'avoir de cette confusion et captivité, pour la retirer à soy et la mettre en liberté.

L'autre mal et empeschement de sagesse, dont il se faut bien garder, qui est interne et par ainsi plus dangereux, est la confusion et captivité de ses passions et tumultuaires affections, desquelles il se faut despouiller et garantir, affin de se rendre vuide et net, comme une carte blanche, pour estre subject propre à y recevoir la teincture et les impressions de la sagesse, contre laquelle s'opposent formellement les passions : dont ont dict les sages, qu'il est impossible mesme à Jupiter d'aymer, estre en cholere, estre touché de quelque passion, et estre sage tout

---

[12] Je crois que c'est ainsi qu'il faut lire, et non pas *ferme*, comme dans l'édition de Dijon : c'est le sens qui le veut. J'ai voulu vérifier en vain cette leçon dans la première édition. La fin de cet alinéa ne s'y trouve pas.

[13] « Vous n'êtes point du monde, et c'est pour cela que le monde vous hait ». St. Jean, Évang. ch. XV, v. 19.

[14] Loin de moi l'odieux, le profane vulgaire!
Hor. L. III, od. I, v. I.

LIVRE II, CHAPITRE I.

ensemble [14]. La sagesse est un maniement reiglé de nostre ame avec mesure et proportion : c'est une equabilité et une douce harmonie de nos jugemens, volontés, mœurs, une santé constante de nostre esprit : et les passions au rebours ne sont que bonds et volées, accès et recès fievreux de folie, saillies et mouvemens violens et temeraires.

Nous avons assez despeinct les passions au livre precedent, pour les avoir en horreur : les remedes et moyens de s'en defaire et les vaincre, generaux (car les particuliers contre chascune, seront au troisiesme livre, en la vertu de force et temperance), sont plusieurs et differens, bons et mauvais ; et c'est sans compter cette bonté et felicité de nature, si bien attrempée *[15] et assaisonnée, qui nous rend calmes, sereins, exempts et nets de passions fortes et mouvemens violens, et nous tient en belle assiette, equable, unis, fermes et asseurés contre l'effort des passions, chose très rare. Cecy n'est pas remede contre le mal ; c'est exemption de mal, et la santé mesme : mais des remedes contre icelles nous en pouvons remarquer quatre.

Le premier, impropre et nullement louable, est une stupidité et insensibilité à ne sentir et n'appre-

---

[14] Il y a une sentence de Publius Syrus, qui dit à-peu-près la même chose : *amare et sapere vix Deo conceditur.*

[15] Façonnée, disposée. (Trempée, *attemperata*).

hender point les choses, une apathie bestiale des ames basses et plattes du tout, ou bien qui ont l'apprehension toute emoussée, une ladrerie spirituelle, qui semble avoir quelque air de santé, mais ce ne l'est pas : car il n'y peust avoir sagesse et constance où n'y a point de cognoissance, de sentiment et d'affaires, et ainsi c'est complexion et non vertu. C'est ne sentir pas le mal, et non le guerir : neantmoins cet estat est beaucoup moins mauvais que le cognoistre, sentir, et se laisser gourmander et vaincre :

> .... Prætulerim delirus inersque videri,
> Dum mea delectent mala me, vel denique fallant,
> Quam sapere et ringi.... [16]

Le second remede ne vaut gueres mieux que le mal mesme, toutes fois le plus en usage ; c'est quand l'on vainc et l'on estouffe une passion par une autre passion plus forte; car jamais les passions ne sont en egale balance. Il y en a tousjours quelqu'une (comme aux humeurs du corps) qui predomine, qui regente et gourmande les autres. Et nous attribuons souvent très faulsement à la vertu et sagesse ce à quoy elle n'a pas pensé, et qui vient de passion : mais c'est

---

[16] « J'aimerais mieux paraître idiot, insensé, si je me complaisais dans ma situation, ou si je ne m'en apercevais pas, que d'être sage et d'enrager ». — L'auteur a supprimé du premier vers le mot *scriptor*, ce qui donne à la citation le sens qu'il voulait.

beaucoup encores pour ces gens-là, quand les passions, qui maistrisent en eux, ne sont pas des pires.

Le troisiesme remede et bon (encores qu'il ne soit le meilleur) est prudent et artificiel, par lequel l'on se desrobe, l'on fuyt, l'on se tapit et se cache aux accidens, et à tout ce qui peust picquer, esveiller ou eschauffer les passions. C'est une estude et un art par lequel on se prepare avant les occasions, en destournant les advenues aux maux, et l'on pourvoit à ne les sentir point, comme fit ce roy[17] qui cassa la belle et riche vaisselle que l'on luy avoit donnée, pour oster de bonne heure toute matière de courroux. L'oraison proprement de ces gens-cy est *ne nos inducas in tentationem*[18]. Par ce remede, qui se picque au jeu ne joue point; les gens d'honneur prompts et choleres fuyent les altercations contentieuses, arrestent le premier bransle d'esmotion; car quand l'on est dedans il est mal aysé de s'y porter bien sagement et discrettement; nous guidons les affaires en leurs commencemens, et les tenons à nostre mercy; mais après qu'ils se sont esbranlés et eschauffés, ce sont eux qui nous guident et emportent. Les passions sont bien plus aysées à esviter qu'à moderer, *exscinduntur*

---

[17] C'était *Cotys*. Voyez Plutarque, *Dits des rois, princes et capitaines*.

[18] « Ne nous livrez point à la tentation ». Saint Mathieu, chap. VI, v. 13.

animo facilius, quàm temperantur [19], pource que toutes choses sont en leur naissance foibles et tendres. En leur petitesse l'on ne descouvre pas le danger; et en leur force l'on n'en trouve plus le remede; comme nous voyons en plusieurs qui facilement et legerement entrent en querelle, procès, dispute, puis sont forcés d'en sortir honteusement [20], et faire des accords lasches et vilains, cherchant des faulses interpretations, mentant et se dementant eux-mesmes, trahissant leur cueur, plastrant et palliant le faict, qui sont tous remedes pires cent fois que le mal qu'ils veuslent guarir : *melius non incipient, quàm desinent* [21] : de la faulte de prudence ils retombent en faulte de cueur : c'est au contraire du dire de Bias, entreprendre froidement, mais poursuivre ardemment [22]. C'est comme les sots tachés du vice de mauvaise honte, qui sont mols et faciles à accorder tout ce qu'on leur demande, et puis sont faciles à faillir de parole et à se desdire [23].

---

[19] « Il est bien plus facile de les arracher de l'ame, que de les gouverner ». Senec, epist. CVIII.

[20] Tout cela, depuis la citation, est pris dans Montaigne, L. III, chap. X.

[21] « Ils ne commenceront pas mieux qu'ils ne finiront ». Senec., epist. LXXII, *in fine*. — *Voyez* aussi Montaigne, L. III, c. X.

[22] *Si quid agere instituis, lentè id aggredere : cæterum in eo quod elegeris firmiter persiste.* — Diogèn. Laerc. *Vie de Bias*, L. I, §. 87.

[23] C'est une pensée de Plutarque que Charron a prise dans

Parquoy il faut aux affaires et au commerce des hommes, tout du commencement estre prudent et advisé.

Le quatriesme et meilleur de tous est une vive vertu, resolution et fermeté d'ame par laquelle on voit et on affronte les accidens sans trouble; on les lutte et on les combat. C'est une forte, noble et glorieuse impassibilité, toute contraire à l'autre premiere, qu'avons dict basse et stupide. Or pour s'y former et y parvenir, servent de beaucoup et sur-tout les discours precedens. Le discours est maistre des passions, la premeditation est celle qui donne la trempe à l'ame et la rend dure, acerée et impenetrable à tout ce qui la veust entamer. Le moyen propre pour appaiser et adoucir ces passions est les bien cognoistre, examiner et juger quelle puissance elles ont sur nous et quelle nous avons sur elles. Mais sur-tout le souverain remede est de ne croire et ne se laisser jamais emporter à l'opinion, qui est ce qui fomente et allume nos passions, et est, comme a été dict, faulse, folle, vollage et incertaine, la guide des fols et du vulgaire, mais se laisser tout doucement mener à la raison et à la nature, qui est le guide des sages, meure, solide et arrestée. De cette matiere encores cy-après au long [*24].

Montaigne. Mais celui-ci avait cité Plutarque. *Voyez* le traité *de la Mauvaise Honte*, c. VIII.

[*24] L'auteur avait mis dans la première édition : « mais de

Mais sur toutes passions se faut très soigneusement garder et deslivrer de cette philautie *25, presomption et folle amour de soy-mesme; peste de l'homme, ennemy capital de sagesse, vraye gangrene et corruption de l'ame, par laquelle nous nous adorons et demeurons tant contens de nous, nous nous escoutons et nous croyons nous-mesmes. Or nous ne sçaurions estre en plus dangereuses mains que les nostres. C'est un beau mot venu originellement du langage espagnol, *ó Dieu, garde-moy de moy* *26. Cette presomption et folle amour de soy vient de la mecognoissance de soy, de sa foiblesse, de son peu, tant en general de l'infirmité et misere humaine, qu'en particulier de la sienne propre et personnelle : et jamais homme qui aura un grain de cette folie ne parviendra à la sagesse. La bonne foy, la modestie, la recognoissance cordiale et serieuse de son peu, est un grand tesmoignage de bon et sain jugement, de droicte volonté, et ainsi une belle disposition à la sagesse.

---

ceux après, au long et en ce livre et suyvant, aux vertus de force et temperance ».

*25 L'amour de soi-même, l'égoïsme : du grec φιλαυτια.

*26 Ce proverbe est déjà cité en espagnol, à la fin du cinquante-sixième chapitre du Livre Ier.

CHAPITRE II*.

Universelle et pleine liberté de l'esprit, tant en jugement qu'en volonté.

SECONDE DISPOSITION A LA SAGESSE.

SOMMAIRE. — La seconde disposition à la sagesse est une pleine liberté de jugement et de volonté.

La liberté de jugement consiste à ne se déterminer qu'après un mûr examen. Il faut aussi ne tenir fermement qu'à ce qui est plus vraisemblable et plus utile. — Il y a des gens qui veulent qu'on les croie sur parole : ce sont des ennemis de toute liberté de jugement. C'est un droit de l'homme de juger de tout; mais il ne faut pas croire que l'opinion que l'on adopte soit la meilleure. — Si le sage n'est point esclave des opinions communes, il peut craindre de les choquer et feindre de s'y assujétir. — Une autre maxime du sage est d'avoir souvent à la bouche, *il me semble*, et conséquemment de ne rien affirmer. Il n'y a rien de certain; nous ne savons rien; on peut donc disputer sur tout. Le doute est toujours permis, et souvent nécessaire. Il en est qui tiennent à honte de dire *je ne sais :* et pourtant il y a un

---

* C'est aussi le second chapitre de ce livre dans la première édition. Les *Variantes* que nous mettons ici, apprendront quels changemens l'auteur a cru devoir faire à ce chapitre.

doute plus docte, plus assuré que toute leur science. Quant à Charron, il a fait graver ces mots sur la porte de sa maison. Ceux qui veulent si fort qu'on les croie, ne sont pas même d'accord entre eux sur les principes de leur croyance. Mais, disent-ils, le doute est pénible. Il n'en est rien. Faut-il donc être appuyé pour se tenir droit? Loin que le doute cause de l'inquiétude et soit un mal, c'est un état calme et paisible dans lequel on ne craint point de faillir ni de se mécompter; où l'on évite toute querelle, où l'on ne se repent, ni ne se ravise. Les troubles publics, les sectes ne se forment que parce qu'on n'est pas assez sage pour douter. — Le sage ne doit jamais aussi blâmer les opinions, les coutumes des autres pays. C'est à tort que chaque peuple appelle barbare tout ce qui n'est pas dans ses goûts, dans ses usages.

La liberté de la volonté consiste à ne s'affectionner que pour peu de choses, et toujours pour des choses justes. On voit des hommes qui sont prodigues de leurs soins, de leurs pas, de leur tems : les grands aiment les hommes de cette espèce; mais ils ne trouvent que des fous, et non des sages. Les affections pour des personnes et des intérêts étrangers, corrompent le jugement. On peut se prêter à autrui, mais se donner, jamais ; prendre en main les affaires, mais non à cœur, ce qui ne doit point empêcher pourtant de s'employer pour le public, ses amis et ses proches. Mais il faut, en cela même, de la modération. Que l'on tienne, si l'on veut, aux affaires; mais qu'elles ne nous tiennent pas.

Exemples : Cicéron. — Le Sauveur. — L'Agneau pascal. — Platon. — Pythagore. — Épicure. — Aristote. — Socrates. — Charron, qui a fait graver sur sa maison, à Condom : *je ne sçay*. — Chiné. — Académicien, Pyrrhonien. —

Socrates. — Les prêtres Egyptiens. — Les Chaldéens. — Saïs. — Athènes. — Zoroastre. — Platon. — Tibère, qui s'écriait : *o homines ad servitutem nati !*

---

*L'AUTRE disposition à la sagesse, qui suit cette premiere (qui nous a mis hors cette captivité et confusion externe et interne, populaire et passionnée)

---

* *Variantes.* L'autre disposition à la sagesse, qui suit cette premiere (qui nous a mis hors cette captivité et confusion externe et interne, populaire et passionnée), c'est une pleine, entiere et genereuse liberté d'esprit, qui est double, sçavoir de jugement et de volonté. Pour la premiere du jugement, nous avons ja assez monstré que c'est foiblesse et sottise niaise de se laisser meiner comme bufles, croire et recevoir toutes impressions; que les ayant receues s'y opiniastrer, condamner le contraire, c'est folie, presomption ; persuader et induire autruy, c'est rage et injuste tyrannie. Maintenant nous disons et donnons pour une belle et des premieres leçons de sagesse, retenir en surseance son jugement, c'est-à-dire soustenir, contenir et arrester son esprit dedans les barrieres de la consideration et action d'examiner, juger, poiser toutes choses (c'est sa vraye vie, son exercice perpetuel), sans s'obliger ou s'engager à opinion aucune, sans resoudre ou determiner, ny se coiffer ou espouser aucune chose. Cecy ne touche point les veritez divines que la sagesse eternelle nous a revelées, qu'il faut recevoir avec toute humilité et submission, croire et adorer tout simplement : ny aussi les actions externes et communes de la vie, l'observance des loix, cous-

c'est une pleine, entiere, genereuse, et seigneuriale liberté d'esprit, qui est double, sçavoir de jugement et de la volonté.

---

tumes, et ce qui est en usage ordinaire ; *non enim Deus ista scire, sed tantummodo uti voluit :* car en toutes ces choses il se faut accorder et accommoder avec le commun ; ne rien gaster ou remuer. Il en faut rendre compte à autruy ; mais les pensées, opinions, jugemens, sont tous nostres et libres.

Or cecy est premierement se maintenir à soy et en liberté : *Hoc liberiores et solutiores sumus, quia nobis integra judicandi potestas manet.* C'est garder modestie et recognoistre de bonne foy la condition humaine pleine d'ignorance, foiblesse, incertitude : *Cogitationes mortalium timidæ ; incertæ ad inventiones nostræ et providentiæ : Deus novit cogitationes hominum quoniam vanæ sunt.* C'est aussi esviter plusieurs escueils et dangers, comme sont participer à plusieurs erreurs produictes par la fantaisie humaine, et dont tout le monde est plein : estre puis contrainct de se desmentir et desdire sa creance. Car combien de fois le temps nous a-t-il faict voir que nous nous estions trompés et mescomptés en nos pensées, et nous a forcés de changer d'opinion ! C'est aussi s'infrasquer (*a*) en querelles, divisions, disputes ; offenser plusieurs partis : car prenons le plus fameux party et la plus reçue opinion qui soit, encore faudra-t-il attaquer et combattre plusieurs autres partis. Or cette surseance de jugement nous met à l'abry de tous ces inconveniens. C'est aussi se tenir en repos et tranquillité loin des agitations et des vices qui viennent de l'impression, de l'opinion et science que nous pensons avoir des choses. Car de là viennent l'orgueil, l'am-

(*a*) S'embarrasser, s'embrouiller.

La premiere de jugement consiste à considerer, juger, examiner toutes choses, et ne s'obliger ny attacher à aucune, mais demeurer à soy libre, uni-

bition, les desirs immoderés, l'opiniastreté, presomption, amour de nouvelleté, rebellion, desobeissance. Et puis après c'est la doctrine et la practique de tous les sages, grands et habiles esprits, desquels la pluspart et les plus nobles ont faict expresse profession d'ignorer et doubter, disant qu'il n'y a rien en nature que le doubte; qu'il n'y a rien de certain que l'incertitude, que de toutes choses l'on peust egalement disputer, et cent pareilles. Les autres encores qu'ils ayent faict les dogmatistes et affirmatifs, c'est toutesfois de mines et de paroles seulement, pour monstrer jusques où alloit leur esprit au pourchas (*b*) et en la queste de la verité, *quam docti fingunt magis quam norunt*, donnant toutes choses non à autre ny plus fort tiltre que de probabilité et vraysemblance, et les traictant diversement tantost d'un visage et en un sens, tantost d'un autre, par demandes problematiquement, plustost enquerant qu'instruisant, et monstrant souvent qu'ils ne parlent pas à certes (*c*), mais par jeu et par exercice : *Non tam id sensisse quod dicerent, quam exercere ingenia materiæ difficultate voluisse videntur*. Et qui croira que Platon aye voulu donner sa republique et ses idées, Pythagoras ses nombres, Epicure ses atomes pour argent comp-

(*b*) A la poursuite et à la recherche.
(*c*) Ces deux mots sont encore écrits en un seul mot, ainsi que *de mise*, dans l'édition de Dijon; mais ils le sont en deux dans celle de 1601. On pourrait objecter qu'on lit, en un seul, *acertés*, p. 251 ; mais ce n'est pas la même locution, quoique formée également de *à* et *certe* ou *certes* : *acertés* est un participe pluriel, et *à certes* un adverbe qui signifie *avec certitude*.

versel, ouvert et prest à tout. Voicy le haut point, le plus propre droict et vray privilege du sage et habile homme, mais que tous ne sont pas capables d'en-

---

tant? Ils prenoient plaisir à promener leurs esprits en des inventions plaisantes et subtiles : *quæ ex ingenio finguntur, non ex scientiæ vi*. Quelques fois aussi ils ont estudié à la difficulté, pour couvrir la vanité de leur subject, et occuper la curiosité des esprits.

Les dogmatistes et affirmatifs, qui sont venus depuis, d'esprit pedantesque, presomptueux, hayssent et condamnent arrogamment cette reigle de sagesse, aymant mieux un affirmatif testu et contraire à leur party, qu'un modeste paisible qui doubte et surseoit son jugement, c'est-à-dire, un fol qu'un sage : semblables aux femmes qui ayment mieux qu'on les contredise jusques à injures, que si par froideur et mespris l'on ne leur disoit rien ; par où elles pensent être desdaignees et condamnées. En quoy ils montrent leur iniquité. Car pourquoy ne sera-t-il loisible de doubter et considerer comme ambiguës les choses sans rien determiner, comme à eux d'affirmer ? Mais pourquoy ne sera-t-il permis de candidement confesser que l'on ignore, puisque en verité l'on ignore, et tenir en suspens ce de quoy ne sommes asseurés ?

Voyci donc la premiere liberté d'esprit, surseance et arrest de jugement, c'est la plus seure assiette et l'estat plus heureux de nostre esprit, qui par elle demeure droict, ferme, rassis, inflexible, sans bransle et agitation aucune : *inter visa vera vel falsa ad animi assensum nihil interest*. C'est à peu près et en quelque sens l'ataraxie (*d*) des Pyrrhoniens, qu'ils appellent le souverain bien : la neutralité et indifference des Academi-

---

(*d*) Tranquillité exempte de toute perturbation d'esprit, d'α privatif et de ταραξις, perturbation, trouble.

tendre, d'advouer, et encores moins de bien practiquer : c'est pour quoy il nous le faut icy establir contre les incapables de sagesse. Et premierement pour

---

ciens, de laquelle est germain ou procede, de rien ne s'estonner, ne rien admirer; le souverain bien de Pythagoras; la vraye magnanimité d'Aristote.

> Nil admirari propè res est, una Numici
> Solaque quæ possit facere et servare beatum.

Or le vray moyen d'obtenir et se maintenir en cette belle liberté de jugement, et qui sera encores une autre belle leçon et disposition à la sagesse, c'est d'avoir un esprit universel, jettant sa veue et consideration sur tout l'univers, et non l'asseoir en certain lieu, loy, coustume, et maniere de vie, mais (avec la modification susdite, tant au croire qu'au faire) estre citoyen du monde comme Socrates, et non d'une ville, embrassant par affection tout le genre humain. C'est sottise et foiblesse que de penser que l'on doibt croire et vivre par-tout comme en son village, en son pays, et que les accidens qui adviennent icy touchent et sont communs au reste du monde. Le sot, si l'on recite y avoir autres creances, coustumes, lois toutes contraires à celles qu'il voit tenir et usiter, il les abomine et condamne promptement comme barbarie, ou bien il mescroit tels recits, tant il a l'ame asservie aux siennes municipales, qu'il estime estre les seules vrayes, naturelles, universelles. Chascun appelle barbarie ce qui n'est pas de son goust et usage, et semble que nous n'avons autre touche de la verité et de la raison, que l'exemple et l'idée des opinions et usances du pays où nous sommes. Or il se faut affranchir de cette brutalité, et se faut presenter comme en un tableau cette grande image de nostre mere nature en son entiere ma-

esviter tout meconte; nous expliquons les mots, et en donnons le sens : il y a icy trois choses qui s'entretiennent, causent et conservent, qui sont, juger

jesté, remarquer là dedans un royaume, un empire, et peust-estre ce monde (car c'est une grande et authentique opinion qu'il y en a plusieurs) comme le traict d'une poincte très delicate, et y lire une si generale et constante varieté en toutes choses, tant d'humeurs, de jugemens, creances, coustumes, loix, tant de remuemens d'estats, changemens de fortune, tant de victoires et conquestes ensevelies, tant de pompes, cours, grandeurs evanouyes : par là l'on apprend à se cognoistre, n'admirer rien, ne trouver rien nouveau ny estrange, s'affermir et resouldre (e) par-tout.

Pour acquerir et obtenir cet esprit universel, galant, libre et ouvert (car il est rare et difficile, et tous n'en sont capables non plus que de sagesse), plusieurs choses y servent : premierement ce qui a esté dict au livre premier de la grande varieté, difference, et inequalité des hommes : ce qui se dira en cettuy-cy de la grande diversité des loix et coustumes qui sont au monde : puis ce que disent les anciens de l'aage, estats et changemens du monde. Les Prestres Egyptiens dirent à Herodote que, depuis leur premier roy (dont y avoit plus d'onze mille ans, duquel et de tous les suyvans luy firent voir les effigies et statues tirées au vif), le soleil avoit changé quatre fois de route. Les Chaldeens du temps de Diodore, comme il dict, et Ciceron, tenoient registre de quatre cents mille tant d'ans; Platon dict que ceux de la ville de Saïs avoient des memoires par escrit de huit mille ans, et que la ville d'Athenes fut bastie mille ans avant la dicte ville de Saïs. Aristote, Pline, et autres ont dict que Zoroastre vivoit six

---

(e) Avoir de la résolution, être résolu.

de toutes choses, n'espouser ny ne s'obliger à aucune, demeurer universel et ouvert à tout. Par juger nous n'entendons pas resouldre, affirmer, determiner;

---

mille ans avant l'aage de Platon. Aucuns ont dict que le monde est de toute eternité, mortel et renaissant à plusieurs vicissitudes : d'autres et les plus nobles philosophes ont tenu le monde pour un Dieu (*f*), faict par un autre Dieu plus grand; ou bien, comme Platon asseure et autres, et y a très grande apparence en ses mouvemens, que c'est un animal composé de corps et d'esprit, lequel esprit logeant en son centre s'espand par nombres de musique en sa circonference et ses pieces aussi, le ciel, les estoiles composées de corps et d'ame, mortelles à cause de leur composition, immortelles par la determination du Createur. Platon dict que le monde change de visage en tous sens : que le ciel, les estoiles, le soleil, changent et renversent par fois leur mouvement, tellement que le devant vient derrière, l'orient se fait occident. Et selon l'opinion ancienne fort authentique, et des plus fameux esprits, digne de la grandeur de Dieu et bien fondée en raison, il y a plusieurs mondes, d'autant qu'il n'y a rien un et seul en ce monde : toutes especes sont multipliées en nombre, par où semble n'estre pas vray-semblable que Dieu aye faict ce seul ouvrage sans compagnon, et que tout soit epuisé en cet individu. Que l'on considere aussi ce que la descouverte du monde nouveau, Indes orientales et occidentales, nous a appris : car nous voyons premierement que tous les anciens se sont mescomptés, pensant avoir trouvé la mesure de la terre habitable, et compris toute la cosmographie, sauf quelques isles escartées, mescroyant les antipodes : car voylà un monde à peu près comme le nostre, tout en terre ferme,

(*f*) Ab Jove mundi principium : Jovis omnia plena. 3e. égl. v. 60.

cecy serait contraire au second qui est ne s'obliger à rien ; mais c'est examiner, peser, balancer les raisons et contre-raisons de toutes parts, le poids et merite d'icelles, et ainsi quester la verité[1]. Aussi ne s'attacher ny s'obliger à aucune, ce n'est pas s'arrester et de-

---

habité, peuplé, policé, distingué par royaumes et empires, garny de villes qui surpassent en beauté, grandeur, opulence, toutes celles qui sont en Asie, Afrique, Europe, il y a plusieurs milliers d'années. Et qui doute que d'icy à quelque temps il ne s'en descouvre encore d'autres? Si Ptolomée et les anciens se sont trompés autrefois, pourquoy ne se peust tromper encores celuy qui diroit que maintenant tout est descouvert et trouvé? Je m'en voudrois bien fier en luy! Secondement nous trouvons qu'en ces nouvelles terres presque toutes les choses que nous estimons icy tant, et les tenons-nous avoir esté premierement revelées et envoyées du ciel, estoient en creance et observance commune plusieurs mille ans auparavant qu'en eussions ouy les premieres nouvelles ; soit au faict de religion, comme la creance d'un seul premier homme pere de tous, du deluge universel, d'un Dieu qui vesquit autrefois en homme vierge et sainct, du jour du jugement, du purgatoire, resurrection des morts, observation des jeusnes, caresme, cœlibat des prestres, ornemens d'eglise, surpelis, mitre, eaue benicte, adoration de la croix, circoncision pareille à la Juifve et Mahumetane, et contre-circoncision, par laquelle ils tiennent soigneusement et religieusement couvert le bout de leur membre, etirant la peau avec des cordons, afin qu'il ne voye et ne sente l'air.

[1] *Tota simul consideranda sunt, si velimus rectè judicare.* Div. August. *De verá Relig.* c. XL.

meurer court, beant en l'air, et cesser de faire, agir et proceder aux actions et deliberations requises : car je veux qu'en actions externes et communes de la vie, et en tout ce qui est de l'usage ordinaire, l'on s'accorde et accommode avec le commun, nostre reigle ne touche point le dehors et le faire, mais le dedans, le penser, et juger secret et interne, et encores en ce secret et interne, je consens que l'on adhere, et l'on se tienne à ce qui semble plus vray-semblable, plus honneste, plus utile, plus commode, mais que ce soit sans determination, resolution, ou affirmation aucune, ny condamnation des autres advis et jugemens contraires ou divers, vieils ou nouveaux, ains se tenir tousjours prest à recevoir mieux s'il apparoist, ne trouver mauvais si l'on heurte et conteste ce que nous pensions le meilleur, voire le desirer : car c'est le moyen d'exercer le premier, qui est juger et estre tousjours en queste de la verité. Ces trois, dis-je, s'entretiennent et conservent, car qui juge bien et sans passion de toutes choses, trouve par-tout de l'apparence et de la raison, qui l'empesche de se resouldre, craignant de s'eschauder en son jugement, dont il demeure indeterminé, indifferent et universel : au rebours celuy qui se resout ne juge plus, il s'arreste et acquiesce à ce qu'il tient, et est partisan et particulier : au premier sont contraires les sots, simples et foibles ; au second les opiniastres affirmatifs ; au troisiesme tous les deux qui sont particuliers :

mais tous trois sont practiqués par le sage, modeste, discret, et temperé, questeur*² de verité, et vrai philosophe. Il reste pour l'explication de cette nostre proposition, de dire que par toutes choses, et aucune chose (car il est dict, juger toutes choses, ne s'asseurer d'aucune), nous n'entendons les verités divines qui nous ont esté revelées, lesquelles il faut recevoir simplement avec toute humilité et submission, sans entrer en division ny discution, là faut baisser la teste, brider et captiver son esprit, *captivantes intellectum ad obsequium fidei*³ : mais nous entendons toutes autres choses sans exception. Cette simple explication suffiroit peust-estre à un esprit equitable, pour luy faire recevoir cette reigle de sagesse; mais pour ce que je voy et sens un tas de gens glorieux, resolus, affirmatifs, qui veulent regenter le monde et le mener à la baguette, et comme les premiers ont juré à certains principes et espousé certaines opinions, ils veulent que tous les autres en fassent de mesme, dont ils s'opposent à cette noble liberté d'esprit. Il est besoin de plus amplement l'establir, et asseurer et traicter par ordre ces trois poincts et membres d'icelle.

Le premier est de juger tout, c'est le propre du sage et spirituel, dict un des premiers et souverains

---

*² Investigateur de vérité.

³ « Imposant la servitude aux esprits, pour qu'ils restent sous l'obéissance de la foi ». St.-Paul. ép. II aux Corinthiens; chap. X, v. 5.

sages, *spiritualis omnia dijudicat et à nemine judicatur*[4] : le vray office de l'homme, son plus propre et plus naturel exercice, sa plus digne occupation est de juger. Pourquoy est-il homme discourant, raisonnant, entendant? Pourquoy a-t-il l'esprit, pour faire, comme l'on dict, des chasteaux en Espagne, et se paistre de sottises et vanités, comme faict la pluspart du monde? *Quis unquam oculos tenebrarum causa habuit ?*[5] Certes pour voir, entendre, juger toutes choses, dont il est bien nommé le syndic, le surintendant, le contreroolleur de nature, du monde, des œuvres de Dieu : le vouloir priver de ce droit, c'est vouloir qu'il ne soit plus homme, mais beste ; le faire singulierement, excellemment, c'est au sage : si ne juger point heurte le naturel simple et propre de l'homme, que sera-ce au sage qui est autant par dessus le commun des hommes, comme celuy du commun est par dessus les bestes [6]? C'est donc merveille que tant de gens (je ne

---

[4] « L'homme spirituel juge de tout, et n'est jugé par personne ». St.-Paul, ép. 1 aux Corinth.; chap. II, v. 15.

[5] « Est-ce pour vivre dans les ténèbres que nous avons des yeux »? Sen. ep. 122.

[6] Charron tombe ici dans une contradiction manifeste. Il élève *l'homme du commun* au-dessus des bêtes ; et, dans son chapitre XXXV, L. I, page 205, il égale les bêtes à l'homme : il soutient qu'elles raisonnent, et leur accorde, pour ainsi dire, la prééminence sur l'homme en général. Je voudrais que ses sentimens fussent mieux liés. N.

dis les foibles et idiots qui n'ont la faculté et le moyen de l'exercer) qui sont ou font les entendus et suffisans, renoncent et se privent à escient de ce droit et authorité si naturelle, si juste, et si excellente; lesquels, sans rien examiner ny juger seulement, reçoivent, approuvent tout ce qui se presente, ou pource qu'il a beau semblant et belle apparence, ou pource qu'il est en vogue, en credit, et observance commune, voire pensent qu'il ne soit pas permis d'en doubter ou l'examiner, s'abbestissans et degradans de cette façon, ils sont bien fiers et glorieux en d'autres choses, mais en cecy sont craintifs et ravallés, qui toutesfois leur appartient si justement, et qui est avec tant de raisons. Puis qu'entre mille mensonges n'y a qu'une verité, mille opinions de mesme chose, une seule veritable, pourquoy n'examinerai-je avec l'outil de la raison, quelle est la meilleure, plus vraye, raisonnable, honneste, utile, commode ? Est-il possible que de tant de loix, coustumes, opinions, mœurs differentes et contraires aux nostres qu'il y a au monde, il n'y ait que les nostres bonnes ? Que tout le reste du monde se soit meconté ? Qui l'osera dire, et qui doubte que les autres n'en disent tout autant des nostres, et que cettuy-cy qui ainsi condamne ces autres, s'il y fust né et nourry ne les trouvast meilleures, et ne les preferast à celles-cy qu'il estime maintenant les seules bonnes, à cause qu'il les a accoustumé ? Enfin à celuy qui seroit si hardy et si fol de le dire, je luy repondray que cet advis et regle sera pour le moins bonne pour tous les autres; affin qu'ils se mettent à juger et examiner tout, et qu'en ce faisant ils trouvent les nostres meilleures. Or sus donc le sage jugera de tout, rien ne luy eschappera qu'il ne mette sur le bureau et en la balance : c'est à faire aux prophanes et aux bestes se laisser mener comme des bufles; je veux bien que l'on vive, l'on parle, l'on face comme les autres et le commun, mais non que l'on juge comme le commun, voire je veux que l'on juge le commun. Qu'aura le sage et sacré par dessus le prophane, s'il faut encores qu'il aye son esprit, sa principale et heroïque piece, esclave du commun ? le public et commun se doibt contenter que l'on se conforme à luy en toutes les apparences; qu'a-t-il affaire de mon dedans, de mes pensées et jugemens ? Ils gouverneront tant qu'ils voudront ma main, ma langue, mais non pas mon esprit s'il leur plaist, il a un austre maistre. Empescher la liberté de l'esprit l'on ne sçauroit; le vouloir faire, c'est la plus grande tyrannie qui puisse estre, le sage s'en gardera bien activement et passivement, se maintiendra en sa liberté et ne troublera celle d'autruy [7].

---

[7] « Je sais, disait Erasme, qu'il n'y a rien qu'on ne doive souffrir plutôt que de troubler l'état où l'on est, pour le rendre pire; et je sais qu'il est de la pitié de cacher quelquefois la vérité, et de ne la dire ni en tout tems, ni en tout lieu,

Or jouissant ainsi le sage de ce droit sien à juger et examiner toutes choses, il adviendra souvent que le jugement et la main, l'esprit et le corps se contrediront, et qu'il fera au dehors d'une façon, et jugera autrement au dedans, jouera un roole devant le monde, et un autre en son esprit, il le doit faire ainsi pour garder justice par-tout. Le dire general, *universus mundus exercet histrioniam* [8], se doibt proprement et vrayement entendre du sage, qui est autre au dedans qu'il ne monstre au dehors : s'il estoit au dehors tel que dedans, il ne seroit de mise ny de recepte, il heurteroit par trop le monde : s'il estoit au dedans tel qu'au dehors, il ne seroit plus sage, il jugeroit mal, seroit corrompu en son esprit. Il doit faire et se porter au dehors pour la reverence publique et n'offenser personne, selon que la loy, la coustume et ceremonie du pays porte et requiert : et au dedans juger au vray ce qui en est, selon la raison universelle, selon laquelle souvent il adviendra qu'il condamnera ce qu'au dehors il fait, *sapiens faciet quae non*

---

ni en toutes sortes de manières, ni toute entière partout ». Erasm. epit. 501. — On ne peut nier, dit à ce sujet Leclerc, que cela ne soit vrai en général ; mais l'application de ces maximes n'est pas facile à faire. *Biblioth. choisie*, tome VI, page 11. N.

[8] « Tout le monde joue la comédie ». Ce passage, déjà cité plusieurs fois, est pris d'un fragment de Pétrone, *apud Sarisberiens*. L. III, c. VIII.

probabit, ut ad majora transitum inveniat, nec relinquet bonos mores, sed tempori aptabit; omnia quae imperiti faciunt et luxuriosi, faciet; sed non eodem modo nec eodem proposito, — *multa sapientes faciunt qua homines sunt, non qua sapientes* 9. Il se portera aux choses et aux faits, comme Cicéron aux paroles, qui disoit, je laisse l'usage du parler au peuple, et je me garde la science des mots 10, *loquendum et extrà vivendum ut multi, sapiendum ut pauci* 11. Donnons-en quelques exemples, et premièrement des choses bien legères : j'osteray humblement mon bonnet, et tiendray la teste nue devant mon superieur, car ainsi le porte la coustume de mon pays,

---

9 « Le sage fera quelquefois ce qu'il ne sauroit approuver, afin d'atteindre un but plus louable; il n'abandonnera point les bonnes mœurs, mais il se conformera au tems; il ne s'abstiendra point de tout ce que font les hommes ignorans et déréglés; mais ce ne sera ni de la même manière, ni dans le même dessein. — Dans plusieurs actions, le sage cesse d'être sage, mais alors il n'est plus qu'un homme ». Sénèque, *apud Lactantium*, Divin. instit. L. III, c. xv. — Le même, epist. xc.

10 Voici les paroles mêmes de Cicéron : *usum loquendi populo concessi, scientiam mihi reservavi.* Naigeon qui me fournit cette citation, ne se rappelle pas dans quel ouvrage de l'orateur latin elle se trouve. Jusqu'à présent, je n'ai pu la retrouver dans ses œuvres.

11 « Il faut parler et vivre en apparence, comme tout le monde; mais il faut être sage comme le petit nombre ». Je ne sais si cette maxime est aussi de Cicéron.

et ne laisseray pas de juger que la façon d'orient est bien meilleure de saluer et faire la reverence, mettant la main sur la poitrine, sans se decouvrir au prejudice de sa santé, et incommoder en plusieurs façons. Au rebours, si j'estois en orient, je prendrois mon repas assis à terre, ou accoudé et demy couché, regardant la table de costé, comme ils font là, et jadis faisoit le Sauveur avec ses apostres, *recumbentibus, discumbentibus*, et ne laisserois de juger que la façon de s'asseoir haut à table, et la face droite vers icelle, comme la nostre, est plus honneste, plus seante et commode : ces exemples sont de peu de poids, et y en a mille pareils. Prenons-en de plus pesans *¹², je veux et consens que les morts soient enterrés et abandonnés à la mercy des vers, de la pourriture et puantise, car c'est maintenant la façon commune et presque generale par tout, mais je ne laisseray pas de juger que la façon ancienne de les brusler et recueillir les cendres est beaucoup plus noble et plus nette ¹³ : les donner et recommander au feu, le plus noble des elemens, ennemy de pourriture et puantise, voysin du ciel, signe de l'immortalité, tenant de la Divinité, et duquel l'usage est propre et peculier à l'homme, qu'à la terre qui est la lie, le marc et l'ordure des elemens, la

---

*¹² De plus graves, de plus imposans.

¹³ *Romani cadavera comburebant, ut statim anima in generalitatem, id est, in suam rediret naturam.* Servius, *in Æneid.* L. III.

sentine du monde, mere de corruption, et aux vers qui est l'extreme ignominie et horreur, et par ainsi apparier et traicter de mesme l'homme et la beste : la religion mesme enseigne et commande de disposer de cette façon de toutes reliques, comme de l'Agneau pascal que l'on ne pouvoit manger, des hosties consacrées, des linges teints en huyles sacrées, pourquoy n'en sera-t-il fait de mesme de nos corps et reliques ? Faites je vous prie pire si vous pouvez que les mettre en terre à la corruption : cela ce semble devroit estre pour ceux qui sont punis du dernier supplice, et gens infames, et que les reliques des gens de bien et d'honneur fussent plus dignement traictées : certes de toutes les manieres de disposer des corps morts qui reviennent à cinq, sçavoir les donner aux quatre elemens, et aux ventres des animaux, la plus vile, basse, honteuse, est les enterrer, la plus noble et honorable est les brusler. Ayons-en encores un autre, je veux et consens que mon sage aux choses naturelles face la petite bouche, qu'il cache et couvre les parties et les actions, que l'on appelle honteuses, et qui feroit autrement j'en aurois horreur et très mauvaise opinion, car presque tout le monde vit ainsi : mais je veux bien, cependant, qu'il juge que de soy, simplement, et selon nature elles ne sont non plus honteuses que le nez et la bouche, le boire et le manger, n'ayant nature, c'est Dieu [14], rien fait de honteux, mais c'est par

---

[14] Charron ne veut pas dire par là que Dieu et la nature

ailleurs que par nature, sçavoir par l'ennemy de nature qui est le peché : la theologie encore plus pudique que la philosophie, nous dict qu'en la nature entiere et non encores alterée par le faict de l'homme elles n'estoient point honteuses, honte n'estoit point, elle est ennemye de nature, c'est l'engeance de peché. Je consens de m'habiller comme ceux de mon pays et de ma profession, et si j'estois né ou habitué en ces pays où ils vont nuds, j'en ferois de mesme, mais je ne laisse pas de juger que toutes les deux façons ne sont gueres bonnes, et si j'avois à choisir et ordonner, je prendrois la façon mediocre de ces pays, où ils se couvrent d'un seul et simple couvert, assez leger, aysé, sans façon ny despense, trouvant mauvaise nostre maniere, et pire encores que d'aller nud, d'estre si fort enveloppé et enfermé de si grande multitude et varieté de couverts, de diverses estoffes, jusques à quatre, cinq, six, l'un sur l'autre, dont les

---

ne sont qu'un seul et même être. Il entend par la nature, la puissance de Dieu agissant par des volontés générales. Il faut se souvenir ici de la distinction de l'école entre nature naturante et nature naturée : *natura naturans est Deus ; natura naturata ejus opus.* L'expression de Charron n'a plus alors rien d'équivoque. Elle peut, outre cela, s'expliquer par un passage de St.-Chrysostôme, que Charron semble presque avoir eu en vue, tant il s'y rapporte : « Quand je parle de la nature, dit ce père, j'entends par là Dieu ; car c'est lui qui est l'auteur de la nature ». St.-Chrysost. *in Epist. ad Corinth.*, c. xi, v. 3. N.

uns sont doubles, qui vous tiennent pressés, contraints et subjects avec tant de coustures, pieces, attaches. Sans parler de la dissolution, et autres excès abominables et condamnés par toutes bonnes loix, je me contenteray de ces exemples icy; le mesme en pourroit-on faire de toutes loix, coustumes, mœurs, et de ce qui est du fait, combien encores plus des opinions, et de ce qui est du droit?

Si quelqu'un dit que j'ay mal jugé en tous ces exemples, et que generalement si la liberté est donnée de juger de toutes choses, il y a danger que l'esprit s'esgarera et se perdra, se coiffant et remplissant de folles et faulses opinions. Je responds au premier qui me touche en particulier, que c'est chose très aysée que je n'aye pas trouvé le vray en toutes ces instances [15], et est chose fort hardie d'en accuser personne, car c'est vouloir dire que l'on sçait où est, et quel est le vray ès choses, et qui le sçait [16]? Or ne trouver pas le vray, ce n'est pas mal juger; mal juger c'est mal peser, balancer, confronter c'est-à-dire exa-

---

[15] *Huic respondebimus : numquam expectare nos certissimam rerum comprehensionem : quoniam in arduo est veri exploratio ; sed ea ire quâ ducit veri similitudo.* Senec. *de Benefic.* L. IV, c. XXXIII.

[16] On voit ici que Charron pensait comme Démocrite, qui disait que la vérité était cachée au fond d'un puits : *Democritus in profundo veritatem esse demersam.* Ciceron, *Acad. Quæst.* L. I, num. 44.

miner les raisons, et mal les niveler à la premiere naturelle et universelle (et encores pour bien faire ces deux, il ne s'ensuit pas que l'on aye trouvé la verité.) Or pour le dire simplement, je n'en croy rien, si l'on ne le monstre; si l'on le monstre par d'autres raisons contraires, plus fortes et puissantes, je luy diray : vous soyez le bien venu, je vous attendois : les oppositions et contradictions raisonnées sont les vrays moyens d'exercer cet office de juger. Je n'avois ces opinions qu'en attendant que vous me les ostassiés, et m'en baillassiés de meilleures, et pour respondre plus au fons et à l'object general du danger qu'il y a en cette liberté, outre qu'il a esté dit et le sera encores plus par exprès en la troisiesme leçon de sagesse, et chapitre suivant : que la regle qu'il faut tenir en jugeant, et en toutes choses est nature, la naturelle et universelle raison, suyvant laquelle on ne peut jamais faillir : voicy l'autre membre de cette liberté judicieuse que nous allons traicter au long, qui fournira de remede à ce danger pretendu.

L'autre point de cette liberté seigneuriale d'esprit est une indifference de goust, et surseance d'arrest et resolution, par laquelle le sage considerant froidement et sans passion toutes choses, comme dict est, ne s'aheurte, ne jure, ne se lie, ou s'oblige à aucune [17],

---

[17] *Nullius addictus jurare in verba magistri*, dit Horace, *Epist.* L. I, ep. 1, v. 14. Et ce doit être là, en effet, la maxime de tous les sages.

se tenant tousjours prest à recevoir le vray ou plus vraysemblable qui luy apparoistra, en disant en son interne et secret jugement, ce que les anciens en leurs externes et publics, *ita videtur*, il semble ainsi, il y a grande apparence de ce costé là; que si quelqu'un s'y oppose et contredit, sans s'esmouvoir il est prest à entendre les raisons contraires et les recevoir, les trouvant plus fortes et meilleures, et tousjours au dernier advis qui luy demeure, il pense qu'il y a ou peust avoir mieux, mais qu'il n'apparoist encores. Cette surseance est fondée premierement sur ces propositions tant celebrées parmy les sages, qu'il n'y a rien de certain, que nous ne sçavons rien, qu'il n'y a rien en nature que le doute, rien de certain que l'incertitude, *solum certum nihil esse certi,* — *hoc unum scio quod nil scio* [18] *:* que de toutes choses l'on peut egalement disputer, que nous ne faisons que quester, enquerir, tastonner à l'entour des apparences, *scimus nihil, opinamur verisimilia* [19], que la verité n'est point de nostre acquest, invention, ny prinse, quand elle se rendroit entre nos mains, nous n'avons de quoy nous la vendiquer*[20], nous en asseurer et la posseder;

---

[18] « Cela seul est certain qu'il n'y a rien de certain. — Je ne sais bien qu'une chose, c'est que je ne sais rien ». Plin. *Hist. Nat.* L. II, c. VII.

[19] « Nous ne savons rien; nous ne jugeons que sur des vraisemblances ».

*[20] Nous l'attribuer.

que la verité et le mensonge entrent chés nous par mesme porte, y tiennent pareille place et credit, s'y maintiennent par mesmes moyens; qu'il n'y a opinion aucune tenue de tous et par-tout, aucune qui ne soit debatue et contestée, qui n'en aye une contraire tenue et soustenue; que toutes choses ont deux anses et deux visages, qu'il y a raison par-tout, et n'y en a aucune qui n'aye sa contraire, elle est de plomb, elle plie, tourne et s'accommode à tout ce que l'on veust. Bref c'est la doctrine et la practique de tous les sages plus grands et plus nobles philosophes *[21], qui ont fait expresse profession d'ignorer, douter, enquerir, chercher. Les autres encores qu'ils ayent esté dogmatistes et affirmatifs, c'est toutesfois de mines et paroles seulement, pour monstrer jusques où alloit leur esprit au pourchas et queste de la verité, *quam docti fingunt magis quàm norunt* [22], donnant toutes choses non à autre, ny plus fort titre que de probabilité et vray-semblance, et les traictans diversement, tantost d'un visage et en un sens, tantost d'un autre, par demandes problematiquement, plustost enquerant qu'instruisant, et montrant souvent qu'ils ne parlent pas à certes, mais par jeu et par exercice : *Non tàm id sen-*

---

[21] Tels que Arcesilas, Carnéade, Pyrrhon, etc., chez les anciens; Montaigne, Lamotte-le-Vayer, Charron lui-même, Bayle, Huet, évêque d'Avranches, etc., dans les modernes.

[22] Que les doctes imaginent, bien plus qu'ils ne la connaissent réellement ».

sisse quod dicerent, quàm exercere ingenia materiae difficultate voluisse videntur [23]. Et qui croira que Platon aye voulu donner sa republique et ses idées, Pithagoras ses nombres, Epicure ses atomes pour argent contant? Ils prenoient plaisir à pourmener leurs esprits en des inventions plaisantes et subtiles, *quae ex ingenio finguntur, non ex scientiae vi* [24]. Quelques fois aussi ils ont estudié à la difficulté pour couvrir la vanité de leur sujet, et occuper la curiosité des esprits. Et Aristote le plus resolu de tous, le prince des dogmatistes et affirmatifs, le dieu des pedans [25], combien de fois se trouve-t-il empesché, et ne sçait à quoy se resouldre au fait de l'ame [26]? il est presque tousjours dissemblable à soy, et tant d'autres choses plus basses qu'il n'a sçeu trouver ny entendre, confessant quelquefois ingenuement la grande foiblesse humaine à trouver et cognoistre la verité.

Ceux qui sont venus après d'esprit pedantesque,

---

[23] « Ils ne paraissent pas tant avoir pensé ce qu'ils disaient, qu'avoir voulu exercer leur esprit, par la difficulté du sujet ». Quintil. *Instit. Orat.* L. II, c. XVII.

[24] « Lesquelles sont des jeux de leur esprit, bien plutôt que des résultats de leur savoir ». Sénèque, *Suasoria*, L. IV.

[25] Je crois que *pédans* est ici pris en bonne part, et dans son sens primitif de *pédagogue*, d'instituteur de la jeunesse, quoique l'adjectif *pédantesque* soit pris en mauvaise part quelques lignes plus bas.

[26] Il y en a bien d'autres qui seraient embarrassés sur cette matière. N.

presomptueux, qui font dire à Aristote et autres tout ce qui leur plaist, et tiennent bien plus opiniastrement leurs opinions qu'eux ne firent jamais, et les desavoueroyent pour disciples s'ils retournoyent, hayssent et condamnent arrogamment cette regle de sagesse, cette modestie et surseance academique, faisant gloire de s'opiniastrer à un party, à tort ou à travers, aymant mieux un affirmatif testu et contraire à leur party, contre lequel ils puissent donner et exercer leur mestier, qu'un modeste et paisible qui doute, et surseoit son jugement, contre lequel leurs coups s'emoussent, c'est-à-dire un fol qu'un sage, semblables aux femmes, qui ayment mieux qu'on les contredise jusques à injures, que si par froideur et mespris l'on ne leur disoit rien, par où elles pensent estre desdaignées et condamnées; en quoy ils montrent leur iniquité. Car pourquoi ne sera-t-il pas loisible de douter et considerer comme ambiguës les choses sans rien determiner, comme à eux d'affermer *27 ? Pourquoy ne sera-t-il permis de candidement confesser que l'on ignore, puis qu'en verité l'on ignore, et tenir en suspens et souffrance ce de quoy ne sommes asseurés, contre quoy il y a plusieurs oppositions et raisons? Il est certain, selon tous les sages, que nous ignorons beaucoup plus de choses que n'en sçavons, que tout nostre sçavoir est la moindre partie et pres-

---

*27 D'affirmer.

que rien au regard de ce que nous ignorons ; les causes de nostre ignorance sont infinies, et de la part des choses trop eslongnées ou trop voisines, trop grandes ou trop petites, trop, ou trop peu durables, perpetuellement changeantes; et de la nostre, et la maniere de les cognoistre, qui n'est encores bien apprinse. Et ce que nous pensons sçavoir, nous ne le sçavons ny ne le tenons pas bien, tesmoin que l'on nous l'arrache souvent des poings, et si l'on ne l'arrache pource que nostre opiniastreté est plus forte, au moins l'on nous la conteste, l'on nous y trouble. Or comment serons-nous capables de sçavoir plus et mieux si nous nous aheurtons, arrestons et reposons à certaines choses, et de telle façon que nous ne cherchons rien plus ny n'examinons d'advantage ce que nous pensons tenir? Ils tiennent à honte et foiblesse cette surseance, pource qu'ils ne sçavent que c'est, et n'apperçoyvent que les plus grands en ont fait profession; ils rougiroyent, et n'auroyent jamais le cueur de dire franchement, je ne sçay, tant ils sont frappés d'opinion et presomption de science, et ne sçavent pas qu'il y a une sorte d'ignorance et de doute, plus docte et asseurée, plus noble et genereuse que toute leur science et certitude : c'est ce qui a rendu Socrates si renommé et tenu pour le plus sage : c'est la science des sciences et le fruit de tous nos estudes : c'est une modeste, candide, innocente et cordiale recognoissance de la hautesse mysterieuse de la verité, et de nostre povre condition humaine, pleine de tenebres, foiblesse, incertitude : *Cogitationes mortalium timidae, incertae adinventiones nostrae: — Deus novit cogitationes hominum, quoniam vanae sunt*[28]. Je diray icy que j'ay fait graver sur la porte de ma petite maison que j'ay fait bastir à Condom, l'an 1600, ce mot, *je ne sçay.* Mais ils veulent que l'on se sousmette souverainement, et en dernier ressort, à certains principes, qui est une injuste tyrannie. Je consens bien que l'on les employe en tout jugement, et que l'on en face cas, mais que ce soit sans pouvoir regimber, je m'y oppose fort et ferme. Qui est celuy au monde qui aye droict de commander et donner la loy au monde, s'assujettir les esprits, et donner des principes qui ne soyent plus examinables, que l'on ne puisse plus nier ou douter, que Dieu seul le souverain esprit et le vrai principe du monde, qui seul est à croire pource qu'il le dict ? Tout autre est subject à l'examen et à opposition, c'est foiblesse de s'y assujettir. Si l'on veust que je m'assujettisse aux principes, je diray comme le curé à ses paroissiens en matiere du temps, et comme un prince des nostres aux secretaires de ce siecle en faict de religion, accordez-vous premierement de ces principes, et puis je m'y sous-

---

[28] « Les pensées des hommes sont timides, et nos prévoyances sont incertaines. — Dieu connaît les pensées des hommes ; il sait qu'elles ne sont que vanité ». *Sapient.* c. IX, v. 14. — Psalm. XCIII, v. 11.

mettray. Or y a-t-il autant de doute et de dispute aux principes, qu'aux conclusions, en la these qu'en l'hypothese, dont y a tant de sectes entre eux, si je me rends à l'une, j'offense toutes les autres. Ils diront aussi que c'est une grande peine de ne se pouvoir resouldre, demeurer tousjours en doute et perplex, voire qu'il est difficile de se tenir longuement en cet estat. Ils ont raison de le dire, car ils le sentent ainsi en eux-mesmes, cela est aux fols et aux faibles : aux fols presomptueux, partisans, passionnés, prevenus et aheurtés à certaines opinions, qui condamnent fierement toutes les autres, encores qu'ils soyent convaincus, ne se rendent jamais, se despitent et mettent en cholere, ne recognoissent bonne foy : s'ils sont contraints de changer d'advis, les voila retournés, autant resolus et opiniastres en leur nouveau advis qu'ils estoient auparavant au premier, ne scavent rien tenir sans passion, et jamais ne disputent pour apprendre et trouver la verité, mais pour soustenir ce qu'ils ont desja espousé et juré [29]. Telles gens ne sçavent rien, et ne sçavent que c'est que sçavoir, à cause qu'ils pensent sçavoir et bien tenir la verité en leur manche : pour ce que vous pensez voir, vous n'y voyez rien, dit le docteur de verité aux glorieux et presomptueux, *si quis existimet se scire ali-*

---

[29] Ce sont des gens dont Cicéron dit : *Nihil tam verentur quam ne dubitare aliqua de re videantur.* Cicer. de Natura Deorum. L. I.

*quid, nondùm cognovit quemadmodùm oporteat eum scire*³⁰. Aux foibles qui n'ont la force de se tenir droit sur leurs pieds, faut qu'ils soient appuyés, ne peuvent vivre sinon en mariage, ni se maintenir libres, gens nais à la servitude, craignent les lutins, ou que le loup les mange s'ils estoient seuls. Mais aux sages, modestes, retenus, c'est au rebours la plus seure assiette, le plus heureux estat de l'esprit, qui par ce moyen se tient ferme, droit, rassis, inflexible, tousjours libre et à soy : *hoc liberiores et solutiores sumus, quia integra nobis judicandi potestas manet*³¹. C'est un très doux, paisible, et plaisant sejour, où l'on ne craint point de faillir ny se mescompter, l'on est à l'abry et hors de tous dangers de participer à tant d'erreurs produits par la fantaisie humaine, et dont tout le monde est plein, de s'infraquer *³² en querelles, divisions, disputes, d'offenser plusieurs partis, de se desmentir et desdire de sa creance, de changer, se repentir, se r'adviser : car combien de fois le temps

---

³⁰ « Si quelqu'un se flatte de savoir quelque chose, c'est qu'il n'a point encore appris comment il lui conviendrait de savoir ». Iʳᵉ. Épit. de saint Paul aux Corinth., chap. VIII, vers. 2.

³¹ « Nous sommes plus libres et sans aucune contrainte, parce qu'il nous reste, dans tout son entier, le pouvoir de prendre une détermination ».

*³² Pour *s'infrasquer*, qu'on lit dans la première édition. — *S'infraquer*, s'entremettre.

nous a-t-il fait voir que nous estions trompés et mescomptés en nos pensées, et nous a forcé de changer d'opinions? Bref, c'est se tenir en repos et tranquillité d'esprit, loin des agitations et des vices qui viennent de l'opinion de science que nous pensons avoir des choses; car de là viennent l'orgueil, l'ambition, les desirs immoderés, l'opiniastreté, presomption, amour de nouvelleté, rebellion, desobeissance : d'où viennent les troubles, sectes, heresies, seditions, que des fiers, affirmatifs et opiniastres resolus, non des academiques, des modestes, indifferens, neutres, sursoyans, c'est-à-dire, sages? Mais je leur diray bien davantage ; c'est la chose qui faict plus de service à la pieté, religion et operation divine que tout autre qui soit, bien loin de la heurter : service, dis-je, tant pour sa generation et propagation que pour sa conservation[33]. La théologie, mesme la mystique, nous enseigne que pour bien preparer nostre ame à Dieu, et à l'impression du saint Esprit, il la faut vuider, nettoyer, despouiller, et mettre à nud de toute opinion, creance, affection ; la rendre comme une carte blanche, morte à soy et au monde, pour y laisser vivre et agir Dieu, chasser le viel pos-

---

[33] *Voyez* sur cela un beau dialogue de Lamothe-le-Vayer, intitulé : *De la Divinité*. Il est absolument conforme au sentiment que Charron soutient ici, et vous y trouverez une bonne réponse à l'objection que font certains dogmatiques, que le pyrrhonisme est dangereux pour la religion révélée. N.

sesseur pour y establir le nouveau, *expurgate vetus fermentum,—exuite veterem hominem* [34], dont il semble que pour planter et installer la chrestienté en un peuple mescreant et infidele, comme maintenant en la Chine, ce seroit une très belle methode de commencer par ces propositions et persuasions : que tout le sçavoir du monde n'est que vanité et mensonge : que le monde est tout confit, deschiré et vilainé d'opinions phantasques forgées en son propre cerveau : que Dieu a bien créé l'homme pour cognoistre la verité, mais qu'il ne la peut cognoistre de soy, ni par aucun moyen humain. Et faut que Dieu mesme, au sein duquel elle reside, et qui en a faict venir l'envie à l'homme, la revele, comme il a fait : mais que pour se preparer à cette revelation, il faut auparavant renoncer et chasser toutes opinions et creances, dont l'esprit est desja anticipé et abbrevé, et le lui presenter blanc, nud et prest. Ayant bien battu et gaigné ce poinct, et rendu les hommes comme academiciens *[35] et pyrrhoniens, faut proposer les principes de la chrestienté, comme envoyés du ciel, apportés par l'ambassadeur et parfait confident de la Divinité, authorisé et confirmé en son temps par tant de preuves

---

[34] « Purifiez-vous donc du vieux levain ;—Dépouillez le vieil homme ». — Saint Paul, Ep. 1re. aux Corinth., chap. v, vers. 7.

*[35] C'est-à-dire, de la secte de l'académie.

merveilleuses et tesmoignages très authentiques : voylà comme cette innocente et candide surseance et vacuité de resolution est un grand moyen à la vraye pieté, non seulement recevoir comme je viens de dire, mais conserver ; car avec elle n'y aura jamais d'heresies et opinions triées, particulieres, extravagantes : jamais academicien ou pyrrhonien ne sera heretique, ce sont choses opposites : l'on dira peut-estre qu'il ne sera jamais aussi chrestien ny catholique, car aussi bien sera-t-il neutre et sursoyant à l'un qu'à l'autre[36] : c'est mal entendre ce qui a esté dict, c'est qu'il n'y a point de surseance, ne lieu de juger, ny liberté, en ce qui est de Dieu. Il le faut laisser mettre et graver ce qu'il luy plaira et non autre. J'ai fait ici une digression à l'honneur de cette nostre regle contre ses haineurs. Revenons.

Après ces deux, juger de tout, surseoir la determination, vient en tiers lieu l'universalité d'esprit, par laquelle le sage jette sa veue et consideration sur tout l'univers ; il est citoyen du monde comme Socrates, il embrasse d'affection tout le genre humain, il se promene par-tout comme chés soy, voit comme un soleil, d'un regard egal, ferme et indifferent, comme d'une haute guette*[37] tous les changemens, diversités

---

[36] *Voyez* dans le dialogue de Lamothe-le-Vayer, *de la Divinité*, une bonne réponse à cette objection. N.

*[37] Védette.

et vicissitudes des choses, sans se varier, et se tenant tousjours mesme à soy[38], qui est une livrée de la Divinité, aussi est-ce le haut privilege du sage, qui est l'image de Dieu en terre. *Magna et generosa res animus humanus, nullos sibi poni nisi communes et cum Deo terminos patitur*[39]. — *Non idem sapientem qui caeteros terminus includit, omnia illi secula ut Deo serviunt*[40] : — *nullum seculum magnis ingeniis clausum, nullum non cogitationi pervium tempus*[41]. — *Quam naturale in immensum mentem suam extendere*[42], — *in hoc à naturâ*

---

[38] Il semble que Charron, dans cette tirade, ait voulu rendre à peu près ces beaux vers du poëte Claudien :

> ... *Ut altus olympi*
> *Vertex, qui spatio ventos hiemesque relinquit,*
> *Perpetuum nullâ temeratus nube serenum,*
> *Celsior exsurgit pluviis, auditque ruentes*
> *Sub pedibus Nimbos, et raucà tonitrua calcat :*
> *Sic patiens animus per tanta negotia liber*
> *Emergit, similisque sui etc.....*
> De Mallii Theodori consulatu, v. 226.

[39] « L'esprit humain, cette substance active et noble, ne souffre point qu'on lui impose d'autres bornes que celles qui lui sont communes avec la Divinité ». Senec. Epist. CII.

[40] « Le sage n'est point renfermé dans les mêmes limites que les autres hommes; tous les siècles lui obéissent comme à Dieu ». Idem, *De Brevitate Vitæ*, chap. XV.

[41] « Il n'est point de siècles fermés aux sublimes génies, point de tems inaccessibles à la pensée ». Senec. epist. 102.

[42] « Il est si naturel que l'esprit plane dans l'immensité ! » *Id. Ibid.*

formatus homo ut paria Diis velit, ac se in spatium suum extendat[43]. Les plus beaux et plus grands esprits sont les plus universels, comme les plus bas et plats sont les plus particuliers : c'est sottise et foiblesse de penser que l'on doit croire, faire, vivre par-tout comme en son village, son pays, et que les accidens qui adviennent icy, touchent et sont communs au reste du monde : le sot, si l'on recite y avoir d'autres mœurs, coustumes, loix, opinions contraires à celles qu'il voit tenir et usiter, ou il les mescroit et dit que ce sont fables, ou bien il les abomine et condamne promptement comme barbarie, tant' il a l'ame partiale, teinte et asservie aux siennes municipales, lesquelles il estime seules vrayes, naturelles, universelles. Chascun appelle barbarie ce qui n'est de son goust et usage[44], et semble que nous n'avons autre touche de verité et raison que l'exemple et l'idée des opinions et usances du pays où nous sommes. Telles gens ne jugent rien ny ne peuvent, sont esclaves de ce qu'ils tiennent ; la forte prevention et anticipation d'opinions les possede entierement, ils en sont tellement coiffés, qu'ils ne s'en peuvent plus deffaire ny desdire : or, la partialité est ennemie

---

[43] « La nature a formé l'homme de telle sorte, qu'il cherche toujours à s'étendre dans sa sphère, à devenir l'égal des Dieux ». Sen. ep. 92.

[44] Montaigne, L. I, chap. XXX.

de liberté et maistrise; le palais prevenu et frappé d'un goust particulier, ne peust plus bien juger des autres, l'indifferent juge de tous : qui est attaché en un lieu, est banni et privé de tous les autres : la carte teinte d'une couleur n'est plus capable des autres, la blanche l'est de toutes : le juge prevenu, inclinant et favorable à une part, n'est plus droit, entier, ny vray juge. Or il se faut affranchir de cette brutalité et se presenter comme en un tableau cette grande image de nostre mere nature en son entiere majesté, remarquer là dedans un royaume, un empire, voire tout ce monde visible, comme le trait d'une pointe très delicate, et y lire une si generale et constante varieté, en toutes choses, tant d'humeurs, de jugemens, creances, coustumes, loix; tant de remuemens d'estats, changemens de fortune, tant de victoires et conquestes ensevelies, tant de pompes, cours, grandeurs esvanouyes : par là l'on apprend à se cognoistre, n'admirer rien, ne trouver rien nouveau, ny estrange, s'affermir et resouldre par-tout. Pour obtenir cet esprit universel, cette generale indifference, que l'on considere ces quatre ou cinq poincts.

La grande inegalité, et difference des hommes au naturel, forme, composition, dont a esté ja parlé.

La grande diversité des loix, coustumes, mœurs, religions, opinions, usances, dont sera cy après parlé.

Les diverses opinions, raisons, dires des philosophes touchant l'unité et pluralité, l'eternité et temporalité, le commencement et fin, la durée et continuation, les aages, estats, changemens, vicissitudes du monde et de ses parties.⁴⁵ Les prestres egyptiens, dirent à Herodote, que depuis leur premier roy (dont y avoit plus d'onze mille ans, duquel et de tous les suyvans, luy firent voir les effigies en statues tirées au vif) le soleil avoit changé quatre foisde route. Les Chaldéens du temps de Diodore (comme il dict), et Ciceron, tenoyent registre de quatre cens mille tant d'ans. Platon dict que ceux de la ville de Saïs avoient des memoires par escrit de huit mille ans, et que la ville d'Athenes fut bastie mille ans avant ladite ville de Saïs. Aristote, Pline, et autres ont dit que Zoroastre vivoit six mille ans avant l'aage de Platon. Aucuns ont dict que le monde est de toute eternité, mortel et renaissant à plusieurs vicissitudes : d'autres et les plus nobles philosophes ont tenu le monde pour un Dieu, faict par un autre Dieu plus grand, ou bien comme Platon asseure, et autres argumentent par ces mouvemens, que c'est un animal composé de corps et d'esprit, lequel esprit logeant en son centre s'espand par nombres de musique en sa circonference, et ses

---

⁴⁵ Tout ce qui suit, jusques au tiers de la page suivante, est copié presque mot à mot de Montaigne, L. II, ch. XII. On y pourra trouver citées toutes les autorités sur lesquelles il s'est appuyé pour rappeler les diverses opinions des philosophes dont il rapporte les noms. Je ne répète point ici ces citations, pour ne pas faire double emploi.

pieces aussi, le ciel, les estoilles composées de corps et d'ame, mortelles à cause de leur composition, immortelles par la determination du Createur. Platon dit que le monde change de visage en tous sens; que le ciel, les estoilles, le soleil, changent et renversent parfois leur mouvement, tellement que le devant vient derriere. L'orient se faict occident; et selon l'opinion ancienne fort authentique, et des plus fameux esprits, digne de la grandeur de Dieu, et bien fondée en raison, il y a plusieurs mondes, d'autant qu'il n'y a rien, un et seul en ce monde, toutes especes sont multipliées en nombre, par où semble n'estre pas vraysemblable que Dieu aye faict ce seul ouvrage sans compagnon, et que tout soit espuisé en cet individu[46]; au moins la théologie dict bien que Dieu en peust faire plusieurs et infinis, car s'il n'en pouvoit faire plus que cettuy visible, sa puissance seroit finie, car ce monde est finy. Ce que nous avons apprins de la descouverte du monde nouveau, Indes orientales et occidentales, par où nous voyons premierement que tous les anciens se sont mescontés, pensans avoir trouvé la mesure de la terre habitable, et comprins toute la cosmographie, sauf quelques isles escartées mescroyans les antipodes : car voylà un monde à peu près comme le nostre, tout en terre ferme, habité,

---

[46] L'hypothèse de la pluralité des mondes est fondée sur des motifs bien plus concluans; mais, de son tems, Charron ne pouvait les connaître.

peuplé, policé, distingué par royaumes et empires, garni de villes qui surpassent en beauté, grandeur, opulence, toutes celles qui sont en Asie, Aphrique, Europe, il y a plusieurs milliers d'années : et qui doute que d'icy à quelque temps il ne s'en descouvre encores d'autres? Si Ptolomée et les anciens se sont trompés autrefois, pourquoy ne se peust tromper encores celuy qui diroit que maintenant tout est descouvert et trouvé? Je m'en voudroy bien fier en luy.

Secondement que les zones que l'on pensoit ignoramment inhabitables à cause du chaud et froid excessif, sont très habitées.

Tiercement qu'en ces nouvelles terres, presque toutes les choses que nous estimons icy tant, et les tenons-nous avoir esté premierement revelées et envoyées du ciel, estoient en créance et observance commune [47] (d'où qu'elles soient venues je ne touche point là ; qui en ose determiner ?) plusieurs mille ans auparavant qu'en eussions ouy les premieres nouvelles, soit au faict de religion, comme la creance d'un seul premier homme pere de tous, du deluge universel, d'un Dieu qui vesquit autrefois en homme vierge et saint, du jour du jugement, du purgatoire, resurrection des morts, observation des jeusnes, caresmes, celibat des prestres, ornemens d'église, surplis, mittre, eau benuiste, adoration de la croix, cir-

---

[47] Voyez Montaigne, L. II, chap. XII.

concision pareille à la juifve et mahumetane. Au fait de la police, comme que les aisnés succedent à tout le bien, que le promeu à un beau et grand grade, prend un nouveau nom, et quitte le sien, subsides tyranniques, armoiries, sauts de batteleurs, musique d'instrumens, toutes sortes de nos jeux, artillerie [48], imprimerie [49]. Par tous ces discours, nous tirons aisement ces conclusions : que ce grand corps que nous appellons le monde, n'est pas ce que nous pensons et jugeons ; que ny en son tout, ny en ses parties, il n'est pas tousjours mesme, ains en perpetuel flux et reflux ; qu'il n'y a rien dict, tenu, creu, en un temps et lieu qui ne soit pareillement dict, tenu, creu, et aussi contredict, reprouvé, condamné ailleurs ; estant

---

[48] Quoique l'usage de la poudre soit ancien à la Chine, dit le père du Halde, l'artillerie y est assez moderne, et l'on ne s'est guère servi de la poudre depuis son invention, que pour les feux d'artifice, en quoi les Chinois excellent. Il y avait cependant trois ou quatre bombardes courtes et renforcées, aux portes de Nanking, assez anciennes pour faire juger qu'ils ont eu connaissance de l'artillerie ; ils paraissaient cependant en ignorer l'usage, et elles ne servaient là qu'à être montrées comme des pièces curieuses ». *Descript. de la Chine*, t. II, page 47. N.

[49] Le P. du Halde dit que l'imprimerie ne fut inventée à la Chine qu'environ cinquante ans avant l'ère chrétienne, tome I, pag. 383 ; mais ailleurs il dit que cet art y était pratiqué de tems immémorial. *Description de la Chine*, t. II, pag. 249, colon. 2. N.

l'esprit humain capable de toutes choses, roulant tousjours ainsi le monde, tantost le mesme, tantost divers ; que toutes choses sont enfermées et comprinses dedans ce cours et revolution de nature, subject à la naissance, changement, fin, à la mutation des temps, lieux, climats, ciels, airs, terroirs. Et de ces conclusions nous apprendrons à n'espouser rien, ne jurer à rien, n'admirer rien, ne se troubler de rien, mais quoy qu'il advienne, que l'on crie, tempeste, se resouldre à ce poinct, que c'est le cours du monde, c'est nature qui faict des siennes : mais pourvoir par prudence, qu'aucune chose ne nous blesse par nostre foiblesse et lascheté. C'est assez dit de cette parfaicte liberté du jugement, establie de ces trois pieces, juger de tout, ne juger rien, estre universel, en laquelle je me suis plus arresté, pource que je sçay qu'elle n'est du goust du monde, est ennemie du pedantisme, aussi bien que la sagesse, mais qui est le beau fleuron de sagesse qui nous preserve de deux escueils contraires, où se perdent ordinairement les populaires, sçavoir testuës, opiniastres, honteuses desdites, repentirs, changemens, et l'on se maintient en une douce, paisible et asseurée modestie et grande liberté d'esprit, noble et magnifique universalité. C'est cette grande qualité et suffisance de Socrates, le coriphée des sages, par l'adveu de tous, duquel il est dict, comme discourt Plutarque, qu'il n'enfantoit point, mais servant de sage-femme, faisait enfanter les autres[50]. C'est à peu près, et en quelque sens l'ataraxie *[51] des pyrrhoniens, la neutralité et indifférence des academiciens, de laquelle est germain ou procede ne s'estonner de rien, ne rien admirer[52], le souverain bien de Pythagoras, la magnanimité d'Aristote,

> Nil admirari, propè res est una, Numici,
> Solaque quæ possit facere et servare beatum[53]

Est-ce pas chose estrange que l'homme ne la veust gouster, voire s'offense d'en ouyr parler, ayme mieux demourer esclave, courir d'un party à un autre, que d'estre à soy, vivre du sien, estre par dessus tout, et aller par-tout egalement? N'y a-t-il pas lieu de s'escrier avec Tibere, et beaucoup plus justement, *ô homines ad servitutem nati!*[54] Quel monstre *[55] de vouloir

---

50. Voyez Plutarque, *Questions Platoniques.*

*[51] Ἀταραξια, tranquillité exempte de tout trouble, de toute émotion; mot formé de α privatif, et de ταραξις, perturbation, trouble.

52 Il faut savoir s'étonner quelquefois, et Platon a raison de dire : « C'est souvent la marque d'un philosophe, de s'étonner, et l'admiration est la source de la philosophie ». Plat. *in Thæeteto.* N.

53 « Ne rien admirer, c'est presque l'unique moyen, Numicus, de devenir et de rester heureux ». Horat. epist. VI, L. I, v. 1.

54 « O hommes, nés pour la servitude! » Tacit. *Annal.* L. III, cap. 65.

*[55] Le mot *monstre* est pris ici dans le sens de *chose étrange, extraordinaire.*

toutes choses libres, son corps, ses membres, ses biens, et non son esprit, qui toutesfois seul est né à sa liberté? L'on veust bien se servir de tout ce qui est au monde, qui vient d'orient, d'occident pour le bien et service du corps, nourriture, santé, ornement, et le tout accommoder à son usage, mais non pour la culture de son esprit, son exercice, bien et enrichissement, *[56] mettent leur corps aux champs, et tiennent leur esprit en serre.

L'autre liberté qui est de volonté, doit estre encores en plus grande recommandation au sage. Nous ne parlons pas icy du liberal arbitre de l'homme, à la façon des Theologiens; nous disons que l'homme sage, pour se maintenir en repos et liberté, doit mesnager sa volonté et ses affections, en ne se donnant et affectionnant qu'à bien peu de choses, et icelles justes (aussi les justes sont en petit nombre, si l'on juge bien) et encores sans violence et aspreté. Il vient icy à *[57] combattre (ou pour plus doucement parler) expliquer, et bien entendre deux opinions populaires et plausibles au monde, l'une enseigne d'estre prompt et volontaire au service d'autruy, s'oublier pour le prochain, et principalement pour le public, au pris duquel le particulier ne vient point en consideration : l'autre s'y porter courageusement avec agi-

---

*[56] Sous-entendu, *ils.*

*[57] Le sujet exige ici de etc.

tation, zele, affection. Qui ne faict le premier, est accusé de n'avoir aucune charité : qui ne faict le second, est suspect d'estre froid, et n'avoir le zele ou la suffisance qu'il faut, et n'estre amy. On a voulu faire valoir ces deux opinions outre raison et mesure : et n'y a rien que l'on n'aye dict là dessus; car les chefs souvent preschent les choses selon qu'elles servent, et non selon qu'elles sont : et souvent les opinions les plus vrayes ne sont pas les plus commodes. Et puis voyant que nous ne tenons que trop à nous, et d'une attache trop naturelle, ils nous en veulent distraire et tirer au loin, comme pour redresser un bois courbé, on le recourbe au rebours[58].

Mais ces opinions mal entenduës et mal prinses, comme elles sont de plusieurs, apportent de l'injustice, du trouble, de la peine, et du mal beaucoup, comme l'on peust voir en ceux qui mordent à tout, se donnent à louage et s'asservissent à autruy : non-seulement ils se laissent emporter et saisir, mais encores, ils s'ingerent à tout, autant à ce qui ne les touche, comme à ce qui les touche, aux petites comme aux grandes : et souvent non pour autre chose, que pour s'embesogner et s'agiter, *in negotiis sunt negotii*

---

[58] Appliquez ici ces paroles de Sénèque : *Quædam præcipimus ultrà modum, ut ad verum et suum redeant.* De Benef., L. VII, cap. XXII.

causâ[59], et ne pouvoir se tenir ny arrester, comme s'ils n'avoient rien à faire chez et au dedans d'eux, et qu'à faute d'affaires internes, essentiels, propres et domestiques, ils en cherchent ou prennent d'estrangers : ils sont bien mesnagers ou avares de leur bourse, mais prodigues de leur ame, vie, temps, affection et volonté ; desquelles seules choses la mesnagerie est utile et louable : et s'adonnans à quelque chose, c'est avec telle passion et violence qu'ils ne sont du tout plus à eux mesmes, s'engagent et s'enfoncent du tout. Les grands demandent de telles gens, qui se passionnent et se tuent pour eux, et usent de promesses et grands artifices, pour les y faire venir, et trouvent tousjours des fols, qui les en croient, mais les sages s'en gardent bien.

Cecy est premierement injuste, trouble entierement l'estat, et chasse le repos et la liberté de l'esprit. C'est ne sçavoir ce qu'un chascun de nous se doibt, et de combien d'offices un chascun est obligé à soy mesme. En voulans estre officieux et serviables à autruy, ils sont importuns et injustes à eux mesmes. Nous avons tous assez d'affaires chez et au dedans de nous, sans s'aller perdre au dehors, et se donner à tous : il faut se tenir à soy-mesme. Qui oublie à honnestement, et sainement, et gayement vivre, pour en servir au-

---

[59] « Ils s'entremettent dans les affaires, pour avoir des affaires ». Sen. epist. XXII.

truy, est mal advisé, et prend un mauvais et desnaturé party. Il ne faut espouser et s'affectionner qu'à peu de choses, et icelles justes.

Secondement cette aspre intention et passionnée affection trouble tout, et empesche la conduicte de l'affaire, auquel on s'adonne si fort : comme en la precipitation la trop grande hastiveté se donne mesme la jambe, s'entrave et s'arreste : *ipsa se velocitas implicat* [60], — *undè festinatio tarda est* [61]. — *Qui nimiùm properat, seriùs absolvit* [62]. Aussi estant enyvré de cette intention violente, [63] on s'embarrasse, on s'enferre, on se jette à l'indiscretion, à l'injustice, on apporte de l'aigreur et du soubçon aux autres, de l'impatience aux evenemens contraires ou tardifs, et qui ne sont à souhait :

> ... Malè cuncta ministrat ...
> Impetus ... [64]

Cela se voit non-seulement aux affaires serieux, mais

---

[60] « L'extrême promptitude s'embarrasse elle-même ». Senec. epist. XLIV, *in fine*.

[61] « On se retarde par trop de précipitation ». Quint. Curt. L. IX, cap. IX.

[62] « Qui se hâte trop, finit plus tard ». A ce passage de Tite-Live, on peut ajouter : *Omnia non properanti certa, claraque erunt : festinatio improvida est et cœca.* Tit. Liv., L. XXII, cap. XXXIX.

[63] Tout ce qui suit, jusqu'à l'alinéa, est pris dans Montaigne, L. III, chap. X.

[64] « On fait tout mal lorsqu'on agit avec impétuosité ». Stace, dans sa *Thébaïde*, Liv. X, v. 7.

encores vains et frivoles, comme au jeu, où celuy qui est saisi et transporté d'une si ardente soif de gaigner, se trouble et pert. Celuy qui va moderement est tousjours chez soy, sans se picquer, conduit son faict et plus advantageusement, et plus seurement, et plus gayement : il feint, il ploye, il differe tout à son aise selon le besoin : s'il faut d'attainte *[65], c'est sans tourment et affliction, prest et entier pour une autre nouvelle charge : marche tousjours la bride à la main, *festinat lentè* [66].

Tiercement cette violente et tant aspre affection infecte et corrompt mesme le jugement ; car suyvant un party et desirant son advantage, ils forcenent, s'il en vient au rebours, lui attribuent de faulses louanges et qualités, et au party contraire faulses accusations, interpretent tous prognostiques et evenemens à leur poste, et les font servir à leur dessein. Faut-il que tous ceux du party contraire et malade soient aussi meschans, et que tous vices leur conviennent ; voire et encores ceux, qui en disent et remarquent quelque bien, soient suspects estre de leur party ? ne peust-il pas estre qu'un honneste homme au reste, au moins en quelque chose, se trouve embarqué et suyve un mauvais party ? Que la passion force la volonté, mais qu'elle emporte encores le ju-

---

*[65] S'il manque d'atteindre son but.
[66] « Se hâte lentement ».

gement, et luy face faire le sot, c'est trop : c'est la pièce souveraine et derniere qui doibt tousjours maintenir son authorité : il faut candidement et de bonne foy recognoistre le bien, qui est aux adversaires, et le mal qui est en ceux que l'on suyt. Hors le neud du debat et le fonds, il faut garder equanimité et indifference, et n'allonger point sa cholere au delà des affaires[67]. Voylà les maux que nous apporte cette trop grande affection à quelque chose que ce soit : par tout, voire à estre bon et sage, il y peust avoir du trop[68].

Mais pour tenir regle en cecy, il se faut souvenir que la principale et plus legitime charge que nous avons, c'est à chascun sa conduicte. C'est pourquoy nous sommes icy, nous devons nous maintenir en tranquillité et liberté. Et pour ce faire, le souverain remede est de se prester à autruy, et ne se donner qu'à soy, prendre les affaires en main, non à cueur, s'en charger et non se les incorporer, soigner et non passionner, ne s'attacher et mordre qu'à bien peu, et se tenir tousjours à soy. Ce conseil ne condamne point les offices deus au public, à ses amis, à son prochain, tant s'en faut, l'homme sage doibt estre

---

[67] Pris dans Montaigne, L. III, chap. x.
[68] Aussi Horace, ce poëte si philosophe, a-t-il dit :
Insani sapiens nomen ferat, æquus iniqui;
Ultrà quàm satis est, virtutem si petat ipsam.
L. I, epist. VI, v. 15.

officieux et charitable, appliquer à soy l'usage des autres hommes et du monde, et pour ce faire doibt contribuer à la société publique les offices et debvoirs qui le touchent. *Qui sibi amicus est, hunc omnibus scito esse amicum*[69]. Mais j'y requiers moderation et discretion double; l'une de ne se prendre pas à tout ce qui se presente, mais à ce qui est juste et necessaire, et cela ne va pas beaucoup plus loin; l'autre que ce soit sans violence et sans trouble. Il faut desirer peu, et ce peu moderement, s'embesongner peu et tranquillement, et aux charges que l'on prend, apporter les pas, les paroles, l'attention, la sueur, les moyens, et au besoing le sang et la vie, mais sans vexation et passion, se tenant tousjours à soy, en santé et repos. L'on vient bien et faict-on bien son effet sans cette ardeur et cette grande contention de volonté. Et se trompent fort ceux qui pensent que l'affaire ne se faict pas bien, et n'y a point d'affection, s'il n'y a du bruit, de la tempeste, de l'esclat. Car au rebours cela empesche et trouble la bonne conduicte, comme a esté dict. O combien de gens se hazardent tous les jours aux guerres dont il ne leur chaut *[70], et se pressent aux dangers des batailles, desquelles la perte ne leur trouble aucunement le dormir, et c'est pour ne faillir

---

[69] « C'est être son ami, que de l'être de tout le monde ». Senec. epist. VI, *in fine*.

*[70] Qui ne les intéressent pas, qui leur importent peu.

à leur debvoir! et en voylà un en sa maison qui n'oseroit avoir regardé le danger, qui se passionne de l'issue de cette guerre, et en a l'ame plus travaillée, que le soldat qui y employe sa vie, son sang.

Au reste il faut bien sçavoir distinguer et separer nous-mesmes d'avec nos charges publiques ; un chascun de nous joue deux roolles et deux personnages, l'un estranger et apparent, l'autre propre et essentiel. Il faut discerner la peau de la chemise : l'habile homme fera bien sa charge, et ne laissera pas de bien juger la sottise, le vice, la fourbe, qui y est. Il l'exercera, car elle est en usage en son pays, elle est utile au public, et peust-estre à soy, le monde vit ainsi, il ne faut rien gaster. Il se faut servir et se prevaloir du monde tel qu'on le trouve ; cependant le considerer comme chose estrangere de soy, sçavoir bien de soy jouir à part, et se communiquer à un sien bien confident, au pis aller à soy-mesme [71].

---

[71] Les idées et quelques parties des phrases de tout ce paragraphe, sont prises dans Montaigne, L. III, chap. x. On y lit, par exemple : « un honneste homme n'est pas comptable du vice ou sottise de son mestier, et ne doibt pourtant en refuser l'exercice ; c'est l'usage de son pays, et il y a du proufit ». etc.

CHAPITRE III.

Vraie et essentielle preud'hommie.

PREMIERE ET FONDAMENTALE PARTIE DE SAGESSE.

SOMMAIRE. — L'attribut essentiel de la sagesse, c'est la prudhommie. Quel est le masque dont cette vertu se couvre. La prudhommie dont font profession ceux qui ont la réputation d'être gens de bien, dans le monde, est artificielle, timide, esclave des lois et coutumes; la vraie prudhommie est libre et franche, mâle et généreuse, riante, uniforme, constante. La nature l'enjoint et la recommande à l'homme, parce que c'est une obligation naturelle d'être homme de bien; elle l'enseigne : c'est la loi naturelle. Il faut suivre la nature, pour bien vivre, et ne jamais faillir. La nature est une bonne et suffisante maîtresse, qui règle tout; si nous la voulons bien écouter, nous n'avons pas besoin d'aller chercher la sagesse ailleurs. Mais nous l'altérons totalement, par violence, par art, par la cérémonie, tellement qu'on ne la reconnaît plus en l'homme. La vraie prudhommie consiste donc à suivre la nature, c'est-à-dire, la raison. Distinction de la vraie prudhommie, en vertu naturelle et en vertu acquise; il y en a encore une troisième composée des deux; ce qui constitue trois degrés de perfection. Pour achever cette perfection, il faut la grâce de Dieu; mais l'auteur avoue que c'est *pour reboucher la poincte de la medisance et faire cesser les plaintes des bigots,* qu'il leur fait cette concession. — La méchanceté est contre nature. Il y a trois sortes de méchancetés et de gens vicieux. Du repentir, de la confession des fautes.

Exemples : La loi de Moïse. — La loi des Douze Tables et le Droit romain. — Socrate. — Les Stoïciens, les Épicuriens. — Caton. — Métellus. — Aristides, Phocion, Caton, Régulus, Socrates, Scipion, Épaminondas. — Les Pharisiens. — Saint Augustin, Origène et Hippocrate.

Ayant appresté et disposé notre escolier à la sagesse par les advis precedens, c'est-à-dire, l'ayant purifié et affranchy de tous maux, et mis en bel estat d'une liberté pleine et universelle, pour avoir veuë, cognoissance et maistrise sur toutes choses (qui est le privilege du sage et spirituel, *spiritualis omnia dijudicat*[1]), il est maintenant temps de luy donner les leçons et les regles generales de sagesse. Les deux premieres seront comme prealables et presupposées comme fondemens, dont la premiere et principale sera la probité et preud'hommie.

Je n'aurai point peust-estre grand affaire à establir cette proposition, que la preud'hommie soit la premiere, principale et fondamentale partie de sagesse, car tous (soit en verité et à bon escient, ou par belle

---

[1] « L'homme spirituel juge de tout ». St.-Paul, épît. aux Corinthiens, chap. II, v. 15.

mine, de honte et crainte de dire le contraire) en font grand feste; l'honorent et recommandent tousjours en premier lieu; se disent estre ses serviteurs et affectionnés poursuyvans; mais j'auray de la peine à monstrer et persuader quelle est la vraye et essentielle que nous requerons icy. Car celle, qui est en vogue et en credit, dont tout le monde se contente, qui est la seule cognuë, recherchée, et possedée (j'en excepte tousjours quelque peu de sages), est bastarde, artificielle, faulse et contrefaicte.

Premierement nous sçavons que souvent nous sommes menés et poussés à la vertu et à bien faire par des ressorts meschans et reprouvés, par defaut et impuissance naturelle, par passion, et le vice mesme. La chasteté, sobrieté, temperance peuvent arriver en nous par defaillance corporelle; le mespris de la mort, patience aux infortunes, et fermeté aux dangers, vient souvent de faute d'apprehension et de jugement; la vaillance, la liberalité, la justice mesme, de l'ambition; la discretion, la prudence, de crainte, d'avarice. Et combien de belles actions a produit la presomption et temerité! Ainsi les actions de vertu ne sont souvent que masques, elles en portent le visage, mais elles n'en ont pas l'essence; elles peuvent bien estre dictes vertueuses pour la consideration d'autruy, et du visage qu'elles portent en public, mais en verité et chez l'ouvrier, non; car il se trouvera que le profit, la gloire, la coustume et autres telles causes estrangeres nous ont induits à les faire. Quelques fois elles sont produictes par stupidité et bestise, dont il est dict que la sagesse et la bestise se rencontrent en mesme poinct de goust, et resolution à la souffrance des accidens humains. Il est donc très dangereux de juger de la probité ou improbité d'un homme par les actions : il faut sonder au dedans quels ressorts causent ce mouvement, et donnent le bransle : les meschans font souvent de bonnes et belles choses, les bons et les meschans se gardent pareillement de mal faire, *oderunt peccare boni et mali*[2]. Parquoy pour descouvrir et sçavoir quelle est la vraye preud'hommie, il ne se faut arrester aux actions, ce n'est que le marc et le plus grossier, et souvent une happelourde *[3] et un masque : il faut penetrer au dedans, et sçavoir le motif qui fait jouer les cordes, qui est l'ame et la vie, qui donne le mouvement à tout. C'est par là qu'il faut juger, c'est à quoy un chascun doibt pourvoir qu'il soit bon et entier, c'est ce que nous cherchons.

La preud'hommie, communement estimée la vraye, tant preschée et recommandée du monde, de laquelle font profession expresse ceux qui ont le titre et la reputation publique d'estre gens de bien et les plus entiers, est scholastique et pedantesque, serve *[4] des

---

[2] « Les bons et les méchants craignent de pécher ».

*[3] Un trompe-lourdaut, une grossière attrape.

*[4] Esclave.

loix, contrainte sous l'esperance et la crainte, acquise, apprinse et producte de la consideration et submission des religions, loix, coustumes, commandemens des superieurs, exemples d'autruy, subjecte aux formes prescriptes, feminine, paoureuse et troublée de scrupules et de doubtes, *sunt quibus innocentia nisi metu non placet* [5], laquelle non-seulement par le monde est diverse et variable, selon la diversité des religions, des loix, des exemples, des formes (car changeans les ressorts, il faut bien que les mouvemens aussi changent), mais encores en soy inegale, ondoyante et deambulatoire, selon les accès, recès et succès des affaires, des occasions qui se presentent, des personnes avec qui l'on a affaire, comme le bateau poussé par le vent et les avirons, qui bransle et marche inegalement, par secousses, boutées et bouffées : bref ce sont gens de bien par accident, par occasion, par ressorts externes et estranges, et non en verité et en essence. Ils ne le sentent et ne s'en advisent pas, mais il est aysé de les descouvrir et les en convaincre, en leur secouant un peu la bride, et les sondant de près, mais sur-tout par l'inegalité et diversité qui se trouvent en eux; car en mesme fait ils feront divers jugemens, et se porteront tous de diverse façon, tantost le petit pas, tantost le grand galop. Cette diversité inegale vient de ce que les oc-

---

[5] « Il en est qui n'aiment l'innocence que par crainte ».

casions et ressorts externes qui les agitent, s'enflent, se multiplient et grossissent, ou s'attiedissent, et rabaissent plus ou moins comme accidens, *quae recipiunt magis et minùs* [6].

Or la vraie preud'hommie que je requiers en celuy qui veust estre sage, est libre et franche, masle et genereuse, riante et joyeuse, egale, uniforme et constante, qui marche d'un pas ferme, fier et hautain, allant tousjours son train, sans regarder de costé ny derriere, sans s'arrester et alterer son pas et ses alleures pour le vent, le temps, les occasions, qui se changent, mais non pas elle, j'entens en jugement et en volonté, c'est-à-dire en l'ame, où reside et a son siege la preud'hommie. Car les actions externes, principalement les publiques, ont un autre ressort, comme sera dict en son lieu *. Je la veux icy descrire, advertissant premierement que suivant le dessein de

---

[6] « Qu'ils reçoivent plus ou moins ». *Accidens est quod adest atque abest, sine subjecti interitu.* Porphyr. Isag. Cap. v, pag. 8, *in oper. Aristot.* T. I. Edit. Paris. 1619.

* *Variante.* Or le ressort de cette preud'hommie, c'est loy de nature, c'est-à-dire l'équité et raison universelle, qui luict et esclaire en un chascun de nous. Qui agist par ce ressort, agist selon Dieu : car cette lumiere naturelle est un esclaire et rayon de la Divinité, une defluxion et dependence de la loy eternelle et divine. Il agist aussi selon soy, car il agist selon ce qu'il y a de plus noble et de plus riche en soy. Il est homme de bien.

ce livre declaré au preface, je traicte de la preud'hommie et sagesse humaine, comme humaine par laquelle on est dict homme de bien et sage, et non de la chrestienne, combien qu'encores en diray-je enfin un mot.

Le ressort de cette preud'hommie est nature, laquelle oblige tout homme d'estre et se rendre tel qu'il doibt, c'est-à-dire se conformer et regler selon elle [7]. Nature nous est ensemble et maistresse qui nous enjoint et commande la preud'hommie, et loy ou instruction qui nous l'enseigne. Quant au premier, il y a une obligation naturelle, interne et universelle à tout homme d'estre homme de bien, droit entier, suivant l'intention de son autheur et facteur. L'homme ne doibt point attendre ny chercher autre cause, obligation, ressort ou motif de sa preud'hommie, et n'en sçauroit jamais avoir un plus juste et legitime, plus

---

[7] « Quoiqu'on ne puisse pas déduire les principes et les maximes du droit naturel de ce que font les enfans dans l'âge où leurs inclinations agissent avec le plus de liberté....., il y a néanmoins lieu de croire que, malgré la diversité infinie des humeurs, les dispositions contraires à l'humanité, sont plutôt un effet de la mauvaise éducation et de l'habitude, que d'un penchant naturel et invincible : de sorte que rien n'empêche de soutenir qu'il y a dans tous les hommes, avant l'âge même de discrétion, des semences de sociabilité, lesquelles, par conséquent, ont leur fondement dans la nature humaine, et ne dépendent pas d'une vue réfléchie d'intérêt ». Barbeyrac, note 4, *in prologomen.* Tract. Grot. *de jure bell. ac pac.* § 7, pag. 7. Edit. Ams. T. I. N.

puissant, plus ancien, il est tout aussi tost que luy, nay avec luy. Tout homme doibt estre et vouloir estre homme de bien, pource qu'il est homme : qui ne se soucie de l'estre est un monstre, renonce à soy-mesme, se desment, se destruit, par droict n'est plus homme, et debvroit par effect desister de l'estre, il l'est à tort. Il faut que la preud'hommie naisse en luy par luy-mesme, c'est-à-dire par le ressort interne que Dieu y a mis, et non par aucun autre externe estranger, par aucune occasion ou induction. Personne ne veust d'une volonté juste et reglée une chose gastée, corrompue, autre que sa nature ne porte : il implique contradiction de desirer ou accepter une chose et ne se soucier qu'elle vaille rien ; l'homme veust avoir toutes ses pieces bonnes et saines, son corps, sa teste, ses yeux, son jugement, sa memoire, voire ses chausses et ses bottes : pourquoy ne voudra-t-il aussi avoir sa volonté et conscience bonne, c'est-à-dire, estre bon et sain tout entier ? Je veux donc qu'il soit bon et aye sa volonté ferme et resolue à la droiture et preud'hommie, pour l'amour de soy-mesme, et à cause qu'il est homme, sçachant qu'il ne peust estre autre sans se renoncer et destruire, et ainsi sa preud'hommie luy sera propre, intime, essentielle, comme luy est son estre, et comme il est à soy-mesme. Ce ne sera donc point pour quelque consideration externe et venant du dehors quelle qu'elle soit, car telle cause estant accidentale, et du dehors peust venir à faillir ou s'affaiblir et changer; et lors toute la preud'hommie appuyée sur icelle en fera de mesme : s'il est preud'homme pour l'honneur et la reputation, ou autre recompense, estant en la solitude, hors d'esperance qu'on le sache, il cessera de l'estre ou le sera froidement et laschement. Si pour la crainte des loix, magistrats, punitions, pouvant frauder les loix, circonvenir les juges, eviter ou elider les preuves, et se cacher à la science d'autruy, il ne le fera point : voylà une preud'hommie caduque, occasionnée, accidentale et certes bien chetive : c'est toutesfois celle qui est en vogue et en usage : on n'en cognoist point d'autre, personne n'est homme de bien, qu'induit et convié par cause ou occasion, *nemo gratis bonus est*[8]. Or je veux en mon sage une preud'hommie essentielle et invincible, qui tienne de soy-mesme, et par sa propre racine, et qui aussi peu s'en puisse arracher et separer, que l'humanité de l'homme. Je veux que jamais il ne consente au mal, quand bien personne n'en sçauroit jamais rien, ne le sçait-il pas luy? que faut-il plus? Tout le monde ensemble n'est pas tant [*9]; *quid tibi prodest non habere conscium, habenti conscien-*

---

[8] Sallust. in Fragment. Lib I, Hist. *in orat. Philip. contrà Lepidum.* — Voici le passage tel qu'on le trouve dans cet historien : *Haud facile quisquam gratuitò bonus est* : « Il est bien difficile qu'on soit bon sans aucun intérêt ».

[*9] C'est-à-dire, « n'est pas autant ou aussi grand que lui ».

tiam [10]? Ny quand il en debvroit recevoir une très-grande recompense, car quelle peust-elle estre qui luy touche tant que son estre propre? Ce seroit comme vouloir avoir un meschant cheval, moyennant qu'il eust une belle selle. Je veux donc que ce soyent choses inseparables estre et consentir de vivre homme, estre et vouloir estre homme de bien. Ce premier est assez inculqué, venons au second.

Or le patron et la regle pour l'estre, c'est cette nature mesme qui requiert si absolument que le soyons, c'est dis-je cette equité et raison universelle qui esclaire et luit en un chascun de nous [11]; qui agit selon elle, agit vrayement selon Dieu, car c'est Dieu, ou bien sa premiere, fondamentale et universelle loy qui l'a mis au monde, et qui la premiere est sortie de luy; car Dieu et nature sont au monde, comme en un estat, le roy son autheur et fondateur, et la loy fondamentale qu'il a bastie pour la conservation et regle

---

[10] « Que t'importe que l'on ne connaisse point tes bonnes actions, si tu en as la conscience »? Senec. *Apud Lactant. divin. institut.* L. VI. c. XXIV.

[11] Tertullien soutient qu'avant la loi de Moïse, écrite sur des tables de pierre, il y avait une loi non écrite que l'on pouvait connaître naturellement, et que les patriarches observaient. *Denique ante legem Moysis scriptum in tabulis lapideis, legem fuisse contendo non scriptam quæ naturaliter intelligebatur, et a patribus custodiebatur.* Tertull. *adversùs Judæos*, cap. II.

dudit estat. C'est un esclat et rayon de la divinité, une defluxion et dependance de la loy eternelle qui est Dieu mesme, et sa volonté : *quid natura nisi Deus, et divina ratio toti mundo et partibus ejus inserta* [12]? Il agist aussi selon soy, car il agist selon le timon et ressort animé qu'il a dedans soy, le mouvant et agitant. Ainsi est-il homme de bien essentiellement, et non par accident et occasion : car cette loy et lumiere est essentielle et naturelle en nous, dont aussi est appellée nature et loy de nature. Il est aussi par consequent homme de bien tousjours et perpetuellement, uniformement et egalement, en tous temps et tous lieux : car cette loy d'equité et raison naturelle est perpetuelle en nous, *edictum perpetuum*, inviolable qui ne peust jamais estre esteinte ny effacée, *quàm nec ipsa delet iniquitas: — vermis eorum non morietur* [13], universelle et constante par-tout, et tousjours mesme, egale, uniforme, que les temps ny les lieux ne peuvent alterer ny desguiser; ne reçoit point d'accès ny recès, de plus et de moins, *substantia non recipit magis nec*

---

[12] « Qu'est-ce que la nature si ce n'est Dieu, et cette raison divine répandue, non-seulement dans le monde entier; mais dans chacune de ses parties » ? Senec. *de Benefic.* L. IV. c. VII, *initio.* — Si Charron prenait cette pensée dans le sens de Sénèque, il ferait le monde Dieu. N.

[13] « Que l'iniquité elle-même ne peut détruire : — Le ver qui les ronge ne mourra point ». Ces derniers mots sont pris dans l'évang. de S. Marc, c. IX, v. 47.

minùs[14]. Que vas-tu chercher ailleurs? loy ou regle au monde. Que te peust-on dire ou alleguer que n'ayes chez toy et au dedans, si tu te voulois taster et escouter? Il te faut dire, comme au payeur de mauvaise foy, qui demande de quoy, et veust que l'on luy monstre la cedule qu'il a chez soy, *quod petis intùs habes*[15], tu demandes ce que tu as dans ton sein. *Signatum est super nos lumen vultûs tui.* — *Gentes naturaliter quae legis sunt faciunt : ostendunt opus legis scriptum in cordibus suis,* — *lex scripta in cordibus nostris*[16]. La loy de Moyse en son decalogue en est une copie externe et publique, la loy des douze tables, et le droit romain, les enseignemens moraux des theologiens et philosophes, advis et conseils des jurisconsultes, les edits et ordonnances des souverains ne sont que petites et particulieres expressions d'icelle. Que s'il y a aucune loy qui s'escarte le moins du monde de cette premiere et originelle matrice, c'est un monstre, une fausseté, une erreur. Bref toutes les loix du monde ne sont

---

[14] « Ce qui est *substance* ne peut recevoir ni perdre ». — C'est un axiôme de l'école. *Voyez* les catégories d'Aristote, c. v.

[15] « Ce que tu demandes, tu l'as au-dedans de toi ».

[16] « Elle a éclaté sur nous la lumière de votre visage. — Les Gentils font naturellement ce que la loi commande ; ils prouvent ainsi qu'ils ont dans le cœur l'esprit de la loi ; — oui, la loi est écrite dans nos cœurs ». Psaume IV, v. 7. — St. Paul aux Romains, c. II, v. 14 et 15.

que des copies et des extraits produits en jugement, contre toy qui tiens caché l'original, et feins ne sçavoir que c'est, estouffant tant que tu peux, cette lumiere qui t'esclaire au dedans, *qui veritatem Dei detinent in injustitiâ*[17], mais qui n'ont jamais esté au dehors et humainement publiées, que pource que celle qui estoit au dedans toute celeste et divine, a esté par trop mesprisée et oubliée. Ce sont tous ruisseaux, mais qui n'ont ny tant d'eau, ny si vive, que leur source et fontaine invisible, qui est dedans toy, si tu ne la laissois deperir et perdre : non tant d'eau, dis-je ; *quàm multa pietas, humanitas, liberalitas, fides exigunt, quae extra tabulas sunt*[18]. O chetive preud'hommie des formalistes, qui se tient aux mots de la loy, et en pense estre quitte ! combien de debvoirs requis au delà? *quàm angusta innocentia ad legem bonum esse : latiùs officiorum patet, quàm juris regula*[19]. Ny si forte et si vive, tesmoin que pour les bien entendre et sçavoir leur intention, souldre et sortir d'une ambiguité, difficulté, antinomie, il les faut ramener à la source,

---

[17] « Ils retiennent injustement la vérité qui vient de Dieu » St. Paul aux Rom., c. 1, v. 18.

[18] « Combien la piété, l'humanité, la générosité, la foi n'exigent-elles pas de choses qui ne sont pas dans les tables des lois ». Senec. *De irâ*, L. II, c. XXVII, *in fine*.

[19] « C'est peu de chose que l'innocence qui reste dans les bornes de la loi : la règle des devoirs s'étend bien plus loin que la règle du droit ». Senec. *ibid.*

et rentrant au dedans, les mettre à la touche et coucher au niveau de la nature, *anima legis ratio* [20]. Voyci donc une preud'hommie essentielle, radicale et fondamentale, née en nous de ses propres racines, par la semence de la raison universelle, qui est en l'ame, comme le ressort et balancier en l'horloge, comme la chaleur naturelle au corps se maintient de soy-mesme forte et invincible, par laquelle l'on agit selon Dieu, selon soy, selon nature, selon l'ordre et la police universelle du monde, quietement, doucement, et ainsi sombrement et obscurement, sans bruit, comme le batteau qui n'est poussé que du fil et du cours naturel et ordinaire de l'eau : toute autre est entée par art, et par discipline accidentale, comme le chaud et le froid des fievres, acquise et conduite par des occasions et considerations estrangeres, agissant avec bruit, esclat et ambitieusement.

Voylà pourquoy la doctrine de tous les sages porte que bien vivre, c'est vivre selon nature, que le souverain bien en ce monde, c'est consentir à nature, qu'en suivant nature, comme guide et maistresse, l'on ne fauldra jamais, *naturam si sequaris ducem, nusquam aberrabis* [21] : — *bonum est quod secundùm naturam:* — *omnia vitia contrà naturam sunt :* — *idem beatè vivere et*

---

[20] « La raison de la loi est dans l'ame ».

[21] « En prenant la nature pour guide, vous ne risquez point de vous égarer ». Cicér. *de offic.* L. I, c. XXVIII.

secundùm naturam [22], entendant par nature l'equité et la raison universelle qui luit en nous, qui contient et couve en soy les semences de toute vertu, probité, justice, et est la matrice de laquelle sortent et naissent toutes les bonnes et belles lois, les justes et equitables jugemens que prononcera mesme un idiot. Nature a disposé toutes choses au meilleur estat qu'elles puissent estre, et leur a donné le premier mouvement au bien et à la fin qu'elles doivent chercher, de sorte que qui la suyvra ne fauldra*[23] point d'obtenir et posseder son bien et sa fin. *Sapientia est in naturam converti, et eò restitui undè publicus error expulerit : — Ab illâ non deerrare, ad illius legem exemplumque formari sapientia est*.[24] Les hommes sont naturellement bons, et ne suyvent le mal que pour le proffit ou le plaisir : dont les legislateurs, pour les induire à suyvre leur inclination naturelle et bonne, et non pour forcer leurs volontés, ont proposé deux choses contraires, la peine et la recompense.

---

[22] « Ce qui est selon la nature est bien : — Tous les vices sont contre nature : — Vivre heureux et vivre selon la nature, c'est même chose ». Sen. epist. CXVIII; — *id. de Vita beata*, cap. VIII. — *id.* epist. CXXII.

*[23] Ne manquera point.

[24] « La sagesse est de se rapprocher toujours de la nature, de revenir à ce point d'où nous avait fait sortir l'erreur générale : — Ne s'écarter jamais de la nature, se conformer à ses lois et à son exemple, c'est la sagesse » Sen. epist. LXLIV. — *id. De Vita beata*, c. III.

Certes nature en chascun de nous est suffisante et douce maistresse, et regle toutes choses, si nous la voulons bien escouter, l'employer, l'esveiller, et n'est besoin aller quester ailleurs, ni mendier de l'art et des sciences, les moyens, les remedes et les regles qui nous font besoin : un chascun de nous, s'il vouloit, vivroit à son ayse du sien. Pour vivre content et heureux, il ne faut point estre sçavant, courtisan, ny tant habile ; toute cette suffisance qui est au delà la commune et naturelle est vaine et superfluë, voire apporte plus de mal que de bien. Nous voyons les gens ignorans, idiots et simples mener leur vie plus doucement, et gayement resister aux assauts de la mort, de l'indigence, de la douleur, plus constamment et tranquillement, que les plus sçavans et habiles. Et si l'on y prend bien garde, l'on trouvera parmy les païsans et autres povres gens des exemples de patience, constance, equanimité, plus purs que tous ceux que l'eschole enseigne : ils suyvent tout simplement les raisons et la conduite de nature, marchent tout doucement et mollement aux affaires, sans s'eschauffer ou s'eslever, et ainsi plus sainement : les autres montent sur leurs grands chevaux, se gendarment, se bandent et tiennent tousjours en cervelle et en agitation. Un grand maistre et admirable docteur en la nature a esté Socrates, comme en l'art et science Aristote. Socrates, par les plus simples et naturels propos, par similitudes et inductions vulgaires, parlant comme un païsan, une femme, fournit des preceptes et regles de bien vivre, et des remedes contre tous maux; tels, si forts et vigoureux, que tout l'art et science du monde ne sçauroit inventer, ny y arriver.

Mais non-seulement nous ne la croyons, escoutons et suyvons comme porte le conseil des sages, mais encores (sans parler de ces monstres qui par la violence des vices, desbauches, volontés trop desreglées et perverses, l'estouffent, esteignent tant qu'est en eux sa lumiere, mortifient ses semences) nous esquivons tous à elle, nous la laissons dormir et chommer, aimans mieux mendier ailleurs nostre apprentissage, recourir à l'estude et à l'art, que de nous contenter de ce qui croist chez nous. Nous avons un esprit brouillon, qui s'ingere de maistriser et gouverner partout, et qui se meine à nostre poste *[25], desguise, change et brouille tout, veust adjouster, inventer, changer, et ne se peut arrester à la simplicité et naifveté, ne trouve rien bon s'il n'y a de la finesse et de la subtilité, *simplex illa et aperta virtus in obscuram et solertem scientiam versa est* [26]. Et puis nous avons ce vice que nous n'estimons point ce qui croist chez nous, nous n'estimons que ce qui s'achette, ce qui couste

---

*[25] A notre gré.

[26] « De cette vertu si simple, si franche, on a fait une science obscure et subtile ». Senec. *epist.* XCV.

et s'apporte de dehors : nous preferons l'art à la nature, nous fermons en plein midy les fenestres, et allumons les chandelles. Cette faute et folie vient d'une autre, qui est que nous n'estimons point les choses selon leur vraye et essentielle valeur, mais selon la monstre, la parade et le bruit.* Combien de gens y a-t-il plus scrupuleux et plus exacts, en ce qui est du droict positif et municipal que du naturel? certes presque tous, voire encores de la ceremonie et loy de civilité que nous nous sommes forgés, au prix de laquelle nous avons honte, et desdaignons la nature, nous faisons la petite bouche, tenons bonne mine, et gardons soigneusement la bienséance, et ne faisons difficulté d'aller directement contre nature, le debvoir, la conscience. Ainsi l'ombre nous est plus que le corps, la racine; la contenance plus que la substance, et la verité solide : pour n'offenser la ceremonie, nous couvrons et cachons les choses naturelles; nous n'osons nommer, et rougissons au son des choses que nous ne craignons aucunement de faire, et licites et illicites. Nous n'osons dire ce qui est permis de faire, nous n'osons appeler à droit *27 nos propres membres,

---

* *Variante.* Mais encore nous la foulons aux pieds, la desdaignons, et en avons honte, pour faire valoir la ceremonie, et la loy de civilité, que nous nous sommes forgés ; ainsi l'art emporte la nature ; l'ombre nous est plus que le corps ; la mine, la contenance, plus que la substance des choses.

*27 D'un nom *direct;* de leur vrai nom.

et nous ne craignons les employer à toutes sortes de desbauches : nous prononçons, disons et faisons sans crainte et sans honte les meschantes choses contre nature et raisons, parjurer, trahir, affronter, tuer, tromper, et rougissons au dire, et au faire des bonnes, naturelles, nécessaires, justes et legitimes. Il n'y a mary qui n'eust plus de honte d'embrasser sa femme devant le monde, que de tuer, mentir, affronter, ny femme qui ne dise plustost toutes les meschancetés du monde, que de nommer ce en quoy elle prend plus de plaisir, et peust legitimement faire. Jusques aux traistres et assassins ils espousent les loix de la ceremonie, et attachent là leur debvoir : chose estrange, que l'injustice se plaigne de l'incivilité, et la malice de l'indiscretion ; l'art de la ceremonie ne prevaut-elle pas contre la nature ? La ceremonie nous defend d'exprimer les choses naturelles et licites, et nous l'en croyons : la nature et la raison nous defend les illicites, et personne ne l'en croit; l'on envoye sa conscience au bordel, et l'on tient sa contenance en règle [28] : tout cela est monstrueux, et ne se trouve rien de semblable aux bestes. Je ne veux pas pour tout cecy dire (comme j'entens desja la malice gronder) que la ceremonie et bien-seance ne doibve estre soi-

---

[28] *Non enim pudendo, sed non faciendo id quod non decet, imprudentiæ nomen effugere debemus*, dit très-bien Cicéron *de oratore*, L. I, Nº. 120.

gneusement gardée, qui est le sel et assaisonnement de nos actions et conversations. *Amo verecundiam, — in eâ ornatus vitae et vis decori* [29]. Mais je leur dis ce que le Sauveur à gens de pareil esprit : *ô hypocritae excolantes culicem, et camelum deglutientes, qui minima curatis, graviora spernitis : haec oportet primùm facere, tùm illa non omittere* [30].

De cette generale et universelle alteration et corruption, il est advenu qu'il ne se cognoist plus rien de nature en nous : s'il faut dire quelles sont ses loix, et combien il y en a, nous voylà bien empeschés l'enseigne et la marque d'une loy naturelle est l'université d'approbation; car ce que nature nous auroit veritablement ordonné, nous l'ensuyvrons sans doute d'un commun consentement, et non-seulement toute nation, mais tout homme particulier.

Or n'y a-t-il aucune chose au monde, qui ne soit contredite et desadvouée, non par une nation, mais

---

[29] « J'aime la pudeur ; — elle ajoute à la grâce ; elle est l'ornement de la vie ». Les premiers mots sont dans une lettre de Cicéron à Poetus : L. IX, *epist. ad familiares*, XXII. Je ne sais d'où le reste est tiré.

[30] « O hypocrites, qui avez grand soin de passer ce que vous buvez de peur d'avaler un moucheron, et qui avalez un chameau ; qui vous occupez des petites choses, et abandonnez les choses plus importantes, c'étaient celles-ci qu'il fallait d'abord pratiquer sans omettre ensuite les autres ». Math. évang. c. XXIII, v. 23 et 24.

par plusieurs : et n'y a-t-il chose si estrange et si desnaturée à l'opinion de plusieurs, qui ne soit approuvée et authorisée en plusieurs lieux par usage commun [31]; le non chaloir d'avoir des enfans, le meurtre des parens, des enfans, de soy-mesme, mariage avec ses plus proches, larcin, traffic de voleries, marchandise publique de sa liberté et de son corps, tant des masles que des femelles, sont reçeues par usage public en des nations.

Certes il ne reste plus aucune image ny trace de nature en nous, il la faut aller chercher aux bestes, où cet esprit brouillon et inquiete, ce vif argent, ny l'art, ny la belle ceremonie, ne l'ont peu alterer; elles l'ont pure et entiere, sinon qu'elle soit corrompuë par nostre hantise et contagion, comme elle est aucunement*[32]. Tout le monde suit nature, la regle pre-

---

[31] Rapportons ici un passage de Bodin, qui revient au sujet que Charron traite : « Il n'y a, dit-il, si grande impiété, ni méchanceté qui ne soit estimée et jugée vertu et piété. On sait qu'il n'y a chose plus cruelle et plus détestable que de sacrifier des hommes; et toutefois, il n'y a quasi peuple qui n'en aye ainsi usé, et tous ont couvert cela du voile de piété par plusieurs siècles; voire jusqu'à notre âge; toutes les îles occidentales l'ont ainsi pratiqué : et quelques peuples sur la rivière de *Plate*, en usent encore..., ce qui nous montre bien qu'il ne faut pas mesurer la loi de nature aux actions des hommes ». de la Rép. L. I. — N.

*[32] En quelque façon.

miere et universelle, que son autheur y a mis et establi, sinon l'homme seul qui trouble la police et l'estat du monde; avec son gentil esprit et son liberal arbitre, c'est le seul dereglé et ennemy de nature.

Voyci donc la vraye preud'hommie (fondement et pivot de sagesse) suivre nature, c'est-à-dire la raison. Le bien, le but et la fin de l'homme auquel gist son repos, sa liberté, son contentement, et en un mot sa perfection en ce monde, est vivre et agir selon nature; quand ce qui est en luy le plus excellent commande, c'est-à-dire la raison, la vraye preud'hommie est une droite et ferme disposition de la volonté, à suivre le conseil de la raison *. Et comme l'aiguille frottée à l'aimant ne s'arreste jamais qu'elle ne voye son nort, et par là se dresse et conduit la navigation, ainsi l'homme n'est jamais bien, voire il est comme desnoué et disloqué s'il ne vise droit, et ne conduit le cours de sa vie, ses mœurs, ses jugemens et volontés selon cette loy premiere, divine, naturelle, qui est un flambeau interne et domestique, toutes les autres ne sont que ses rayons.

Mais pour l'effectuer et venir à la pratique, il est bien plus aysé aux uns qu'aux autres. Il y en a qui ont

---

* *Variante.* Or cecy est en la puissance de l'homme, qui est maistre de sa volonté; il la peust disposer et contourner à son plaisir; et en cela est le propre de l'homme, ainsi la peust-il affermir à suyvre toujours la raison.

leur naturel particulier, c'est-à-dire le temperament, et la trempe si bonne et si douce (ce qui vient principalement de la premiere conformation au ventre de la mere, et puis du laict de la nourrice, et de toute cette premiere et tendre education) qu'ils se trouvent sans effort et sans art ou discipline, tous portés et disposés à la bonté et preud'hommie, c'est-à-dire à suyvre et se conformer à la nature universelle, dont ils sont dits biens nés, *gaudeant benè nati.* Cette telle preud'hommie naturelle et aysée, et comme née avec nous, s'appelle proprement bonté, qualité d'ame bien née et bien reglée, c'est une douceur, facilité et debonnaireté de nature, non pas (affin que personne ne se trompe) une mollesse, une feminine, sotte, bonasse et vicieuse facilité, qui fait qu'on veust plaire à tous, et ne desplaire ni offenser personne, encores qu'il y ait subjet juste et legitime, et que ce soit pour le service de la raison et de la justice. D'où il advient qu'ils ne veulent s'employer aux actions legitimes, quand c'est contre ceux qui s'en offensent, ni aussi refuser du tout les illegitimes, quand c'est envers ceux qui y consentent. D'eux on dict, et est cette louange injurieuse, il est bon, puis qu'il est bon mesme aux meschans [33]; et cette accusation vraye, comment se-

---

[33] C'est ce qu'on disait d'un roi de Lacédémone. *Voyez* Plutarque, *Comment on pourra discerner le flatteur d'avec l'ami.*

roit-il bon, puis qu'il n'est pas mauvais aux meschans? il faudroit plustost appeller cette telle bonté, innocence, selon qu'on appelle les petits enfans, brebis, et autres telles bestes innocentes. Mais une active, forte, masle et efficace bonté, qui est une prompte, aysée et constante affection à ce qui est bon, droict, juste, selon raison et nature.

Il y en a d'autres si mal nés, qu'il semble que (comme des monstres) leur naturel particulier soit faict comme en despit de la nature universelle, tant ils luy sont revesches. En ce cas, le remede pour corriger, reformer, addoucir, apprivoiser et redresser cette mauvaise, aspre, sauvage et tortuë nature, la ployer et appliquer au niveau de sa generale et grande maistresse, la nature universelle, est de recourir à l'estude de la philosophie (comme fit Socrates) et à la vertu, qui est un combat et un effort penible contre le vice, un estude laborieux qui requiert du tems, de la peine et de la discipline. *Virtus in arduo et circa difficile, ad januam virtutis excubant labor et sudor : Dii mortalibus virtutem laboris pretio vendiderunt*[34]. Ce n'est pour enter ou introduire une nouvelle, estrangere ou

---

[34] « La vertu est dans un lieu de difficile accès; le travail et la fatigue sont toujours à la porte de la vertu : les dieux immortels nous ont vendu la vertu au prix du travail ». — Sénèque pensait bien différemment, lorsqu'il dit : *Nec ut quibusdam visum est, arduum in virtutes et, asperum iter est : plano adeuntur.* L. II, *de irâ*, c. XIII.

artificielle preud'hommie, et ainsi accidentale, et telle que cy-dessus j'ay dit n'estre la vraye, mais c'est en ostant les empeschemens, pour reveiller et rallumer cette lumiere presque esteinte et languissante, et faire revivre ses semences presque estouffées par le vice particulier et mauvais temperament de l'individu; comme en ostant la taie de devant l'œil, la veuë se recouvre, et la poussiere de dessus le miroir, l'on y voit clair.

Par tout cecy se voit qu'il y a deux sortes de vraye preud'hommie; l'une naturelle, douce, aysée, equable, dite bonté; l'autre acquise, difficile, penible et laborieuse, dite vertu : mais à bien dire il y en a encores une troisiesme, qui est comme composée des deux, et ainsi seront trois degrés de perfection. Le plus bas est une facile nature et debonnaire, degoustée par soy-mesme de la desbauche et du vice; nous l'avons nommé bonté, innocence : le second plus haut qu'avons appellé vertu, est à empescher de vive force le progrès des vices, et s'estant laissé surprendre aux emotions premieres des passions, s'armer et se bander pour arrester leur course et les vaincre : le troisiesme et souverain est d'une haute resolution et d'une habitude parfaicte, estre si bien formé, que les tentations mesmes n'y puissent naitre, et que les semences des vices en soient du tout desracinées, tellement que la vertu leur soit passée en complexion et en nature[35].

---

[35] Comme dans Caton, de qui Velleius Paterculus fait ce

Cettuy dernier se peust appeller perfection : luy et le premier de bonté se ressemblent, et sont differens du second, en ce qu'ils sont sans bruit, sans peine, sans effort. C'est la vraye teinture de l'ame, son train naturel et ordinaire, qui ne couste rien : le second est tousjours en cervelle et en contraste. Ce dernier et parfait* est acquis par un long estude et serieux exercice des regles de la philosophie, joint à une belle, forte et riche nature ; car il y faut tous les deux, le naturel et l'acquis. C'est à quoy estudioient ces deux sectes, la stoïcienne, et encores plus l'epicurienne (ce qui sembleroit estrange, si Seneque et d'autres encores anciens ne l'attestoient, qui en sont bien plus à croire que tous les autres plus modernes), qui avoit pour ses jouëts et esbats la honte, l'indigence, les maladies, les douleurs, les gehennes, la mort ; non-seulement ils mesprisoient, soustenoient patiemment, et vainquoient toutes aspretés et difficultés ; mais ils les recherchoient, s'en esjouissoient et chatouilloient, pour tenir leur vertu en haleine et en action, laquelle ils rendoient non seulement ferme, constante, grave et

---

bel éloge : *Nunquàm rectè fecit ut rectè fecisse videretur, sed quia aliter facere non poterat.* ». Il ne fit jamais une bonne action pour paraître l'avoir faite ; mais parce qu'il n'était pas en lui de faire autrement ». Vell. Patercul. L. II, c. XXXV.

* *Variante.* Ou est octroyé par don et grâce spéciale du ciel, comme en saint Jean-Baptiste, et quelques autres.

severe, comme Caton et les Stoïciens, mais encores gaye, riante, enjouée, et s'il est permis de dire, folastre.

Sur la comparaison de ces trois il semble à aucuns (qui n'apperçoivent la hauteur et valeur du troisiesme) que le second de la vertu à cause de ses difficultés, dangers, efforts, emporte l'honneur, et comme disoit Metellus, c'est chose par trop lasche et vilaine de mal faire [36] : faire du bien où n'y a peine ny danger, c'est chose commune et trop aysée ; mais faire bien, où y a danger et peine, c'est le devoir d'un homme de bien et de vertu : c'est le mot du divin philosophe, χαλεπα τα καλα. [37] Mais pour en dire au vray ce qui en est, outre que la difficulté, comme est dit par nous ailleurs, n'est pas vraye, ny juste et legitime cause d'estimer une chose, il est certain qu'en chose pareille, le naturel vaut mieux que l'acquis, qu'il est bien plus noble, plus excellent et divin d'agir par nature que par art [38],

---

[36] Ceci est tiré de Plutarque, *Vie de Marius*.

[37] « Les belles choses sont difficiles ». Ce sont les derniers mots du dialogue de Platon, intitulé *Hippias Major, sive de Pulchro*.

[38] Voici quel était là-dessus le sentiment de Bayle : « C'est, dit-il, une plus grande perfection d'être toujours sage, que de le devenir par la voie de l'amendement; mais il est plus difficile de se convertir à la sagesse que de ne s'en écarter jamais ». *Voy.* Bayle, art. *Vayer*, Rem. F. — Ce passage peut servir de décision à la question agitée par Charron, et la distinction de Bayle est très sensée. N.

aysement, equablement et uniformement, que peniblement, inegalement, avec doute et danger. Dieu est bon en la premiere façon : c'est la naturelle et essentielle bonté; nous ne l'oserions appeller vertueux, ni les anges et esprits bienheureux, ils sont dits bons; mais pource que la vertu fait plus de bruit et d'esclat, et agit avec plus de vehemence, que la bonté, elle est plus admirée et estimée du populaire qui est un sot juge, mais c'est à tort. Car ces grandes enleveures et extravagantes productions qui semblent estre tout zele et tout feu, ne sont pas du jeu, et n'appartiennent aucunement à la vraye preud'hommie : ce sont plustost maladies et accès fievreux, bien eslongnés de la sagesse, que nous requerons icy douce, equable et uniforme.

Cecy soit dit en gros de la preud'hommie; car les parties d'icelle et ses devoirs seront au troisiesme livre, specialement en la vertu de justice *.

Je veux icy adjouster un mot selon que j'ay promis pour reboucher la pointe de la medisance, et faire cesser les plaintes de ceux qui trouvent mauvais de ce que je fay tant valoir la nature (bien que ce soit Dieu, comme a esté dit, et que ce livre ne parle que du naturel et humain) comme si c'estoit tout et ne fust plus rien requis. C'est qu'après tout ce que j'ay

---

* *Variante.* Mais il faut parler icy un peu de la contraire, la meschanceté, et la luy opposer. (Tout le paragraphe qui suit, n'est pas dans l'édition de 1601).

dit, il reste encores une chose, pour rendre l'ouvrage complet et parfait, c'est la grace de Dieu par laquelle cette telle preud'hommie, bonté, vertu, est animée, mise à son jour, et reçoit son dernier trait visuel, est relevée, christianisée, couronnée, c'est-à-dire acceptée, verifiée, homologuée de Dieu, rendue meritoire et digne de recompense eternelle. La preud'hommie est semblable au bon joüeur d'orgues qui touche bien et justement selon l'art : la grace et l'esprit de Dieu est le souffle et le vent qui exprime les touches, anime et fait parler l'instrument, et produit la melodie plaisante. Or ce bien ne consiste point en longs discours, preceptes et enseignemens ny ne s'acquiert par nostre fait et labeur propre, c'est un pur don d'en haut, dont il en porte le nom, Grace : mais il le faut desirer, demander, implorer, et humblement et ardemment. O Dieu! daignez par vostre immense bonté me regarder de l'œil de vostre clemence, accepter et aggréer mon desir, mon essay, mon petit euvre, qui originellement vient de vous, par l'obligation et instruction que m'en avez donné en la loy de nature, qu'avez planté en moy, affin qu'il retourne à vous, et qu'acheviez ce que vous avez commencé, affin que soyez mon A et Ω[*39] : arrousez-moy de vostre grace,

---

[*39] C'est-à-dire mon *alpha* et mon *omega*, mon commencement et ma fin.

tenez et censez-moi *40 vostre, etc. Le moyen de l'obtenir, c'est-à-dire de convier Dieu à nous en gratifier, c'est cette preud'hommie (comme a esté dict au preface où je renvoye le lecteur pour ne redire) la matiere bien preparée appelle à soy la forme, la grace, n'est pas contraire ny ne force ou detruit la nature, ains doucement la releve et la parfait. Ainsi ne la luy faut opposer comme sa contraire, mais apposer comme sa couronne : elles sont toutes deux de Dieu, il ne les faut donc pas contreheurter ny aussi confondre, chascune a son ressort et son action separée. Ce sont deux, que le joüeur et le souffleur, aussi sont-ce deux que la preud'hommie et la grace, l'action bonne en soy naturellement, moralement, humainement, est l'action meritoire. Celle-là peust bien estre sans cette-cy, et a son pris comme en ces philosophes et grands hommes du temps passé, admirables certes en la nature et en toute sorte de vertu morale, et se trouve encores parmy les mescreans : mais cette-cy ne peust estre sans celle-là, non plus que le couvert, la couronne et consommation ne peust estre sans le corps elevé. Le joüeur peust en tout cas exercer son art sans le souffleur, ainsi la preud'hommie sans la grace : il est vray que ce ne sera que *aes sonans et cymbalum*

---

*40 Regardez-moi comme vôtre. — *Censez*, de *censere*, croire, juger.

tinniens[41], mais celle-cy requiert celle-là : en quoy je voy plusieurs se mesconter bien lourdement, qui n'eurent jamais aucun goust, ny ne conceurent onq l'image de la vraye preud'hommie, et demeurent enflés de la persuasion de grace, laquelle ils pensent bien practiquer, attirer et gaigner par certains moyens bien aysés et oysifs à la pharisienne, sur quoy ils se reposent bien contens sans travailler à la vraye probité, *promoti per saltum*, maistres sans estre apprentifs, docteurs et nobles en parchemin. Or je voy tant et tant de ces gens-là parmy le monde, mais je ne voy gueres d'Aristides, Phocions, Catons, Regules, Socrates, Scipions, Epaminondas, c'est-à-dire, professeurs d'une exacte, vraye et solide vertu morale et probité philosophique : la plainte et le reproche si fréquent du souverain docteur de vérité aux hypocrites Pharisiens aura tousjours lieu, car telles gens ne faudront jamais, voire pour estre les censeurs du monde. Or bien après avoir longuement parlé de la preud'hommie, il faut dire et toucher icy un mot de sa contraire.

La meschanceté est contre nature, est layde, difforme et incommode, offense tout bon jugement, se fait hayr estant bien cognuë, dont aucuns ont dit qu'elle estoit produite de bestise et d'ignorance. Plus,

---

[41] « Comme un airain sonnant et une cymbale retentissante ». *Ad Corinth.* Epist. I, cap. XIII, v. 1.

la méchanceté engendre du desplaisir, et du repentir en l'ame, qui, comme une ulcere en la chair, luy demange, l'esgratigne, et le fasche, la malice fabrique des tourmens contre soy : *malitia ipsa maximam partem veneni sui bibit* [42] : — *malum consilium consultori pessimum* [43]. Comme la mousche guespe qui offense autruy, mais bien plus soy-mesme ; car elle y perd son eguillon et sa force pour jamais : le vice a du plaisir, autrement il ne seroit pas reçeu, et ne trouveroit place au monde, *nemo enim animi causa malus est* [44], mais il engendre aussi du desplaisir contraire, la peine suit le peché, dit Platon [45], voire elle naist avec luy, dit Hesiode, qui est tout le contraire de la volonté et vertu, qui resjouyt et plaist : il y a de la congratulation, de la complaisance, et satisfaction à bien faire [46] ; c'est la vraye et essentielle recompense de la bonne

---

[42] « La méchanceté s'abreuve de ses propres poisons ». — Senèque, épitre LXXXI. Il attribue ce mot à Attalus.

[43] « Un mauvais conseil est souvent nuisible à celui qui l'a donné ». Aulu-Gelle, L. IV, c. V.

[44] « Personne n'est méchant pour le plaisir de l'être ». Sen. *de benefic.*, L. IV, c. XVII.

[45] Dans Plutarque, *Pourquoi la justice divine diffère quelquefois la punition des maléfices*. Plutarque, au reste, combat le dire de Platon et approuve, avec raison, celui d'Hésiode, que Charron cite en même tems.

[46] *Voy*. dans Montaigne, L. III, c. II, cette pensée dans toute sa force. Charron l'affaiblit en voulant l'abréger.

ame, qui ne luy peust faillir, et de quoy aussi elle se doit contenter en ce monde.

Personne ne debat que le vice soit à eviter et à haïr sur toutes choses : mais c'est une question, s'il se pouvoit presenter tel proffit, ou tel plaisir, pour lequel tel vice fust excusablement faisable. Il semble bien que ouy à plusieurs ; du proffit s'il est public, il n'y a point de doute, (avec les modifications toutes fois, qui se diront en la vertu de prudence politique) mais aucuns en veulent autant dire du proffit et du plaisir particulier. L'on en pourroit plus seurement parler et juger estant proposé un fait et un exemple certain, mais pour en parler tout simplement, il se faut tenir ferme à la negative.

Que le peché ne puisse fournir tel plaisir et contentement au dedans, comme fait la preud'hommie, il n'y a aucun doute ; mais qu'il gehenne et tourmente, comme il a esté dit, il n'est pas universellement ny en tout sens vray : parquoy il faut distinguer. Il y a trois sortes de meschancetés et de gens vicieux. Les uns sont incorporés au mal par discours et resolution, ou par longue habitude, tellement que leur entendement mesme y consent et l'approuve, c'est quand le peché ayant rencontré une ame forte et vigoureuse, est tellement enraciné en elle, qu'il y est formé et comme naturalisé, elle en est imbue et teinte du tout. D'autres à l'opposite font mal par bouttées, selon que le vent impetueux de la tentation trouble, agite et precipite l'ame au vice, et qu'ils sont surprins et emportés par la force de la passion. Les tiers, comme moyens entre ces deux, estiment bien leur vice tel qu'il est, l'accusent et le condamnent au rebours des premiers, et ne sont point emportés par la passion ou tentation, comme les seconds; mais en sang froid, après y avoir pensé, entrent en marché, le contrebalancent avec un grand plaisir ou proffit, et enfin à certain prix et mesure se prestent à luy, et leur semble qu'il y a quelque excuse de ce faire. De cette sorte sont les usures et paillardises, et autres pechés reprins à diverses fois, consultés, deliberés, aussi les pechés de complexion.

De ces trois, les premiers ne se repentent jamais, sans une touche extraordinaire du ciel : car estans affermis et endurcis à la meschanceté, n'en sentent point l'aigreur et la pointe : puis que l'entendement l'approuve, et l'ame en est toute teinte, la volonté n'a garde de s'en desdire. Les tiers se repentent ce semble en certaine façon, sçavoir considerans simplement l'action deshonneste en soy, mais puis compensée avec le proffit ou plaisir, ils ne s'en repentent point, et à vray dire et parler proprement, ils ne s'en repentent point, puisque leur raison et conscience veut et consent à la faute. Les seconds sont ceux vrayement qui se repentent et se radvisent; et c'est proprement d'eux qu'est dicte la penitence, de laquelle je prendray occasion de dire icy un mot.

Repentance est un desadveu, et une desdite de la volonté, c'est une douleur et tristesse engendrée en nous par la raison, laquelle chasse toutes autres tristesses et douleurs, qui viennent de causes externes. La repentance est interne, internement engendrée, parquoy plus forte que toute autre, comme le chaud et le froid des fievres est plus poignant que celuy qui vient de dehors. La repentance est la medecine des ames[47], la mort aux vices, la guarison des volontés, et consciences, mais la faut bien cognoistre. Premierement, elle n'est pas de tout peché, comme a esté dit, non de celuy qui est inveteré, habitué, authorisé par le jugement mesme, mais de l'accidental et advenu par surprinse ou par force, ny des choses qui ne sont pas en nostre puissance, desquelles y a bien regret et desplaisir, non repentir, ny ne doit advenir en nous pour les issuës mauvaises et contraires à nos conseils et desseins. Il est advenu autrement que l'on a pensé, conceu et advisé, pour cela ne se faut repentir du conseil et de l'advis, si lors l'on s'y est porté comme l'on debvoit, car l'on ne peut pas deviner les issuës : si l'on les sçavoit, il n'y auroit lieu de consulter ; et ne faut jamais juger des conseils par les issuës[48] ; ny ne

---

[47] Saint-Jérôme l'appelle une seconde planche après le naufrage. *Secunda tabula post naufragium est pœnitentia.* Saint-Jérome, comment. sur Isaïe, c. III.

[48] C'est ce que Charron dit encore et prouve dans son chap. XLIV du liv. 1ᵉʳ. — J'ajouterai ici un passage de Pline

doit naistre en nous par la vieillesse, impuissance et degoust des choses, ce seroit laisser corrompre son jugement : car les choses ne sont pas changées, pource que nous sommes changés par l'aage, maladie, ou autre accident. L'assagissement ou amendement qui vient par le chagrin, le degoust et foiblesse, n'est pas vray ny conscientieux, mais lasche et catarreux. Il ne faut point que la lascheté du corps serve de courtier, pour nous ramener à Dieu et à nostre devoir ou repentance : mais la vraye repentance et vray radvisement est un don de Dieu, qui nous touche le courage, et doit naistre en nous, non par la foiblesse du corps, mais par la force de l'ame, et de la raison.

Or, de la vraye repentance naist une vraye, franche et conscientieuse confession de ses fautes. Comme aux maladies du corps, l'on use de deux sortes de remedes, l'un qui guarit ostant la cause et racine de la maladie, l'autre qui ne fait que pallier et endormir le mal, dont celuy là est plus cuisant que cettuy-cy, mais aussi plus salutaire : ainsi aux maladies de l'ame, le vray

---

jeune, qui, sur ce sujet, me paraît très-concluant. *Est omninò iniquum, sed usu receptum*, etc. « Rien n'est moins raisonnable ; mais rien n'est plus commun que de voir les entreprises honnêtes ou honteuses être approuvées ou blâmées selon le succès. De là il arrive souvent qu'une même action est regardée, tantôt comme une action de zèle ou d'ostentation, tantôt comme un trait de liberté ou de folie ». Pline le jeune, L. V, epist. XXI.

remede qui nettoye et guarit, c'est une serieuse et honteuse confession de ses fautes; l'autre faux, qui ne fait que desguiser et couvrir, est excuse, remede inventé par l'auteur du mal mesme, dont dit le proverbe, que la malice s'est elle-mesme fait et cousu une robe; c'est l'excuse, la robe faite de feuilles de figuier des premiers fautiers*49, qui se couvrirent et de parole et de fait, mais c'estoit d'un sac mouillé. Nous devrions donc apprendre à nous accuser, dire et confesser hardiment toutes nos actions et pensées; car outre que ce serait une belle et genereuse franchise, ce seroit un moyen de ne rien faire ny penser qui ne fust honneste et publiable. 5o. Car qui s'obligeroit à tout dire, s'obligeroit aussi à ne rien faire de ce qu'on est contraint de cacher. Mais au rebours chascun est secret et discret en la confession, et l'on ne l'est en l'action; la hardiesse de faillir est aucunement compensée et bridée, par la hardiesse de confesser; s'il est laid de faire quelque chose, il est encores autant ou plus laid de ne l'oser advouer. Plusieurs grands et saincts, comme sainct Augustin, Origene, Hippocrates, ont publié les erreurs de leurs opinions; il faut aussi le faire de ses mœurs. Pour les vouloir cacher,

---

*49 Des premiers pécheurs.
5o Depuis cette phrase jusqu'à la fin du chapitre, Charron copie, presque mot à mot, Montaigne. *Voyez* les Essais, L. III, c. v.

l'on tombe souvent en plus grand mal, comme celuy qui nia solennellement avoir paillardé, pensant sauver le plus par le moins, car au rebours il encherit son marché, si ce ne fut en pis (car peut estre mentir publiquement est pire que simplement paillarder) au moins ce fut en multiplication ; ce ne fut pas election de vice, mais addition.

CHAPITRE IV.
Avoir un but et train de vie certain.

SECOND FONDEMENT DE SAGESSE.

Sommaire. — Le second fondement de la sagesse, c'est de prendre une vacation ou profession, à laquelle on soit propre ; mais c'est une chose difficile que ce choix d'un train de vie. Conseils pour le bien faire, et pour se bien acquitter ensuite de ses devoirs. Le premier, c'est de connaître son naturel, sa portée et sa capacité ; le second, de connaître bien la profession et genre de vie qu'on veut embrasser. Que si l'on est engagé dans un train de vie qui ne convient pas, moyens d'y remédier et de s'en consoler.

Exemple : Platon.

Après ce premier fondement de vraye et interne preud'hommie, vient comme un second fondement prealable, et necessaire pour bien reigler sa vie, qui est se dresser et former à un certain et asseuré train de vivre, prendre une vacation à laquelle on soit propre; c'est-à-dire que son naturel particulier (suyvant tousjours la nature universelle, sa grande et generale maistresse et regente, comme porte le precedent et fondamental advis), s'y accommode, et s'y applique volontiers. La sagesse est un maniement doux et reglé de nostre ame, se conduisant avec mesure et proportion, et gist en une equalité de vie et mœurs [1].

C'est donc un affaire de grand poids, que ce choix, auquel on se porte bien diversement, et où l'on se trouve bien empesché, pour tant de diverses considerations, qui nous tirent en diverses parts, et qui souvent se heurtent et s'entr'empeschent. Les uns y sont heureux, lesquels, par une grande bonté et felicité de nature, ont bientost et facilement sçeu choisir; ou par un certain bonheur, sans grande deliberation, se trouvent comme tous portés dedans le train meilleur pour eux, tellement que la fortune a choisi pour eux, et les y a menés, ou bien par la main amye et providente d'autruy y ont esté guidés et conduits.

---

[1] Dans l'édition de 1632, on lit ici la phrase suivante de l'épître 31 de Sénèque : *Perfecta virtus æqualitas ac tenor vitæ per omnia consonans sibi;* mais ce passage ne se trouve ni dans l'édition de 1601, ni dans celle de 1604, sur laquelle nous imprimons. Il aura été ajouté par l'éditeur de 1632, parce que la phrase de Charron qui précède en est à-peu-près la traduction.

Les autres au contraire malheureux, lesquels ayant failli dès l'entrée et n'ayant eu l'esprit ou l'industrie de se cognoistre et radviser de bonne heure, pour tout doucement retirer leur epingle du jeu, se trouvent tellement engagés, qu'ils ne s'en peuvent plus desdire, et sont contraints de mener une vie pleine d'incommodités et de repentirs.

Mais aussi vient-il souvent du defaut grand de celuy qui en delibere, qui est ou de ne se cognoistre pas bien, et trop presumer de soy : dont il advient qu'il faut ou quitter honteusement ce que l'on a entreprins, ou supporter beaucoup de peine et de tourment en s'y voulant opiniastrer. Il se faut souvenir que pour lever un fardeau, il faut avoir plus de force que le fardeau, autrement l'on est contraint, ou de le laisser ou de succomber dessous [2] : l'homme sage ne se charge jamais de plus d'affaires, qu'il ne peust executer : or de ne se pouvoir arrester à quelque chose, mais changer de jour à autre, comme font ceux à qui rien ne plaist et ne satisfait, que ce qu'ils n'ont pas, tout leur fait mal au cueur et les mescontente, aussi bien le loisir, que les affaires, le commander que l'obeir : telles gens

---

[2] Ceci est pris de Sénèque, *de Tranquillitate animi*, c. v, initio. Voici le texte même : *Æstimanda sunt ipsa quæ aggredimur, et vires nostræ cum rebus quas tentaturi sumus, comparandæ. Debet enim semper plus esse virium in latore quam in onere. Necesse est opprimant onera quæ ferente majora sunt.*

vivent miserablement et sans repos, comme gens contraints : ceux-là aussi ne se peuvent tenir coy, ne cessent d'aller et venir sans aucun dessein, font des empeschés *³ et ne font rien ; les actions d'un sage homme tendent tousjours à quelque fin certaine : *magnam rem puta unum hominem agere : praeter sapientem nemo unum agit : multiformes sumus* ⁴. Mais la pluspart n'en delibere point ny n'en consulte, l'on se laisse mener comme bufles, ou emporter au temps, compaignie, occasion, et ne sçauroit dire pourquoy il est plustost de cette vacation que d'une autre, sinon que son pere en estoit ou bien que sans y penser il s'y est trouvé tout porté, et y a continué, tellement que comme il n'a bien consideré l'entrée, il n'en sçauroit aussi trouver l'issue, *pauci sunt qui consilio se suaque disponant, caeteri eorum more qui fluminibus innatant, non eunt sed feruntur* ⁵.

Or pour se bien porter en cecy, bien choisir, et puis bien s'en acquitter, il faut sçavoir deux choses et deux naturels ; le sien, sa complexion, sa portée et

---

*³ Font les affairés.

⁴ » Crois qu'une grande chose ne peut être faite que par un homme seulement ; mais il n'y a que le sage qui s'occupe d'une seule affaire : nous aimons presque tous à paraître sous diverses formes ». Sen. epist. CXX, *sub finem*.

⁵ « Pour disposer d'eux, de leur vie entière, il est très-peu d'hommes qui délibèrent avec maturité : les autres, comme s'ils étaient sur un fleuve, se laissent emporter au cours de l'eau ». Sen. epist. XXIII.

capacité, son temperament, en quoy l'on excelle et l'on est foible, à quoy propre et à quoy inepte. Car aller contre son naturel, c'est tenter Dieu, cracher contre le ciel, se tailler de la besongne pour ne la pouvoir faire, *nec quidquam sequi quod assequi nequeas* [6], et s'exposer à la risée et mocquerie. Puis *[7] celuy des affaires, c'est-à-dire de l'estat, profession et genre de vie qui se propose, il y en a auquel *[8] les affaires sont grands et pesans, autres où sont dangereux, autres où les affaires ne sont pas si grands, mais ils sont meslés et pleins d'embarrassemens, et qui trainent après soy plusieurs autres affaires, ces charges travaillent fort l'esprit. Chasque profession requiert plus specialement une certaine faculté de l'ame, l'une l'entendement, l'autre l'imagination, l'autre la memoire. Or pour cognoistre ces deux naturels, le sien et celuy de la profession et train de vie, ce qui a esté dict des temperamens divers, des parties et facultés internes y servira beaucoup. Ayant sçeu ces deux naturels, les faut confronter ensemble, pour voir s'ils se pourront bien joindre et durer ensemble, car il faut qu'ils s'accordent, si l'on a à contester avec son naturel, et le

---

[6] « Ne pas tendre vers un but qu'on ne peut atteindre ». Cicer. *de offic.* L. I, c. XXXI.

*[7] C'est-à-dire, « il faut de plus bien connaître le genre des affaires, etc.

*[8] Il y a tel état dans lequel, etc.

forcer pour le service et acquit de la fonction et charge que l'on prend, ou au rebours, si pour suyvre son naturel soit de gré et volonté, ou que par force et insensiblement il nous entraine, l'on vient à faillir ou heurter son debvoir, quel desordre! Où sera l'equabilité? la bienseance? *si quidquam decorum, nihil profectò magis quàm aequabilitas vitae universae, et singularum actionum, quam conservare non possis, si aliorum imiteris naturam, omittas tuam* [9]. Ce sont contes de penser durer et faire chose qui vaille, et qui aye grace, si le naturel n'y est.

Tu nihil invitâ dices faciesve Minervâ [10]:

id quemque decet quod est suum maximè: — sic est faciendum ut contrà naturam universam nil contendamus, eâ servatâ propriam sequamur [11].

Que s'il advient que par malheur, imprudence, ou autrement, l'on se trouve engagé en une vacation, et

---

[9] « S'il est quelque chose de bienséant, rien ne l'est sûrement davantage qu'une vie toujours la même, et qui ne se dément par aucune action. Or, comment conserver une telle uniformité de vie, si vous quittez votre caractère pour prendre celui d'autrui »? Cic. *de offic.* L. I, c. XXX.

[10] « Tu ne diras, tu ne feras rien sans l'aveu de Minerve ». Hor. art. poet. v. 385.

[11] « Rien ne convient plus à chacun que ce qui est dans son caractère : — Il ne faut, dans aucun cas, rien faire qui soit contre le caractère général de l'homme; mais, cela observé, nous pouvons suivre notre caractère particulier ». Cic. *de offic.* L. I, c. XXXI, N°. 113. — *Id. ibid.* N°. 110.

train de vie penible et incommode, et que l'on ne s'en puisse plus desdire : ce sera office de prudence et sagesse, de se resoudre à la supporter, l'addoucir, et l'accommoder à soy tant que l'on peust, faisant comme au jeu de hasard, selon le conseil de Platon[12], auquel si le dé ou la carte a mal dit, l'on prend patience, et tasche-t-on de rhabiller le mauvais sort, et comme les abeilles qui du thim, herbe aspre et seiche, font le miel doux, et comme dit le proverbe, faire de necessité vertu.

---

[12] Ce n'est pas sans un extrême plaisir que j'ai trouvé dans Platon, tout le passage dont Charron indique ici une pensée. Voici ce que dit ce philosophe : « La loi dit qu'il est beau d'être ferme dans les malheurs, qu'il ne faut pas se laisser abattre par le chagrin. Et la raison qu'elle en donne, c'est qu'on ignore si ces accidens sont des biens ou des maux; qu'on ne gagne rien à s'en affliger ; que les événemens de la vie ne méritent pas que nous y prenions un si grand intérêt, et surtout que l'affliction est un obstacle à ce qu'il y avait de mieux à faire en ces rencontres.—*Glauc.* Que faudrait-il donc faire alors ?—Prendre conseil de la raison sur ce qui vient d'arriver; corriger par notre bonne conduite, l'injustice du sort, comme le joueur répare par son habileté le mauvais coup que le dé lui a amené, et ne pas faire comme les enfans, qui, lorsqu'ils sont tombés, portent la main à la partie blessée, et perdent le tems à crier ; mais plutôt accoutumer notre ame à appliquer promptement le remède à la blessure, et à relever ce qui est tombé sans nous amuser à des pleurs inutiles.—*Glauc.* C'est sans doute ce que nous pouvons faire de mieux dans les malheurs qui nous arrivent ». Platon, de la Républ. L. X.—N.

PREMIER OFFICE A LA SAGESSE.

CHAPITRE V.

Estudier à la vraye pieté.

SOMMAIRE. — La diversité des religions est vraiment effrayante. On a peine à concevoir comment l'esprit humain a pu se prêter à tant d'impostures. On a fait des dieux de tout ce qui existe ; on a adoré même des animaux ! —Toutes les religions enseignent que Dieu s'appaise par des prières, par des sacrifices : on croit l'honorer en se mutilant le corps; on s'imagine que l'Être Suprême aime le sang, que le spectacle du tourment de ses créatures lui est très-agréable. C'est une aliénation de l'esprit. — Chaque religion se préfère aux autres ; elle les décrie et les condamne. Comme elles se succèdent toutes, les nouvelles se greffent toujours sur les anciennes, et se prétendent les plus parfaites. Toutes se disent aussi révélées, inspirées par Dieu : sans cela, on ne croirait pas aux mystères que toutes donnent comme des articles de foi. La vérité est qu'elles s'établissent par des moyens purement humains. C'est la nation, le pays, le tems, qui favorisent leurs progrès ou leur décadence. Si elles étaient soutenues par une main divine, rien ne pourrait les ébranler.—La plupart des hommes ne regardent guère la religion que comme un frein pour le peuple. Quelle apparence, par exemple, que les catholiques croient aux dogmes qu'ils professent! La tête leur tournerait, s'ils réfléchissaient seulement à tout ce qu'ils ont à craindre après leur mort. — Il n'y a rien de plus contraire à la vraie piété que la

superstition. *Le superstitieux ne laisse vivre en paix n*
Dieu ni les hommes. Il s'est fait un Dieu chagrin, jaloux,
toujours courroucé. Il croit aux choses les plus absurdes,
transforme en miracles les événemens les plus naturels.
Cependant les hommes ont été de tout tems portés à la
superstition; on le voit par l'histoire. — S'il est une vraie
religion, c'est celle où l'on admire et adore, comme les
anciens philosophes, la cause première de toutes choses,
l'être des êtres; où l'on reconnaît la perfection de son ouvrage. Il ne faut point chercher à le définir, à le comprendre; cela est impossible. — « Tout ce que Dieu exige
» de l'homme, c'est un cœur vrai, droit et humilié; non
» le sang des boucs et des taureaux. L'homme sage est le
» vrai sacrificateur : son esprit est le temple de la divinité;
» son ame est son image; ses affections sont ses offrandes;
» Vouloir lui donner, c'est un orgueil secret; lui demander,
» c'est reconnaître son souverain domaine (*) ». — On
peut ne pas mépriser le culte extérieur. Les pratiques qu'ordonne la religion chrétienne, sont bonnes, consolantes.
» Le sage s'en acquitte sans hypocrisie, sans luxe et sans
» ambition ». Sur l'observance de ces pratiques, il faut s'en
tenir à ce que l'église enseigne, et ne pas chercher à les
concilier avec la raison. — La probité et la piété devraient
toujours marcher ensemble. Mais le premier devoir est d'être
honnête homme; il faudrait l'être, même quand on pourrait
supposer qu'il n'y a ni paradis ni enfer. « Il faut être ver-
» tueux, parce que la nature et la raison le veulent ainsi,
» parce que l'harmonie de cet univers l'exige, parce que
» votre bonheur, votre bien, votre être, le demandent, et
» parce que Dieu, que vous aimez, l'ordonne ».

(*) Analyse raisonnée de la Sagesse. Amsterdam, in-12.
1763. 2ᵉ. Partie, p. 30.

Exemples : La religion chrétienne. — Les Gètes et Zamolxis; les Perses et Amestris; les Gaulois, les Carthaginois, les Lacédémoniens, les Grecs, les Romains, les Mahométans, les Indiens. — Le judaïsme, le paganisme, le christianisme, le mahométisme. — Scipion, Sertorius, Sylla, Midas. — Le Messie, les Scribes, les Pharisiens, les Juifs.

Les preparatifs faits, et les deux fondemens jettés, il est temps de bastir et dresser les reigles de sagesse, dont la premiere et plus noble regarde la religion, et service de Dieu. La pieté tient le premier lieu au rang de nos debvoirs[1], et est chose de très grand poids, en laquelle il est dangereux et tres facile de se mescompter et faillir. Il est besoin d'avoir advis, et sçavoir comment celuy qui estudie à la sagesse, s'y doit gouverner : ce que nous allons faire après avoir un peu discouru de l'estat et succès des religions au monde, remettant le surplus à ce que j'en ay dict en mes trois verités.

C'est premierement chose effrayable, de la grande diversité des religions, qui a esté et est au monde, et encores plus de l'estrangeté d'aucunes, si fantasque et exorbitante, que c'est merveille que l'entendement humain aye peu estre si fort abesty et enyvré d'im-

---

[1] « Comme la piété est la mère de toutes les vertus, l'impiété est la mère de tous les vices ». Hiéroclès, sur les vers dorés, p. 93, édit. de Dacier, 1706.

postures : car il semble qu'il n'y a rien au monde haut et bas, qui n'aye esté déifié en quelque lieu, et qui n'aye trouvé place pour y estre adoré.

*Elles conviennent toutes en plusieurs choses, aussi ont-elles prins naissance presque en mesme climat et air; la Palestine et l'Arabie qui se touchent : (j'entends les plus celebres et fameuses maistresses des autres) ont leurs principes et fondemens presque pareils, la creance d'un Dieu autheur de toutes choses, de sa providence et amour envers le genre humain, immortalité de l'ame, loyer.*² aux bons, chastiment aux meschans après cette vie, certaine profession externe de prier, invoquer, honorer et servir Dieu. Pour se faire valoir et recevoir, elles alleguent et fournissent, soit de fait et en verité,

---

* *Variante.* Elles conviennent toutes en plusieurs choses, ont presque mesmes principes et fondemens, s'accordent en la these, tiennent mesme progrez et marchent de mesme pied : aussi ont-elles toutes prins naissance presque en mesme climat et air : toutes trouvent et fournissent miracles, prodiges, oracles, mysteres sacrés, saincts prophetes, festes, certains articles de foy et creance necessaires au salut (a).

*² Récompense.

(a) Charron aura supprimé ce passage de sa première édition, parce qu'il aura vu qu'il contenait un argument contre la religion chrétienne. Mais ce qu'il y a substitué, me paraît aussi concluant. Si toutes les religions, fausses et vraies, ont les mêmes fondemens, presque les mêmes dogmes, la même origine, etc., on se demandera toujours à quels signes on pourra reconnaître la véritable?

comme les vrayes, ou par imposture et beau semblant, des revelations, apparitions, propheties, miracles, prodiges, sacrés mysteres, saints. Toutes ont leur origine et commencement, petit, foible, humble, mais peu à peu par une suite et acclamation contagieuse des peuples, avec des fictions mises en avant, ont prins pied, et se sont authorisées, tellement que toutes sont tenues avec affirmation et devotion, voire les plus absurdes. Toutes tiennent et enseignent que Dieu s'appaise, se fleschit et gaigne par prieres, presens, vœux³ et promesses, festes, encens. Toutes

---

³ Ce sont ces trois choses qui constituaient l'*adoration* chez les payens, comme on le voit dans ces trois vers de Virgile :

Junonis magnâ primum prece numen adora,
Junoni cane vota libens, dominamque potentem
Supplicibus supera donis...

VIRG. Æneid. L. III, v. 437.

Mais il faut dire que les sages désapprouvaient cette opinion que *les dieux s'appaisent par des présens et des offrandes.* Lisez, à ce sujet, un très-beau passage de Platon : « Voici nécessairement comment il faut que parle celui qui soutient que les dieux sont toujours disposés à pardonner aux méchans leurs injustices, pourvu que ceux-ci leur fassent quelque part du fruit de leurs crimes. C'est comme s'il disait que les loups donnent aux chiens quelque petite part de leur proie, et que les chiens gagnés par cette largesse, leur abandonnent le troupeau pour le ravager impunément. N'est-ce pas là le langage de ceux qui disent que les dieux sont faciles à appaiser ? » Platon, *des Lois,* L. X, vers la fin.

croient que le principal et plus plaisant service à
Dieu et puissant moyen de l'appaiser, et pratiquer
sa bonne grace, c'est se donner de la peine, se tailler,
imposer et charger de force besongne difficile et douloureuse, tesmoin par tout le monde et en toutes les
religions, et encore plus aux fausses qu'aux vrayes,
au mahumetisme qu'au christianisme, tant d'ordres,
compagnies, hermitages et confrairies destinées à
certains et divers exercices, fort penibles et de profession estroite, jusques à se deschirer et descoupper
leurs corps, et pensent par-là meriter beaucoup plus
que le commun des autres, qui ne trempent en ces
afflictions et tourmens comme eux, et tous les jours
s'en dressent de nouvelles, et jamais la nature humaine ne cessera, et ne verra la fin d'inventer des
moyens de se donner de la peine et du tourment, ce
qui vient de l'opinion que Dieu prend plaisir et se
plaist au tourment et deffaite de ses creatures [4], laquelle opinion est fondamentale des sacrifices, qui
ont esté universels par tout le monde, avant la naissance de la chrestienté, et exercés non-seulement sur

---

4 Les sages, chez les payens, étaient bien loin de partager
cette erreur. « Il y a de l'impiété, dit Plutarque, de s'imaginer
que les dieux se plaisent au meurtre et au sang : s'ils s'y plai-
saient, ils ne seraient plus dieux, et devraient être délaissés
comme des êtres vicieux et impuissans ; car c'est dans les ames
faibles et vicieuses que naissent et s'impriment tels désirs injustes et corrompus ». Plut. *in Pelopid.* — N.

les bestes innocentes, que l'on massacroit avec effusion de leur sang, pour un precieux present à la Divinité, mais (chose estrange de l'yvresse du genre humain) sur les enfans, petits, innocens, et les hommes faits, tant criminels que gens de bien; coustume pratiquée avec grande religion par toutes nations; Getes, qui entre autres ceremonies et sacrifices depeschent vers leur dieu Zamolxis, de cinq en cinq ans, un homme d'entre eux pour le requerir des choses necessaires. Et pour ce qu'il faut que ce soit un qui meure tout à l'instant, et qu'ils l'exposent à la mort d'une certaine façon douteuse, qui est de le lancer sur les pointes de trois javelines droites, il advient qu'ils en despeschent plusieurs de rang, jusques à ce qu'il vienne un qui s'enferre en lieu mortel, et expire soudain, estimant cettuy là estre propre et favorisé, les autres non : Perses, tesmoin le fait d'Amestris, mere de Xerxès [5], qui en un coup enterra tous vifs quatorze jouvenceaux, des meilleures maisons, selon la religion du païs : anciens Gaulois, Carthaginois, qui immoloient à Saturne leurs en-

---

[5] Il falloit dire, *femme de Xerxès*. Mais Charron qui copie ici Montaigne, a fait la même faute que lui. Amyot a le premier trompé Montaigne, en mettant par inadvertance le mot de *mère* dans le *Traité de la Superstition*, traduit de Plutarque. Quoi qu'il en soit, voyez sur ce fait Hérodote, L. VII.

fans [6], presens peres et meres ; Lacedemoniens, qui mignardoient leur Diane, en faisant fouetter des jeunes garçons en sa faveur, souvent jusques à la mort [7] : Grecs, tesmoins le sacrifice d'Iphigenia : Romains, tesmoins les deux Decies ; *quæ fuit tanta iniquitas Deorum ut placari pop. Rom. non possent, nisi tales viri occidissent* [8] : Mahumetans, qui se balaffrent le visage, l'estomach, les membres, pour gratifier leur prophete : les Indes nouvelles, orientales et occidentales : et au Themistitan [9], cimentant leurs idoles

---

[6] *Mos fuit in populis quos condidit advena Dido,*
Poscere cæde Deos veniam, ac flagrantibus aris,
Infandum dictu ! parvos imponere natos.
Silius Ital. L. IV.

Après quoi le poëte ajoute :

Heu ! primæ scelerum causæ mortalibus ægris
Naturam nescire Deûm.... Ibid.

« Hélas ! misérables mortels, vôtre ignorance sur la nature des dieux est la première cause de vos crimes ».

[7] Voy. Plutarque, *Dits notables des Lacédémoniens*, vers la fin.

[8] « Comment les dieux se montrèrent-ils assez injustes pour ne vouloir pas pardonner au peuple romain, si de tels hommes ne périssaient » ? Cicer. *de natur. Deor.* L. III, ch. vi.

[9] J'ai cherché en vain ce nom, sous toutes les formes, dans nos dictionnaires géographiques : je ne l'ai trouvé que dans le grand dictionnaire de Trévoux, dans lequel il fait deux articles, étant écrit dans l'un, *Temistitan*, et dans l'autre *Themistitan* : selon le premier article, c'est le nom d'une grande contrée de l'Amérique Septentrionale, qui comprend la pro-

de sang d'enfans. Quelle alienation de sens, penser flatter la divinité par inhumanité, payer la bonté divine par nostre affliction, et satisfaire à sa justice par cruauté ? justice donc affamée de sang humain, sang innocent, tiré et respandu avec tant de douleurs et tourmens, *ut sic Dii placentur, quemadmodùm ne homines quidem sæviunt*[10]; d'où peut venir cette opinion et creance, que Dieu prend plaisir au tourment, et en la defaitte de ses œuvres, et de l'humaine nature ? suivant cette opinion, de quel naturel doit estre Dieu ? mais tout cela a esté aboly par le christianisme, comme a esté dit cy-dessus.

Elles ont aussi leurs differences, leurs articles particuliers et séparés, par lesquels elles se distinguent entre elles, et chascune se prefere aux autres, et se confie d'estre la meilleure et plus vraye que les autres, et s'entrereprochent aussi les unes aux autres quelques choses, et par-là s'entrecondamnent et rejettent.

Mais l'on n'est point en doubte ny en peine de sçavoir quelle est la vraye, ayant la Chrestienne tant d'advantages et de privileges si hauts et si authenti-

---

vince du Mexique et la partie méridionnale de celle de Tlascala. D'après l'autre, on donnait autrefois ce nom à la ville de Mexique et à la province qui en dépendait.

[10] « Ainsi les dieux seraient appaisés par les actes même qui sont, dans les hommes, un témoignage de cruauté ». Sénèque, *apud div. Aug. de Civ. Dei.* L. VI, c. x.

ques par dessus les autres, et privativement d'icelles. C'est le subject de ma seconde Verité [11], où est montré combien toutes les autres demeurent au dessoubs d'elle.

Or comme elles naissent l'une après l'autre, la plus jeune bastit tousjours sur son aisnée, et prochaine precedente, laquelle elle n'improuve, ny ne condamne de fond en comble, autrement elle ne seroit pas ouye, et ne pourroit prendre pied ; mais seulement l'accuse ou d'imperfection ou de son terme finy, et qu'à cette occasion elle vient pour luy succeder et la parfaire, et ainsi la ruine peu à peu, et s'enrichit de ses despouilles*, comme la Judaïque qui a retenu plusieurs choses de la Gentile *[12] Egyptienne son aisnée, ne pouvant ce peuple Hebreu estre si tost sevré et nettoyé de ses coustumes : la Chrestienne bastie sur les verités et promesses de la Judaïque : la Mahumetane sur toutes les deux, retenant presque toutes les verités de Jesus-Christ, sauf la premiere qui est

---

[11] Ici, Charron renvoie le lecteur à son Livre *des trois Vérités*, publié en 1594, sept ans avant son Traité *de la Sagesse*.

* *Variante.* Comme la Judaïque a fait à la Gentile et Egyptienne, la Chrestienne à la Judaïque, la Mahumetane à la Judaïque et Chrestienne ensemble : mais les vieilles condamnent bien tout à faict et entierement les jeunes, et les tiennent pour ennemies capitales.

*[12] La payenne.

sa divinité [13], tellement que pour sauter du Judaïsme au Mahumetisme, il faut passer par le Christianisme, et se sont trouvés des Mahumetans qui se sont exposés aux tourmens pour soustenir les verités chrestiennes, comme un Chrestien feroit pour soustenir les verités du vieil testament, mais les vieilles et aisnées condamnent tout à fait et entierement les jeunes, et les tiennent pour ennemies capitales.

Toutes les religions ont cela, qu'elles sont estranges et horribles au sens commun; car elles proposent et sont basties et composées de pieces, desquelles les unes semblent au jugement humain basses, indignes et messeantes, dont l'esprit un peu fort et vigoureux s'en mocque, ou bien trop hautes, esclatantes, miraculeuses et mysterieuses, où il ne peut rien cognoistre, dont il s'en offense. Or l'esprit humain n'est capable que des choses mediocres, mesprise et desdaigne les petites, s'estonne et se transit des grandes; dont n'est de merveille s'il se rend difficile à recevoir du premier coup toute religion, où n'y a rien de me-

---

[13] « Jésus, disent les Mahométans, fut fils de Marie, fille d'Imram israélite. Il était envoyé du Très-Haut qui lui fit tenir du Ciel le livre de l'Évangile : aussi était-il législateur, et il invitait les hommes à l'obéissance qu'ils doivent à Dieu. Les Juifs ayant cherché à le mettre à mort, il fut enlevé au ciel ». Ce passage est du Taarich, manuscrit arabe.... C'est l'idée qu'ont de J. C. tous les Mahométans. Voy. La religion des mahométans de Mr. Reland, Part. II, p. 25, note 15. — N.

diocre et de commun, et faut qu'il y soit induit par quelque occasion. Car s'il est fort, il la desdaigne, et l'a en risée; s'il est foible et superstitieux, il s'en estonne et s'en scandalise : *prædicamus Jesum crucifixum, Judæis scandalum, Gentibus stultitiam* [14]. D'où il advient qu'il y a tant de mescreans et irreligieux, pource qu'ils consultent et escoutent trop leur propre jugement, voulans examiner et juger des affaires de la religion, selon leur portée et capacité, et la traitter par leurs outils propres et naturels. Il faut estre simple, obeissant et debonnaire, pour estre propre à recevoir religion, croire et se maintenir soubs les loix, par reverence et obeissance, assujettir son jugement et se laisser mener et conduire à l'authorité publicque, *captivantes intellectum ad obsequium fidei* [15].

Mais il estoit requis d'ainsi proceder, autrement la religion ne seroit pas en respect et en admiration, comme elle doibt [16]; or il faut que comme difficile-

---

[14] « Nous prêchons Jésus crucifié, qui est un scandale pour les Juifs, une folie pour les Gentils ». St. Paul, epist. I *ad Corinth.* cap. I, v. 23.

[15] « Captivant le jugement même pour le soumettre à la foi ». Epist. II *ad Corinth.* cap. x, v. 5.

[16] Bien en prend aux peuples d'être accoutumés à n'examiner point leur religion, et à s'abandonner entièrement à la conduite d'autrui; car s'ils pénétraient dans le fond des dogmes, il leur serait impossible d'être un seul moment en repos. Bayle, *Critique générale de l'histoire du Calvinisme*, Lettre XIII.

ment, aussi authentiquement et reveremment elle soit receuë et jurée : si elle estoit du goust humain et naturel sans estrangeté, elle seroit bien plus facilement, mais moins reveremment prinse.

Or estans les religions et creances telles que dict est, estranges aux sens communs, surpassantes de bien loin toute la portée et intelligence humaine, elles ne doibvent, ny ne peuvent estre prinses ny loger chez nous, par moyens naturels et humains (autrement tant de grandes ames, rares et excellentes qu'il y a eu, y fussent arrivées) ; mais il faut qu'elles soient apportées et baillées par revelation extraordinaire et celeste, prinses et receuës par inspiration divine, et comme venant du ciel. Ainsy aussi disent tous qu'ils la tiennent et la croyent, et tous usent de ce jargon, que non des hommes, ny d'aucune creature, ains de Dieu.

* Mais à dire vray, sans rien flatter ny desguiser,

---

de l'édit. de 1683. (Cette lettre n'est point dans la troisième édition). — N.

* *Variante.* Mais a dire vray sans rien flatter ny desguiser, il n'en est rien ; elles sont, quoy qu'on en die, tenues par mains et moyens humains, tesmoin premierement la maniere que les religions ont esté receuës au monde, et sont encores tous les jours par les particuliers ; la nation, le pays, le lieu, donne la religion ; l'on est de celle que le lieu, auquel l'on est né et eslevé tient : nous sommes circoncis, baptisés, Juifs, Mahumetans, Chrestiens, avant que nous sçachions que nous

il n'en est rien ; elles sont, quoy qu'on dise, tenuës par mains et moyens humains, ce qui est vray en tout sens des faulses religions, n'estans que pures inventions humaines ou diaboliques; les vrayes [17], comme elles ont un autre ressort, aussi sont-elles et receuës et teneuës d'une autre main, toutesfois il faut distinguer. Quant à la reception, la premiere et gene-rale publication et installation d'icelles a esté *Domino cooperante, sermonem confirmante sequentibus signis* [18], divine et miraculeuse, la particuliere reception se fait bien tous les jours par voye, mains, et moyens humains; la nation, le pays, le lieu donne la religion [19] :

---

sommes hommes; la religion n'est pas de nostre choix et election, tesmoin après la vie et les mœurs si mal accordantes avec la religion, tesmoin que par occasions humaines et bien legieres, l'on va contre la teneur de sa religion.

[17] Il est plaisant de voir le bon Charron parler des *vraies religions*, comme s'il pouvait y en avoir plusieurs : si une seule est vraie, toutes les autres sont fausses.

[18] « Avec l'aide du Seigneur, qui confirmait ensuite la parole par des miracles ». Derniers mots de l'Evangile de S. Marc.

[19] Voltaire a exprimé ces idées dans de très-beaux vers que nous répéterons ici, quoiqu'ils soient connus de tout le monde. Il fait dire à Zaïre :

> Je le vois trop ; les soins qu'on prend de notre enfance,
> Forment nos sentimens, nos mœurs, notre croyance.
> J'eusse été près du Gange esclave des faux dieux,
> Chrétienne dans Paris, musulmane en ces lieux.
> L'instruction fait tout, et la main de nos pères
> Grave en nos faibles cœurs ces premiers caractères

l'on est de celle que le lieu et la compagnie où l'on est né, tient; l'on est circoncis, baptisé, Juif et Chrestien avant que l'on sçache que l'on est homme; la religion n'est pas de nostre choix et election, l'homme sans son sçeu est fait Juif ou Chrestien, à cause qu'il est né dedans la Juifverie ou Chrestienté, que s'il fust né ailleurs dedans la Gentilité ou le Mahumetisme, il eust esté de mesme, Gentil ou Mahumetan. Quant à l'observance les vrais et bons professeurs d'icelles, outre la profession externe qui est commune à tous, voire et aux mescroyans, ont le don de Dieu, le tesmoignage du St.-Esprit au dedans, mais c'est chose qui n'est pas commune ny ordinaire, quelque belle mine que l'on tienne, tesmoin la vie et les mœurs si mal accordantes avec la creance, tesmoin que par occasions humaines et bien legeres, l'on va contre la teneur de sa religion. Si elle tenoit et estoit plantée par une attache divine, chose du monde ne nous en pourroit esbranler, telle attache ne se romproit pas si aysement; s'il y avoit de la touche et du rayon de la divinité, il paroistroit partout, et l'on produiroit des effets qui s'en sentiroient, et seroient miraculeux, comme a dit la verité : si vous aviez une seule goutte de foy, vous remuëriez les montagnes. Mais quelle proportion ny convenance entre la persuasion de l'im-

---

Que l'exemple et le tems nous viennent retracer,
Et que peut-être en nous Dieu seul peut effacer.
ZAÏRE, Act. I, Sc. I.

mortalité de l'ame et d'une future recompense si glorieuse et heureuse, ou si malheureuse et angoisseuse; et la vie que l'on mene? La seule apprehension des choses que l'on dit croire si fermement, feroit esgarer et perdre le sens : la seule apprehension et crainte de mourir par justice et en public, ou de quelqu'autre accident honteux et fascheux, a fait perdre le sens à plusieurs, et les a jetés à des partis bien estranges : et qu'est-cela au pris de ce que la religion enseigne de l'advenir? Mais seroit-il possible de croire en verité, esperer cette immortalite bienheureuse, et craindre la mort passage necessaire à icelle ? craindre et apprehender cette punition infernale, et vivre comme l'on fait? Ce sont contes, choses plus incompatibles que le feu et l'eau. Ils disent qu'ils le croient; ils se le font à croire qu'ils le croient, et puis ils le veulent faire à croire aux autres, mais il n'en est rien, et ne sçavent que c'est que croire : c'est un croire, mais tel que l'escripture appelle historique, diabolique, mort, informe, inutile, et qui fait plus de mal que de bien. Tels croyans sont de vrais mocqueurs et affronteurs, disoit un ancien; et un autre, qu'ils sont d'une part les plus fiers et glorieux, et d'autre part les plus lasches et vilains du monde ; plus qu'hommes aux articles de leur creance, et pires que pourceaux en leur vie. Certes si nous nous tenions à Dieu et à nostre religion, je ne dis pas par une grace et une estreinte divine, comme il faut, mais seulement d'une commune et simple, comme nous croyons une histoire, et nous tenons à nos amis et compagnons, nous les mettrions de beaucoup au dessus de toute autre chose pour l'infinie bonté qui reluit en eux; pour le moins seroient-ils en même rang que l'honneur, les richesses, les amis. Or y en a-t-il bien peu qui ne craignent moins de faire contre Dieu et quelque point de sa religion, que contre son parent, son maistre, son amy, ses moyens. Tout cecy ne heurte point la dignité, netteté et hautesse de la Chrestienté, non plus que le fumier ne souille le rayon du soleil qui luit sur luy; car comme a dit un ancien, *fides non à personis, sed contrà* [20]. Mais l'on ne sçauroit trop crier contre les faux hypocrites à qui la verité en veust tant par exprès et preciput, avec tant de *vae* qu'il leur jette et eslance de sa bouche [21].

---

[20] « Il ne faut pas juger de la foi par les personnes, mais, au contraire, des personnes par leur foi ». Ce passage est de Tertullien, *de Præscription. advers. hæret.*; mais Charron l'a dénaturé en l'abrégeant. Voici comme Tertullien s'exprime: *Ex personis probamus fidem, an ex fide personas?*

[21] Dans le chapitre XXIII de St. Mathieu, il y a sept versets commençant par *Væ vobis, scribæ et pharisæi hypocritæ*; « Malheur à vous, scribes (écrivains) et pharisiens hypocrites », et un huitième verset, qui a trop de rapport à quelques événemens de l'histoire moderne, pour que je ne le cite pas en entier: *Væ vobis, duces cæci, qui dicitis: quicumque iuraverit per templum, nihil est: qui autem juraverit in auro templi, debet!* « Malheur à vous, chefs aveugles, qui

Pour sçavoir quelle est la vraye pieté, il faut premierement la separer de la faulse, fainte et contrefaicte, afin de n'equivoquer comme la plus part du monde fait. Il n'y a rien qui face plus belle mine, et prenne plus de peine à ressembler la vraye pieté et religion, mais qui lui soit plus contraire et ennemie, que la superstition : comme le loup qui ne ressemble pas trop mal le chien, mais est d'un esprit et humeur tout contraire : et le flatteur qui contrefait le zelé ami, et n'est rien moins, et la faulse monnoye plus parée que la vraye. *Gens superstitioni obnoxia, religionibus adversa*[22]. Et est aussi envieuse et jalouse, comme l'amoureuse adultere, qui, par ses petites mignardises, fait semblant de porter plus d'affection, et se soucier plus du mary, que la vraye espouse, laquelle elle veust rendre odieuse. Or les notables differences des deux, sont que la religion ayme et honore Dieu, met l'homme en paix et en repos, et loge en une ame libre, franche et genereuse ; la superstition trouble et effarouche l'homme, et injurie Dieu, apprenant à le craindre avec horreur et effray ; se cacher et s'enfuir de luy s'il estoit possible, c'est maladie

---

dites : quiconque a juré par le temple, ce n'est rien ; mais celui qui a juré par l'or du temple, doit être fidèle à son serment ».

[22] « Nation adonnée à la superstition, et ennemie des religions ». Tacit. *Histor.* L. V, cap. XIII.

d'ame foible, vile et paoureuse. *Superstitio error insanus, amandos timet, quos colit violat: — Morbus pusilli animi* [23]. — *Qui superstitione imbutus est, quietus esse nusquam potest. Varro ait Deum à religioso vereri, à superstitioso timeri* [24]. Parlons de tous les deux à part.

Le superstitieux ne laisse vivre en paix ny Dieu, ny les hommes : il apprehende Dieu chagrin, despiteux, difficile à contenter, facile a se courroucer, long à s'appaiser, et examinant nos actions à la façon humaine d'un juge bien severe, espiant et nous guettant au pas ; ce qu'il tesmoigne assez par ses façons de le servir, qui est tout de mesme. Il tremble de peur, il ne peust bien se fier ny s'asseurer, craignant n'avoir jamais assez bien fait, et avoir obmis quelque chose, pour laquelle obmission tout peut-estre ne vaudra rien : il doute si Dieu est bien content ; se met en peine de le flatter pour l'appaiser et le gagner, l'importune de prieres, vœux, offrandes, se feint des miracles, aysement croit et reçoit les supposés par autres, prend pour soy, et interprete toutes choses

---

[23] « La superstition, cette folle erreur, craint ceux qu'elle devrait aimer, tourmente ceux qu'elle aime ; — c'est la maladie d'un esprit pusillanime ». Senec. Epist. CXXIII ; — *de Clement*. L. II, cap. V.

[24] « Il n'a pas un instant de calme, celui dont la superstition s'est emparée. Varron dit que l'homme religieux respecte Dieu, que le superstitieux le redoute ». Cicer. *de Finib. bon. et mal.* L. I, n°. 60.

encores que purement naturelles, comme expressement faites et envoyées de Dieu, mord et court à tout ce que l'on dit, comme un homme fort soucieux, *duo superstitionis propria, nimius timor, nimius cultus* [25]. Qu'est-ce tout cela, sinon en se donnant force peine, vilement, sordidement et indignement agir avec Dieu, et plus mecaniquement que l'on ne feroit avec un homme d'honneur : generalement toute superstition et faute en religion vient de ce que l'on n'estime pas assez Dieu ; nous le rappellons et ravallons à nous, nous jugeons de lui selon nous, nous l'affublons de nos humeurs : quel blaspheme !

Or ce vice et maladie nous est quasi comme naturelle, et y avons tous quelque inclination. Plutarque deplore l'infirmité humaine, qui ne sçait jamais tenir mesure, et demeurer ferme sur ses pieds [26] ; car elle panche et degenere ou en superstition et vanité, ou en mespris et nonchalance des choses divines. Nous res-

---

[25] « Deux choses caractérisent la superstition ; une trop grande crainte, une dévotion excessive ». Juste-Lipse, *nota ad primum Lib. Politicorum*, in cap. III.

[26] Voici le passage de Plutarque : « La sottise des hommes est si grande, que, n'ayant point de bornes et ne pouvant jamais s'arrêter, elle tombe par le trop de crédulité dans la superstition et dans *l'orgueil* ; et par le trop de défiance, elle est portée à négliger et à mépriser les choses saintes ». Plut. *in Camillo.* — Dacier croit qu'au lieu d'*orgueil*, il faut lire, *abattement*, crainte accompagnée de tristesse ; ce qui fait un sens plus juste.

semblons au mal-advisé mary, coiffé de quelque vilaine rusée, avec laquelle il fait plus à cause de ses mignotises et artifices, qu'avec son honneste espouse qui l'honore et le sert avec une pudeur simple et naïfve : ainsi nous plaist plus la superstition, que la religion.

Elle est aussi populaire, vient de foiblesse d'ame, d'ignorance ou mescognoissance de Dieu bien grossiere ; dont elle se trouve plus volontiers aux enfans, femmes, vieillards, malades, assaillis et battus de quelque violent accident, bref aux barbares. *Inclinant natura ad superstitionem barbari*[27]. C'est d'elle donc, et non de la vraye religion, qu'il est vray, ce que l'on dit après Platon, que la foiblesse et lascheté des hommes, a introduit et fait valoir la religion[28] ; dont les enfans, femmes et vieillards seroyent plus susceptibles de religion, plus scrupuleux et devotieux : ce seroit faire tort à la vraye religion, que luy donner une si chetive cause et origine.

Outre ces semences et inclinations naturelles à la superstition, plusieurs lui tiennent la main et la favorisent pour le gain et proffit grand qu'ils en tirent. Les grands aussi et puissans, encores qu'ils sçachent ce qui en est, ne la veulent troubler ny empescher, sçachant que c'est un outil très propre pour mener

---

[27] « Les barbares sont naturellement portés à la superstition ». Plutarque, *Vie de Sertorius*.

[28] Je crois que c'est dans le dixième Livre *des Lois*, que Platon a émis cette opinion.

un peuple, d'où il advient que non-seulement ils fomentent et reschauffent celle qui est desja en nature, mais encores quand il est besoin, ils en forgent et inventent de nouvelles, comme Scipion, Sertorius, Sylla [29] et autres,

<blockquote>Qui faciunt animos humiles formidine Divùm,
Depressosque premunt ad terram... [30]</blockquote>

Nulla res multitudinem efficaciùs regit, quàm superstitio[31].

Or quittans cette orde et vilaine superstition, (que je veux estre abominée par celuy que je desire icy duire *[32] et instruire à la sagesse) apprenons et guidons-nous à la vraye religion et pieté, de laquelle je veux donner icy quelques traits et pourtraits, comme petites lumieres. Mais avant y entrer je veux dire cecy en general, et comme par preface, que de tant de diverses religions et manieres de servir Dieu, qui sont ou peuvent estre au monde, celles semblent estre plus nobles et avoir plus d'apparence de verité, lesquelles sans grande operation externe et corporelle,

---

[29] Voyez Plutarque, *Vies de Sertorius* et *de Sylla*; et encore, au sujet de Sertorius, Aulu-Gelle, *Noct. Attic.*, L. XV, cap. XXII.

[30] « Qui avilissent les ames, en leur inspirant l'effroi des Dieux, qui les retiennent ainsi dans une basse abjection ». Lucrèce, *de Rerum Naturâ*, L. VI, v. 51.

[31] « Pour régir la multitude, rien de plus efficace que la superstition ». Quint. Curt. L. IV, cap. X.

*[32] Conduire, *ducere*.

retirent l'ame au dedans, et l'eslevent par pure contemplation, à admirer et adorer la grandeur et majesté immense de la premiere cause de toutes choses, et l'estre des estres, sans grande declaration ou determination d'icelle, ou prescription de son service; ains la recognoissent indefiniment estre la bonté, perfection et infinité du tout incomprehensible et incognoissable, comme enseignent les Pythagoriens et plus insignes philosophes *. C'est s'approcher de la religion des anges, et bien pratiquer le mot du fils de Dieu [33], adorer en esprit et verité, et que Dieu demande tels adorateurs comme les meilleurs. En l'autre bout et extremité sont ceux qui veulent avoir une Deité visible et perceptible par les sens, lequel erreur vilain et grossier a trompé presque tout le monde, et Israël au desert se faisant un veau [34] : et

---

* *Variante.* De tous ceux qui n'ont voulu se contenter de la creance spirituelle et interne, et de l'action de l'ame, mais encores ont voulu voir et avoir une divinité visible et aucunement perceptible par les sens du corps, ceux qui ont choisi le soleil pour Dieu, semblent avoir plus de raison que tous autres, à cause de sa grandeur, beauté, vertu esclatante et incognue, et certes digne, voire qui force tout le monde en admiration et reverence de soy : l'œil ne voit rien de pareil en l'univers, ny d'approchant.

[33] Voy. Evangile de St. Jean, chap. IV, v. 24.

[34] Voy. ce que Bayle dit de cette action des Israélites, dans sa Critique générale de l'histoire du Calvinisme, L. XXVIII. Le passage est curieux. — N.

de ceux-là, ceux qui ont choisi le soleil pour Dieu semblent avoir plus de raison que tous autres, à cause de sa grandeur, beauté, vertu esclattante et incognue, et certes digne, voire qui force tout le monde en admiration et reverence de soy : l'œil ne voit rien de pareil en l'univers, ny d'approchant, il est un, seul et sans compagnon [35]. La Chrestienté comme au milieu a bien le tout temperé, le sensible et externe avec l'insensible et interne, servant Dieu d'esprit et de corps, et s'accommodant aux grands et aux petits, dont est mieux establie et plus durable. Mais en icelle mesme, comme il y a diversité et des degrés d'ames, de suffisance et capacité de grace divine, aussi y a-t-il de manieres de servir Dieu. Les plus relevés et parfaits tirent plus à la premiere maniere plus spirituelle

---

[35] Je mettrai ici une réflexion du docte de la Croze. « Cette image, dit-il, vaudrait mieux que toutes celles qu'on voit dans les temples de l'église romaine. Une image vive et agissante comme ce bel astre, représenterait mieux Dieu que la pierre, le bois ou le marbre travaillé à la ressemblance de l'homme. Le bon François d'Assise, fondateur des cordeliers, avait une grande dévotion pour le soleil. Voici comme il lui parle dans un cantique que Waddigus a fait imprimer dans le troisième tome de ses œuvres : *Laudato sia Dio mio Signore con tutte le creature, specialmente messer lo frate sole.* Pag. 398 ». La Croze, *Entretiens sur divers sujets*, etc. p. 383, édit. de 1711. — Il ne s'éloigne pas, comme on voit, du sentiment de Charron, et je crois, en effet, que c'est la seule idolâtrie que l'on puisse excuser. — N.

et contemplative, et moins externes, les moindres et imparfaits, *quasi sub paedagogo*, demeurent en l'autre de laict externe et populaire.

La religion est en la cognoissance de Dieu, et de soy-mesme (car c'est une action relative entre les deux) : son office est d'eslever Dieu au plus haut de tout son effort, et baisser l'homme au plus bas, l'abbattre comme perdu, et puis lui fournir des moyens de se relever, lui faire sentir sa misere et son rien, afin qu'en Dieu seul il mette sa confiance et son tout.

L'office de religion est nous lier avec l'autheur et principe de tout bien, reunir et consolider l'homme à sa premiere cause, comme à sa racine, en laquelle tant qu'il demeure ferme et fiché, il se conserve à sa perfection : au contraire quand il s'en separe, il seiche aussi-tost sur le pied[36].

La fin et l'effet de la religion est de rendre fidellement tout l'honneur et la gloire à Dieu, et tout le proffit à l'homme : tous biens reviennent à ces deux choses. Le proffit qui est un amendement et un bien essentiel et interne, est deu à l'homme vuide, necessiteux, et de tous points miserable[37] : la gloire, qui est un ornement accessoire et externe, est deu à Dieu seul, qui est la perfection et la plenitude de tous

---

[36] Tout ce paragraphe est tiré de Du Vair, *Philosophie morale des Stoïques*, p. 901.

[37] Charron mutile ici de très-belles pensées de Montaigne, L. II, chap. XVI, au commencement.

biens, auquel rien ne peust estre adjousté, *Gloria in excelsis Deo, et in terrâ pax hominibus* ³⁸.

Suyvant ce dessus *³⁹ nostre instruction à la pieté, est premierement d'apprendre à cognoistre Dieu : car de la cognoissance des choses procede l'honneur que nous leur portons. Il faut donc premierement que nous croyons qu'il est, qu'il a créé le monde par sa puissance, bonté, sagesse, que par elle-mesme il le gouverne ; que sa providence veille sur toutes choses, voire les plus petites ⁴⁰ ; que tout ce qu'il nous envoye est pour nostre bien, et que nostre mal ne vient que de nous. Si nous estimions maux les fortunes

---

³⁸ « Gloire à Dieu dans les cieux, et paix aux hommes sur la terre ». St. Luc, Évang. chap. II, v. 14.

*³⁹ Suivant ce qui est dit ci-dessus.

⁴⁰ Tout cela paraît pris dans ce beau passage de Sénèque : « Le culte des Dieux consiste à croire premièrement qu'ils existent, ensuite à reconnaître leur majesté souveraine, et leur bonté sans laquelle il n'y a point de véritable grandeur. Il faut aussi être persuadé que ce sont eux qui gouvernent l'univers ; qui, par leur puissance, règlent et conduisent toutes choses ; qui prennent soin du genre humain, et qui entrent même quelquefois dans les affaires des particuliers. Comme ces êtres souverains ne sont point susceptibles de mal, ils n'en font point aussi.... Voulez-vous les avoir propices, soyez gens de bien. C'est les honorer suffisamment que de les imiter ». *Primus est Deorum cultus Deos credere*, etc. — Senec. Epist. XCV. Voyez aussi Cicéron, *de Legibus*, L. II, cap. VII, et Epictète, *Enchirid.* art. 38, et surtout art. 42, d'où toute la suite de ce paragraphe paraît avoir été prise.

qu'il nous envoye, nous blasphemerions contre luy, pource que naturellement nous honorons qui bien nous fait, et hayssons qui nous fait mal. Il nous faut donc resoudre de lui obeir et prendre en gré tout ce qui vient de sa main, nous commettre et soubsmettre à luy.

Il faut puis après l'honorer; la plus belle et sainte façon de ce faire, est premierement de lever *41 nos esprits de toute charnelle, terrienne et corruptible imagination; et par les plus chastes, hautes et saintes conceptions, nous exercer en la contemplation de la Divinité : et après que nous l'aurons orné de tous les noms et louanges les plus magnifiques et excellens que nostre esprit se peust imaginer, nous recognoissions que nous ne luy avons encores rien presenté digne de luy : mais que la faute est en nostre impuissance et foiblesse, qui ne peust rien concevoir de plus haut; Dieu est le dernier effort de nostre imagination vers la perfection, chacun en amplifiant l'idée suivant sa capacité [42], et pour mieux dire, Dieu est infiniment par-dessus tous nos derniers et plus hauts efforts et imaginations de perfection [43].

---

*41 Débarrasser. Lever, du latin *levare*, décharger, soulager.

[42] Tout ce dernier membre de phrase est de Montaigne L. II, chap. XII (tom. III, pag. 183 de notre édition).

[43] St. Clément d'Alexandrie dit très-bien : « On ne peut nommer Dieu; et quand on l'appelle l'unique, le bon ou le

Il faut après le servir de cueur et d'esprit, c'est le service qui respond à son naturel : *Deus spiritus est :*

Si Deus est animus...

... Sit tibi purâ mente colendus [44] :

c'est celuy qu'il demande, et qui luy agrée : *pater tales quærit adoratores* [45] : l'offrande plaisante à sa majesté, c'est un cueur net, franc et humilié : *Sacrificium Deo spiritus* [46]. Une ame et une vie innocente : *optimus animus, pulcherrimus Dei cultus* [47] *: religiosissimus cultus imitari* [48] *: unicus Dei cultus non esse malum* [49] : l'homme sage est un vray sacrificateur du grand Dieu, son es-

---

bien, l'intelligence, l'être par excellence, le père, Dieu le Créateur, le Seigneur, on n'a fait qu'indiquer quelqu'un de ses attributs ; car dès qu'une chose peut être nommée, il faut, malgré qu'on en ait, avouer qu'elle a été faite ». Clement. Alex. *Stromat.* L. V. — Voyez aussi St. Grégoire de Nazianze, *Oratio* 34, et un très-beau passage cité par Stobée, *Serm.* 78.

44. « Dieu est un esprit.... Puisqu'il est un esprit, tu ne peux lui rendre hommage qu'avec une ame pure ». C'est le premier distique des vers attribués à Caton.

45 « Ce sont là les seuls adorateurs que Dieu veut avoir ». St. Jean, Évang. ch. IV, v. 23.

46 « C'est l'esprit qu'il faut offrir à Dieu en sacrifice ». Psaum. L, v. 1.

47 « Un excellent cœur, voilà pour Dieu le plus agréable hommage ». Sénèque.

48 « La meilleure manière de l'adorer est de l'imiter ». Lactant. L. V, cap. X., *in fine.*

49 « L'unique culte que Dieu demande, c'est que l'on s'abstienne du mal ». Merc. Trimég.

prit est son temple [50], son ame en est son image, ses affections sont les offrandes, son plus grand et solennel sacrifice, c'est l'imiter, le servir et l'implorer [*] : c'est au grand à donner, et au petit à demander, *beatiùs dare quàm accipere* [51].

Ne faut toutesfois mespriser et desdaigner le service exterieur et public, auquel il se faut trouver, et assister avec les autres, et observer les ceremonies ordonnées et accoustumées, avec moderation, sans vanité, sans ambition, ou hypocrisie, sans luxe ni avarice; et tousjours avec cette pensée, que Dieu veust estre servi d'esprit, et que ce qui se fait au dehors est plus pour nous que pour Dieu, pour l'unité et edification humaine que pour la verité divine, *quæ potiùs ad morem quàm ad rem pertinent* [52].

Nos vœux et prieres à Dieu doyvent estre toutes

---

[50] *Ejus est altare cor nostrum.* St. Augustin, *de civit. Dei*, L. X, cap. IV.

[*] *Variante.* Au rebours de luy penser donner, tout est à luy; il luy faut demander et l'implorer : c'est au grand à donner, et au petit à demander : *beatiùs dare quàm accipere* (b).

[51] « Il est plus doux de donner que de recevoir ». *Act. Apost.* cap. XX, v. 35.

[52] « Et cela, plutôt pour suivre la coutume, que pour nous procurer un avantage particulier ». St. Augustin, *de Civit. Dei*, L. VI, cap. X. Il a pris ce passage dans Sénèque.

(b) On sentira facilement combien ce texte de la première édition avait dû déplaire à ceux, qui vivent des offrandes et des sacrifices qu'on fait à Dieu.

reglées et subjectes à sa volonté; nous ne devons rien desirer ny demander, que suivant ce qu'il a ordonné, ayant tousjours pour nostre refrain, *fiat voluntas tua* [53]. Demander chose contre sa providence, est vouloir corrompre le juge, et gouverneur du monde ; le penser flatter et gaigner par presens et promesses, c'est l'injurier : Dieu ne desire pas nos biens [54], aussi n'en avons-nous point à vray dire, tout est à luy, *non accipiam de domo tuâ vitulos* [55], etc. *meus est enim orbis terræ et plenitudo ejus* [56], mais seulement que nous nous rendions dignes des siens, et ne demande pas que nous luy donnions; mais que nous lui demandions et prenions. Aussi est-ce à luy à donner comme grand, et à l'homme petit et necessiteux à demander et à prendre ; luy vouloir prescrire ce qu'il nous faut ou nous voulons, c'est s'exposer à l'inconvenient de Midas, mais ce qui luy plaist et sçait nous estre salutaire [57].

---

[53] « Que ta volonté soit faite ». Saint Mathieu, Evang. ch. VI, v. 10.

[54] Lucrèce dit de la Divinité :

Ipsa suis pollens opibus, nil indiga nostri.
L. I, v. 61.

[55] « Je n'ai que faire des veaux de vos étables ». Psalm. XLIX, v. 9.

[56] « Car le monde et tout ce qu'il contient est à moi ». *Ibid.*

[57] Juvenal a dit dans le même sens :

*Permittes ipsis expendere numinibus, quid
Conveniat nobis, rebusque sit utile nostris*, etc.
Sat. X, v. 347.

Bref il faut penser, parler et agir avec Dieu, comme tout le monde nous entendant, vivre et converser avec le monde, comme Dieu le voyant.

Ce n'est pas respecter et honorer le nom de Dieu comme il faut, mais plustost le violer, que de le mesler en toutes nos actions et paroles, legerement et promiscuëment, comme par exclamation, ou par coustume, ou sans y penser, ou bien tumultuairement et en passant; il faut rarement et sobrement, mais serieusement, avec pudeur, crainte et reverence parler de Dieu et de ses œuvres [58], et n'entreprendre jamais d'en juger.

Voylà sommairement pour la pieté, laquelle doit estre en premiere recommandation, contemplant tousjours Dieu d'une ame franche, alegre et filiale, non effarouchée ny troublée, comme les superstitieux *.

---

[58] Ce que Charron dit ici, me paraît très-sensé. Les anciens ont eu à peu près la même pensée. « Si un mortel ose parler des dieux, dit Pindare, sa langue ne doit rien se permettre qui ne tourne à leur gloire : la faute en est moins grande ». Olymp. Od. 1, v. 54. — N.

* *Variante.* Pour les particularités, tant de la créance qu'observance, il faut d'une douce submission et obeissance s'en remettre et arrester entierement à ce que l'Eglise en a de tout temps et universellement tenu et tient, sans disputer et s'embrouiller en aucune nouveauté ou opinion triée et particulière, pour les raisons desduites ez premier et dernier chapitres de nostre troisiesme verité, qui suffiront à celuy qui ne pourra ou ne voudra lire tout le livre.

Pour les particularités tant de la creance qu'observance, il se faut tenir à la chrestienne, comme la vraye, plus riche, plus relevée, plus honorable à Dieu, profitable et consolative à l'homme, ainsi qu'avons moustré en nostre seconde verité [59], et en icelle demeurant, il faut d'une douce submission et obeissance s'en remettre et arrester à ce que l'Eglise catholique a de tout temps, universellement tenu et tient, sans disputer et s'embrouiller en nouveauté ou opinion triée et particuliere pour les raisons desduites en nostre troisiesme verité, specialement ès premier et dernier chapitres, qui suffiront à celuy qui ne pourra ou ne voudra lire tout le livre.

Seulement ay-je icy à donner un advis necessaire à celui qui pretend à la sagesse, qui est de ne separer la pieté de la vraye preud'hommie, de laquelle nous avons parlé cy-dessus, se contentant de l'une; moins encores les confondre et mesler ensemble : ce sont deux choses bien distinctes, et qui ont leurs ressorts divers, que la pieté et probité, la religion et la preud'hommie, la devotion et la conscience ; je les veux toutes deux jointes en celuy que j'instruis icy, comme aussi l'une sans l'autre ne peut estre entiere et parfaite, mais non pas confuses. Voicy deux escueils dont il se faut garder, et peu s'en sauvent, les sepa-

---

[59] Dans le chapitre III et suivans du IIe. Livre des *Trois Vérités*.

rer se contentant de l'une, les confondre et mesler, tellement que l'une soit le ressort de l'autre.

Les premiers qui les separent, et n'en ont qu'une, sont de deux sortes, car les uns s'adonnent totalement au culte et service de Dieu, ne se souciant gueres de la vraye vertu et preud'hommie, de laquelle ils n'ont aucun goust, vice remarqué comme naturel aux Juifs specialement (race superstitieuse sur toutes, et à cause de ce odieuse à toutes), fort descrié par leurs prophetes, et puis par le Messie [60], qui leur reprochent, que de leur temple et ceremonies ils en faisoyent une caverne de larrons, couverture et excuse de plusieurs meschancetés, lesquelles ils ne sentoient, tant ils estoient affublés et coiffés de cette devotion externe, en laquelle mettans toute leur confiance, pensoyent estre quittes de tout debvoir, voire s'en rendoyent plus hardis à mal faire. Plusieurs sont touchés de cet esprit feminin et populaire, attentifs du tout à ces petits exercices d'externe devotion, qui pour cela n'en valent pas mieux, dont est venu le proverbe *ange en l'église, diable en la maison*. Ils prestent la mine et le dehors à Dieu, à la pharisaïque, sepulchres et murailles blanchies, *populus hic labiis me honorat, cor eorum longè à me* [61], voire ils font pieté couverture d'impieté,

---

[60] Voy. Évang. de St. Mathieu, chap. XV et XXII.

[61] « Ce peuple m'honore des lèvres ; mais son cœur est loin de moi ». St. Mathieu, Évang. chap. XV, v. 8.

ils en font comme l'on dit, mestier et marchandise, et alleguent leurs offices de devotion, en attenuation ou compensation de leurs vices et dissolutions : les autres au rebours ne font estat que de la vertu et preud'hommie, se soucient peu de ce qui est de la religion, faute d'aucuns philosophes, et qui se peust trouver en des atheistes.

Ce sont deux extremités vicieuses ; qui l'est plus ou moins, et sçavoir qui vaut mieux, religion ou preud'hommie, je ne veux traiter cette question : seulement je diray, pour les comparer hors de là en trois points, que la premiere est bien plus facile et aysée, de plus grande montre et parade, des esprits simples et populaires : la seconde est d'exploit beaucoup plus difficile et laborieux, qui a moins de montre, et est des esprits forts et genereux [62].

* Je viens aux autres qui ne different gueres de ces

---

[62] Tout ce paragraphe et même le suivant dûrent singulièrement scandaliser ceux qui prétendaient que, sans religion, il n'y a point de vertu (de *prudhommie*).

* *Variante*. Je viens aux autres qui confondent et gastent tout : et ainsi n'ont ny vraye religion, ny vraye preud'hommie ; et de faict ne different gueres des premiers, qui ne se soucient que de religion : ce sont ceux qui veulent que la probité suyve et serve à la religion : et ne recognoissent autre preud'hommie que celle qui se remue par le ressort de la religion. Or outre que telle preud'hommie n'est vraye, n'agissant par le bon ressort de nature, mais accidentale et inegale, selon qu'a esté dict au long cy-dessus ; encores est-elle bien dan-

premiers, qui ne se soucient que de religion. Ils pervertissent tout ordre, et brouillent tout, confondans la preud'hommie, la religion, la grace de Dieu (comme a esté dict cy-dessus), dont ils n'ont ny vraye preud'hommie ny vraye religion, ny par consequent la grace de Dieu, comme ils pensent, gens tant contens d'eux mesmes, et si prompts à censurer et condamner les autres, *qui confidunt in se et aspernantur alios* [63]. Ils pensent que la religion soit une generalité de tout bien et de toute vertu, que toutes vertus soyent comprinses en elle, et luy soyent subalternes, dont ne recognoissent autre vertu ny preud'hommie, que celle qui se remuë par le ressort de religion. Or c'est au rebours, car la religion qui est posterieure, est une vertu speciale et particuliere, distincte de toutes les autres vertus, qui peust estre sans elles et sans probité, comme a esté dict des Pharisiens, religieux et meschans : et elles sans religion comme en plusieurs philosophes, bons et vertueux, toutesfois irreligieux [64]. Elle est

---

gereuse, produisant quelquesfois de très vilains et scandaleux effects, (comme l'experience l'a de tout temps faict sentir) sous beaux et specieux pretextes de pieté.

[63] « Qui ne mettent leur confiance qu'en eux, et méprisent les autres ». St. Luc, Évang. chap. XVIII, v. 9.

[64] Le père du Halde dit que les peuples de l'île Formose ne font aucun acte de religion, et ne récitent aucune prière. « Quoique ces peuples, dit-il auparavant, passent dans l'es-
» prit des Chinois pour barbares, ils paraissent pourtant être

aussi, comme enseigne toute la theologie, vertu morale, humaine, piece appartenante à la justice, l'une des quatre vertus cardinales, laquelle nous enseigne en general de rendre à chascun ce qui lui appartient, gardant à chascun son rang. Or Dieu estant par dessus tous, l'autheur et maistre universel, il luy faut rendre tout souverain honneur, service, obeissance, et c'est religion, subalterne et l'hypothese de justice, qui est la these universelle plus ancienne et naturelle. Ceux-cy veulent au rebours que l'on soit religieux avant preud'homme, et que la religion qui s'acquiert et s'apprend au dehors, *ex auditu, quomodò credent sine prædicante* [65], engendre la preud'hommie, laquelle nous avons montré devoir ressortir de nature, loy et lumiere que Dieu a mis au dedans de nous dès notre origine, c'est un ordre renversé. Ils veulent que l'on soit homme de bien, à cause qu'il y a un paradis et un enfer [66], dont s'ils ne craignoyent Dieu,

---

moins éloignés de la vraie sagesse que plusieurs des philosophes de la Chine. On ne voit parmi eux, de l'aveu même des Chinois, ni fourberies, ni vols, ni querelles, ni procès, que contre leurs interpretes; ils sont équitables, et s'entr'aiment les uns les autres : ce que l'on donne à l'un d'eux, il n'oserait y toucher, que ceux qui ont partagé avec lui le travail et la peine, ne partagent aussi le salaire ». *Description de la Chine*, tom. I, pag. 166.

[65] « Par les oreilles ;... car comment croire, si l'on ne prêche »? St. Paul aux Romains. ch. X, v. 14.

[66] Voilà la religion de la plupart des chrétiens : le dogme

et d'estre damnés (car c'est souvent leur jargon), ils feroyent de belles besongnes. O chetive et miserable preud'hommie ! Quel gré te faut-il sçavoir de ce que tu fais ? coüarde et lasche innocence, *quæ nisi metu non placet* [67] *!* Tu te gardes d'estre meschant, car tu n'oses, et crains d'estre battu ; et desja en cela es-tu meschant.

Oderunt peccare mali formidine pœnae [68].

Or je veux que tu l'oses, mais que tu ne veuilles quand tu n'en serois jamais tancé ; je veux que tu sois homme de bien, quand bien tu ne debvrois jamais aller en paradis, mais pource que nature, la raison, c'est-à-dire Dieu le veust, pource que la loi et la police generale du monde, d'où tu es une piece, le requiert ainsi, et tu ne peux consentir d'estre autre que tu n'ailles contre toy-mesme, ton estre, ta fin. Certes telle preud'hommie causée par l'esprit a reli-

---

des récompenses et des peines est le seul qui les attache à la vertu. Renversez ce dogme de l'économie évangélique, et vous verrez les trois quarts du monde chrétien secouer le joug des lois éternelles de la morale. — N.

[67] « Qui, sans la crainte, ne trouverait point de prosélytes ». Sénèque, *Nat. Quæst.* cap. XLII, *in fine*.

[68] « Ils se gardent de mal faire, mais par la crainte du châtiment ». Hor. L. I, *Épist.* XVI, v. 52. Il y a dans Horace :

Oderunt peccare boni virtutis amore ;
Tu nihil admittes in te, formidine pœnæ.

gion [69], outre qu'elle n'est vraye et essentielle, n'agissant par le bon ressort autheur de nature [70], mais accidentale ; encores est-elle très dangereuse, produisant quelques fois de très vilains et scandaleux effets (comme l'experience l'a de tout temps fait sentir) sous beaux et specieux pretextes de pieté. Quelles execrables meschancetés n'a produit le zèle de religion? Mais se trouve-t-il autre subject ou occasion au monde, qui en aye peu produire de pareilles? Il n'appartient qu'à ce grand et noble subject, de causer les plus grands et insignes effets [71] :

>Tantum religio potuit suadere malorum...
>Quæ peperit sæpè scelerosa atque impia facta [72].

---

[69] Cette leçon me paraît fautive ; il faut, je crois, *par l'esprit de la religion.* Je n'ai pu la vérifier dans la première édition où la fin de cet alinéa ne se trouve point.

[70] Voy. ci-dessus ch. III, art. 3 et 4 ; voy. aussi la 2e. vérité, ch. 1, art. 2.

[71] Je me rappelle, à ce sujet, un passage de Bayle. « Selon la déclaration expresse du fils de Dieu, dit-il, l'Évangile, en un certain sens, n'a point apporté la paix au monde, mais la guerre. C'est une réflexion qui fut faite par les payens, au désavantage du christianisme. En effet, la prédication de l'évangile a été l'occasion innocente de mille désolations et de mille saccagemens ». Bayle, *Critique générale de l'histoire du Calvinisme*, L. XVII, p. 315, tom. I de la 1re. édition. — N.

[72] « Quoi! la religion a pu conseiller tant de crimes...! Combien elle a produit d'actions scélérates et impies »! Lucrèce, L. I, v. 102. — *Ibid.* v. 83.

N'aymer point, regarder d'un mauvais œil, comme un monstre, celuy qui est d'autre opinion que la leur, penser estre contaminé de parler ou hanter avec luy, c'est la plus douce et la plus molle action de ces gens : qui est homme de bien par scrupule et bride religieuse, gardez-vous en, et ne l'estimez gueres : et qui a religion sans preud'hommie, je ne le veux pas dire plus meschant, mais bien plus dangereux que celuy qui n'a ny l'un ny l'autre. *Omnis qui interficiet vos, putabit se obsequium præstare Deo* [73]. Ce n'est pas que la religion enseigne ou favorise aucunement le mal, comme aucuns ou trop sottement, ou trop malicieusement voudroyent objecter et tirer de ces propos : car la plus absurde et la plus faulse mesme ne le fait pas ; mais cela vient que n'ayant aucun goust ny image ou conception de preud'hommie, qu'à la suite et pour le service de la religion, et pensant qu'estre homme de bien, n'est autre chose qu'estre soigneux d'avancer et faire valoir sa religion, croyent que toute chose, quelle qu'elle soit, trahison, perfidie, sedition, rebellion et toute offense à quiconque soit, est non-seulement loisible et permise, colorée du zele et soin de religion, mais encores louable, meritoire et canonisable, si elle sert au progrez et advancement de la religion, et reculement de ses

---

[73] « Quiconque vous tuera, croira faire une chose agréable à Dieu ». St. Jean, Évang. ch. XVI, v. 2.

adversaires [74]. Les Juifs estoient impies et cruels à leurs parens, iniques à leur prochain, ne prestans ny payans leurs debtes, à cause qu'ils donnoient au temple : pensoient estre quittes de tous debvoirs, et renvoyoient tout le monde, en disant *Corban* [75].

Je veux donc * (pour finir tout ce propos) en

---

[74] Charron, comme on le voit ici, se déclare formellement contre les persécutions pour cause de religion. Cela est d'un esprit juste et sensé. Ce sentiment mène droit à la tolérance de différentes religions dans un état ; et, selon moi, cette tolérance est un des axiomes primordiaux de la saine politique. — N.

[75] Ce mot, en arabe, signifie *offrande*, *oblation*. C'est le nom aussi d'une cérémonie des Mahométans, qui en ont emprunté beaucoup à la religion des Hébreux. Elle consiste à égorger plusieurs moutons en sacrifice, et à les distribuer aux pauvres. Ainsi le *Corban* est une espèce d'aumône pour expier ses péchés.

* *Variante.* Or voicy, pour achever ce propos, ce que je veux et requiers en mon sage, une vraie preud'hommie et une vraye pieté, joinctes et mariées ensemble ; que chascune subsiste et se soustienne de soy-mesme, sans l'ayde de l'autre, et agisse par son propre ressort. Je veux que, sans paradis et enfer, l'on soit homme de bien : ces mots me sont horribles et abominables. « Si je n'estois chrestien, si je ne craignois Dieu, et d'estre damné, je ferois ou ne ferois cela ». O chetif et miserable ! quel gré te faut-il sçavoir de tout ce que tu fais ? Tu n'es mechant, car tu n'oses, et crains d'estre battu : je veux que tu oses, mais que tu ne veuilles, quand bien serois asseuré de n'en estre jamais tansé : tu fais l'homme de bien

mon sage une vraye preud'hommie et une vraye pieté jointes et mariées ensemble, et toutes deux complettes et couronnées de la grace de Dieu, laquelle il ne refuse à aucun qui la demande, *Deus dat spiritum bo-*

affin que l'on te paye, et l'on t'en dise grand mercy : je veux que tu le sois, quand l'on n'en debvroit jamais rien sçavoir : je veux que tu sois homme de bien, pource que nature et la raison (c'est Dieu) le veust : l'ordre et la police generale du monde, dont tu es une piece, le requiert ainsi, pource que tu ne peux consentir estre autre, que tu n'ailles contre toy-mesme, ton estre, ton bien, ta fin ; et puis en advienne ce qu'il pourra. Je veux aussi la pieté et la religion, non qui fasse, cause ou engendre la preud'hommie ja née en toy, et avec toy, plantée de nature, mais qui l'approuve, l'authorise et la couronne. La religion est posterieure à la preud'hommie ; c'est aussi chose apprinse, receue par l'ouye, *fides ex auditu et per verbum Dei*, par revelation et instruction, et ainsi ne la peust pas causer. Ce seroit plustost la preud'hommie qui debvroit causer et engendrer la religion ; car elle est première, plus ancienne et naturelle : laquelle nous enseigne qu'il faut rendre à un chascun ce qui lui appartient, gardant à chascun son rang. Or Dieu est par dessus tous, l'autheur et le maistre universel : et les theologiens mettent la religion entre les parties de justice, vertu et piece de preud'hommie. Ceux-là donc pervertissent tout ordre, qui font suyvre et servir la probité à la religion.

Ce morceau, l'un des plus fortement pensés, et des mieux écrits de tout l'ouvrage, a été retranché dans les éditions de 1604, et années suivantes, faites à Paris et à Rouen, sous les yeux de la Sorbonne et du Parlement.

num omnibus petentibus eum [76], comme a esté dict au preface, art. 14.

---

[76] « Dieu donne le bon esprit à tous ceux qui le lui demandent ». St. Luc, Évang. chap. XI, v. 13.

CHAPITRE VI.

Regler ses desirs et plaisirs.

SOMMAIRE. — Renoncer aux plaisirs, c'est folie; les régler, c'est sagesse. Il ne faut pas croire ceux qui disent que tout plaisir est à éviter, que l'on doit mépriser le monde. Qu'entendent-ils par le monde? Est-ce le ciel, la terre, les créatures? Ce serait une grande absurdité de vouloir, étant homme, repousser les objets que Dieu a créés pour l'homme. Nous avons un corps de même qu'une ame; haïr le corps, le tourmenter, c'est commettre une espèce de suicide. Dieu nous convie par le plaisir à satisfaire nos besoins naturels : il n'a donc point voulu nous interdire les jouissances. — Mais voici ce que dicte la sagesse. 1°. Désire peu. Tu braveras ainsi la fortune; tu éviteras les chagrins; tu seras riche de tout ce que tu ne désireras point. 2°. Ne cherche à te procurer que des plaisirs naturels. La nature se contente de peu; elle nous procure sans peine tout ce qui est nécessaire à la vie. 3°. Jouis modérément. La douleur ou l'ennui attend quiconque abuse des plaisirs : tout ce qui, dans les jouissances, peut porter préjudice à autrui, doit t'être interdit. 4°. N'étends pas trop loin la sphère de tes désirs. Il faut arriver aux plaisirs naturels par la voie la plus courte.

Les avares, les ambitieux et tant d'autres sont toujours hors d'eux; et, dans l'espoir de mieux vivre un jour, ne savent pas vivre aujourd'hui.

Exemple : Charron, dont la devise était *paix et peu*.

C'est un grand office de sagesse, sçavoir bien moderer et regler ses desirs et plaisirs [1]; car d'y renoncer du tout, tant s'en faut que je le requiere en mon sage, que je tiens cette opinion non-seulement fantasque, mais encores vitieuse et desnaturée. Il faut donc premierement refuter cette opinion, qui extermine et condamne totalement les voluptés, et puis apprendre comment il s'y faut gouverner.

C'est une opinion plausible, et estudiée par ceux qui veulent faire les entendus, et professeurs de singuliere saincteté, que mespriser et fouler aux pieds generalement toutes sortes de plaisirs, et toute culture du corps, retirant l'esprit à soy, sans avoir commerce avec le corps, l'eslevant aux choses hautes, et ainsi passer cette vie comme insensiblement, sans la gouster ou y estre attentif. A ces gens cette phrase ordinaire de passer le temps convient fort bien : car il leur semble que c'est très bien user et employer cette

---

[1] *In omnibus sæculis, pauciores viri reperti sunt qui suas cupiditates, quàm qui hostium copias vincerent.* Cic. *Epist. ad Famil.* L. XV, Ep. IV.

vie, que de la couler et passer, et comme se desrober et eschapper à elle, comme si c'estoit chose miserable, onereuse et fascheuse ; veulent glisser et gauchir au monde, tellement que non-seulement les devis, les recreations et passe-temps leur sont suspects et odieux ; mais encores les necessités naturelles, que Dieu a assaisonné de plaisir, leur sont corvées. Ils n'y viennent qu'à regret, et y estant tiennent tousjours leur ame en haleine hors de là : bref le vivre leur est corvée *², et le mourir soulas *³, festoyans cette sentence, qui peust et bien et mal estre prinse et entendue, *vitam habere in patientiâ, mortem in desiderio* ⁴.

Mais l'iniquité de cette opinion se peust monstrer en plusieurs façons. Premièrement il n'y a rien de si beau et legitime, que faire bien et duement l'homme, bien sçavoir vivre cette vie. C'est une science divine et bien arduë *⁵, que de sçavoir jouir loyalement de son estre, se conduire selon le modèle commun et naturel, selon ses propres conditions, sans en chercher d'autres estranges : toutes ces extravagances, tous ces efforts artificiels et estudiés, ces vies escartées du naturel et commun, partent de folie et de passion : ce sont

---

*² La vie leur est une corvée, un fardeau.

*³ Et la mort un soulagement.

⁴ « Supporter patiemment la vie, mais désirer la mort ». Sénèque.

*⁵ Difficile, du latin *arduus*.

maladies, ils se veulent, mettre hors d'eux, eschapper à l'homme et faire les divins, et font les sots; ils se veulent transformer en anges, et se transforment en bestes : *aut Deus, aut bestia*[6] :

Homo sum, humani à me nihil alienum puto[7] :

l'homme est une ame et un corps, c'est mal fait de desmembrer ce bastiment, et mettre en divorce cette fraternelle et naturelle joincture; au rebours il les faut renouer par mutuels offices, que l'esprit esveille et vivifie le corps pesant, que le corps arreste la legereté de l'esprit qui souvent est un trouble-feste; que l'esprit assiste et favorise son corps, comme le mary sa femme, et non le rebuter, le hayr. Il ne doibt point refuser à participer à ses plaisirs naturels, qui sont justes, et s'y complaire conjugalement, y apportant comme le plus sage de la moderation[8]. L'homme doibt estudier, savourer, et ruminer cette vie, pour en ren-

---

[6] « Ou un Dieu, ou une bête sauvage ». Aristote, *Politiq.* L. I, chap. II.

[7] « Je suis homme; rien de ce qui tient à l'homme ne m'est étranger ». Térence, *Heautontimor.* Act. 1, Sc. 1, v. 28.

[8] Quant au philosophe, dit Platon, disons hardiment qu'il ne fait aucun cas de tout le reste, en comparaison du plaisir que procure la connaissance du vrai, et que par son application continuelle à l'étude, il se procure de plus en plus la jouissance de ce plaisir; qu'à l'égard des autres plaisirs, il les regarde comme autant de nécessités auxquelles il ne doit se prêter qu'autant que le besoin de la nature l'exige. Plat. *de la Républ.* L. IX.

dre graces condignes à celuy qui la luy a octroyée. Il n'y a rien indigne de nostre soing en ce present que Dieu nous a fait; nous en sommes contables jusques à un poil; ce n'est pas une commission farcesque*9 à l'homme, de se conduire et sa vie selon sa condition naturelle, Dieu la luy a donnée bien serieusement et expressement.

Mais quelle folie et plus contre nature, que d'estimer les actions vicieuses, pource qu'elles sont naturelles : indignes pource qu'elles sont necessaires ? Or c'est un très-beau mariage de Dieu, que la necessité et le plaisir : nature a très-sagement voulu que les actions qu'elle nous a enjoint pour nostre besoin, fussent aussi voluptueuses; nous y conviant non-seulement par la raison, mais encores par l'appetit : et ceux-ci veulent corrompre ses reigles. C'est pareille faute et injustice, de prendre à contre cueur, et condamner toutes voluptés, comme de les prendre trop à cueur et en abuser : il ne les faut ny courir ny fuyr, mais les recevoir, et en user discretement et moderement, comme sera tantost dict en la reigle. La temperance, qui est la reigle des plaisirs, condamne aussi bien l'insensibilité et privation de tout plaisir, *stuporem naturæ*, qui est l'extremité defaillante, comme l'intemperance, *libidinem*, qui est l'extremité excedente. *Contra naturam est torquere corpus suum, faciles odisse munditias*

---

*9 Comique. — *Farcesque*, adjectif de farce.

et squallorem appetere : delicatas res cupere luxuriæ est, usitatas et non magno parabiles fugere dementiæ est [10].

Qui a envie d'escarter son ame, l'escarte hardiment s'il peust, lors que le corps se portera mal, et sera en grande douleur, pour la descharger de cette contagion : mais il ne peust, comme aussi ne doit-il ; car à parler selon droit et raison, elle ne doit jamais abandonner le corps ; c'est singerie que le vouloir faire : elle doit regarder et le plaisir et la douleur d'une vue pareillement ferme ; l'un si elle veust severement, et l'autre gayement : mais en tout cas elle doit assister au corps, pour tousjours le maintenir en reigle.

Mespriser le monde, c'est une proposition brave, sur quoy on triomphe de parler et discourir : mais je ne vois pas qu'ils l'entendent bien, et encores moins qu'ils le pratiquent bien : qu'est-ce que mespriser le monde ? Qu'est ce monde ? Le ciel, la terre, en un mot les creatures ? Non, je crois : quoy donc ! L'usage, le proffit, service et commodité que l'on en tire ? Quelle ingratitude contre l'autheur qui les a faits à ces fins ? quelle accusation contre nature ? Et puis comment se peust-il faire de s'en passer ? Si enfin tu dis que ce n'est ny l'un ny l'autre, mais c'est l'abus d'icelles, les va-

---

[10] « Il est contre nature de tourmenter son corps, de rechercher la saleté de préférence à une propreté facile. C'est un excès sans doute de ne vouloir rien que de délicat et de voluptueux ; mais c'est folie de repousser les jouissances qu'on peut se procurer à peu de frais ». Sénèque, Epist. v.

nités, folies, excez et desbauchés qui sont au monde; bien dict, mais cela n'est pas du monde, ce sont choses contre le monde et sa police : ce sont additions tiennes : ce n'est pas de nature, mais de ton propre artifice. S'en garder comme la sagesse et la reigle de cy après l'enseigne, ce n'est pas mespriser le monde, qui demeure tout entier sans cela : mais c'est bien user du monde, se bien reigler au monde, et comme la theologie enseigne, s'en servir, en user, et non jouyr, *uti, non frui*. Or ces gens pensent bien pratiquer le mespris du monde par quelques mœurs et façons externes particulieres, escartées du commun du monde, mais ce sont mocqueurs. Il n'y a rien de si mondain et de si exquis au monde, le monde ne rit point et n'est point tant folastre et enjoué chez soy comme dehors, aux lieux où on fait profession de le fuyr et fouler aux pieds. Ce qui est dict contre les hypocrites qui ont tant degeneré de leur principe, qu'il n'en est demeuré que l'habit, encores est-il de beaucoup changé, sinon en la forme, au moins en la matiere, qui ne leur sert que pour les rendre plus enflés, hardis et effrontés, qui est toute l'opposite de leur institution, *væ vobis qui circuitis mare et aridam ut faciatis unum proselitum, et cum factus fuerit, facitis filium gehennae* [11] ! Et non con-

---

[11] « Malheur à vous qui parcourez les mers et les terres pour faire un prosélyte, et qui, après qu'il l'est devenu, le rendez un fils de l'enfer ». St. Mathieu, ch. XXIII, v. 15.

tre les bons, moins encores contre l'estat en soy, qui est l'eschole de la vraye et saincte philosophie. C'est donc une opinion malade, fantasque et desnaturée, que rejetter et condamner generalement tous desirs et plaisirs. Dieu est le createur et autheur de plaisir, *plantavit Dominus paradisum voluptatis, posuit hominem in paradiso voluptatis, protulit omne lignum pulchrum, suave, delectabile* [12], comme se dira, mais il faut apprendre à s'y bien porter, et ouyr la leçon de la sagesse là dessus.

Cette instruction se peust reduire à quatre poincts (lesquels si ces mortifiés et grand mespriseurs du monde sçavoient bien pratiquer, ils feroient beaucoup) sçavoir peu, naturellement, moderement, et par*[13] rapport court à soy. Ces quatre vont presque toujours ensemble, et lors font une reigle entiere et parfaite : et pourrait-on, qui voudroit, raccourcir et comprendre tous ces quatre en ce mot, naturellement [14] : car nature est la reigle fondamentale et suffisante à tout. Mais pour rendre la chose plus claire

---

[12] « Dieu planta un jardin de volupté ; il mit l'homme dans ce jardin ; il y croissait toutes sortes d'arbres agréables aux yeux, et dont les fruits étaient délicieux au goût ». Genèse, chap. II, v. 14 et 15.

*[13] Et par un court rapport à soi, c'est-à-dire, sans y prendre trop de part, sans trop s'y attacher.

[14] « Quand on sait se contenter de ce qui est nécessaire pour la vie, on n'a pas besoin d'autre philosophie ni d'autre maître ». Polyb. *apud Suidam, verbo* Αυταρκεια.

et facile, nous distinguerons ces quatre poincts. Le premier poinct de cette reigle est desirer peu : un bien court asseuré moyen de braver la fortune, luy coupant toutes les avenues, lui ostant toute prinse sur nous pour vivre contens et heureux ; et en un mot estre sage, et retrancher fort court ses desirs [15], ne desirer que bien peu ou rien. Qui ne desire rien, encores qu'il n'aye rien, equipolle et est aussi riche que celuy qui jouyt de tout : tous deux reviennent à mesme, *nihil interest an habeas, an non concupiscas* [16], dont a esté bien dict que ce n'est pas la multitude et l'abondance qui contente et enrichit, mais la disette et le rien. C'est la disette de desirer, car qui est povre en desirs, est riche en contentement, *summae opes inopia cupiditatum* [17]; bref qui ne desire rien est aucunement semblable à Dieu et desja comme les bien-heureux, qui sont heureux, non pource qu'ils ont et tiennent tout, mais pource qu'ils ne desirent rien : *qui desiderium*

---

[15] « Veux-tu, dit Epictète, n'être pas frustré dans tes désirs ? tu le peux : ne désire que ce qui dépend de toi ». *Enchirid.* art. 21.

[16] « Qu'importe que vous n'ayez rien, si vous n'avez aucun désir »? Voici un vers de Publius Syrus, qui renferme à peu près la même idée :

Eget minus mortalis quod minus cupit.

[17] « C'est posséder d'immenses richesses que d'être pauvre en désirs ».

suum clausit, cum Jove de felicitate contendit [18]. Au contraire si nous laschons la bride à l'appetit, pour suivre l'abondance ou la delicatesse, nous serons en perpetuelle peine : les choses superflues nous deviendront necessaires, nostre esprit deviendra serf de nostre corps, et ne vivrons plus que pour la volupté, si nous ne moderons nos plaisirs et desirs, et ne les mesurons par le compas de la raison ; l'opinion nous emportera en un precipice, où n'y aura fond ny rive. Par exemple nous ferons nos souliers de velours, puis de drap d'or, enfin de broderie, de perles, et diamans [19] ; nous bastirons nos maisons de marbre, puis de jaspe et de porphire [20].

Or ce moyen de s'enrichir et se rendre content est très juste, et en la main d'un chascun ; il ne faut point chercher ailleurs et hors de soy le contentement, demandons-le et l'obtenons de nous mesmes : arrestons le cours de nos desirs, il est inique et injuste d'aller importuner Dieu, nature, le monde par vœux et prieres,

---

[18] « Qui a su mettre des bornes à ses desirs, le dispute en félicité à Jupiter même ». Sénèque, épitre XXIX. — Presque toutes les idées de ce paragraphe sont prises dans ce philosophe, *De Beneficiis*, etc. ; et aussi dans Épictète.

[19] C'est ce que dit Épictète. Voyez son Manuel, art. 65, ainsi que le Commentaire de Simplicius.

[20] Ceci est pris dans Du Vair : *Philosophie des Stoïques*. Voyez aussi à ce sujet, un beau passage d'Aristote : *Politiq.* L. II, ch. VII.

de nous donner quelque chose, puis que nous avons en main si beau moyen d'y pourvoir. Pourquoy demanderay-je plustost à autruy qu'il me donne, qu'à moy que je ne desire ? *quare potius à fortunâ impetrem ut det, quàm à me ne petam ? quare autem petam oblitus fragilitatis humanae*[21] ? Si je ne puis et ne veux obtenir de moy de ne desirer poinct, pourquoy et de quel front irai-je presser et extorquer de celuy sur lequel je n'ai aucun droit ny pouvoir ? Ce sera donc ici la reigle premiere aux desirs et plaisirs, que le (peu) ou bien la mediocrité et suffisance, qui contentera le sage, et le tiendra en paix. C'est pourquoy j'ai prins pour ma devise *paix et peu*. Au fol n'y a poinct d'assez, rien de certain, de content. Il ressemble à la lune, qui demandoit à sa mère un vestement qui luy fust propre : mais il luy fut respondu qu'il ne se pouvoit, car elle estoit tantost grande, tantost petite, et tousjours changeante.

L'autre poinct fort germain à cettuy-cy, est (naturellement); car nous sçavons qu'il y a deux sortes de desirs et plaisirs, les uns naturels, ceux-cy sont justes et legitimes, sont mesme aux bestes, sont limités et courts, l'on en voit le bout, selon eux personne n'est

---

[21] « Pourquoi demanderai-je à la fortune de me donner, plutôt qu'à moi de ne pas demander ? Et comment demander, à moins que l'on ne se souvienne pas de toute la fragilité humaine » ? Sénèque, ép. XV, presque à la fin.

indigent, car par-tout il se trouve de quoy les contenter. Nature se contente de peu, et a tellement pourveu, que par-tout, ce qui suffit, nous est en main, *parabile est quod natura desiderat et expositum : ad manum est quod sat est* [22]. C'est ce que nature demande pour la conservation de son estre, c'est une faveur, dont nous devons remercier la nature, qu'elle a rendu les choses necessaires pour nostre vie, faciles à trouver, et fait que celles qui sont difficiles à obtenir, ne nous sont point necessaires : et cherchant sans passion ce que nature desire, la fortune ne nous en peust priver [23]. A ce genre de desir on pourra adjouster et rapporter (combien qu'ils ne soient vrayement et à la rigueur naturels, mais ils viennent incontinent après) ceux qui regardent l'usage, et la condition d'un chascun de nous, qui sont un peu au delà, et plus au large que les exactement naturels; et après eux sont justes et aussi legitimes. Les autres sont outre nature, procedans de nostre opinion et fantasie, artificiels, superflus et vrayement passions, que nous pouvons, pour les distinguer par nom des autres, appeller cupidités, desquelles a esté cy-dessus amplement parlé aux

---

[22] « Ce que demande la nature, est toujours prêt, et facile à obtenir ; ce qui suffit est sous la main ». Sénèque, ép. IV, à la fin.

[23] Cette phrase est prise de Du Vair : *Philosophie morale des Stoïques*, pag. 874.

passions : et faut que le sage s'en garde entierement et absolument.

Le troisiesme qui est moderement, et sans excès, a grande estenduë et diverses pieces, mais qui reviennent à deux chefs; sçavoir, sans dommage d'autruy et le sien : d'autruy, son scandale, son offense, sa perte et prejudice : le sien, de sa santé, son loisir, ses fonctions et affaires, son honneur, son debvoir.

Le quatriesme est un court et essentiel rapport à soy; outre que la carriere de nos desirs et plaisirs doit estre circonscrite, bornée et courte [24], encores leur course se doit manier, non en ligne droite, qui face bout ailleurs et hors de soy : mais en rond, duquel les deux pointes se tiennent et terminent en nous. Les actions qui se conduisent sans cette refléxion, et ce contour court et essentiel, comme des avaricieux, ambitieux, et tant d'autres, qui courent de pointe, et sont tousjours hors eux, sont actions vaines et maladifves.

---

[24] Paroles de Montaigne; L. III, ch. x.

CHAPITRE VII.

Se porter modérement et également en prosperité et adversité.

SOMMAIRE. — Le vulgaire ne sait supporter ni la bonne ni la mauvaise fortune. Les sages pensent qu'il est aussi difficile de se modérer dans l'une que dans l'autre. Aucune des deux ne devrait altérer le calme, la sérénité de l'ame. — Dans la prospérité, il faut : 1°. se persuader que c'est à tort que l'on appelle biens, les richesses, les faveurs de la fortune; 2°. se souvenir que ce sont des dons perfides qui cachent, sous leur brillante enveloppe, des poisons; 3°. reconnaître ce qui est bien prouvé, que les desirs de l'homme ne peuvent jamais être complètement satisfaits, et que, dans la plus heureuse situation, il forme encore des vœux. Dans l'adversité, il faut se garder de l'opinion commune qu'elle est un mal. Elle purifie les mœurs, adoucit la fierté; c'est *la lime de l'ame*, qui la dérouille et la polit. D'ailleurs les peines, les malheurs tiennent à notre nature; l'homme est né pour souffrir. A tous les maux il faut opposer le courage de l'ame : la fortune ne peut rien contre la probité et la vertu. — Mais quel est l'homme juste envers la providence? On s'occupe sans cesse du mal présent, sans mettre en compte le bien dont on a joui, sans songer que notre position ne peut être toujours la même, que d'autres biens peuvent succéder à nos maux. Chacun se croit aussi le plus malheureux des hommes; et s'il jetait les yeux autour de lui, il verrait une foule de gens qui envient son sort. — Voici, au reste, deux remèdes contre tous les maux; le premier à l'usage du vulgaire, l'autre à l'usage du philosophe : c'est d'abord de s'accoutumer aux malheurs. Presque tous les malheurs ne nous affectent bien sensiblement que par leur nouveauté. L'habitude les rend très-supportables, et quelquefois les transforme presque en plaisirs. C'est, ensuite, d'attendre avec fermeté, tous les accidens qui peuvent survenir. Un mal prévu depuis long-tems, ne surprend ni ne frappe bien cruellement. — Regardons venir les maux, attendons-les avec courage; nous n'en serons jamais abattus.

Exemples : Dalila et Samson ; — Épictète ; — Joseph, fils de Jacob ; — Goliath ; — Jonas.

Il y a une double fortune avec qui il nous faut combattre, la bonne et la mauvaise, la prosperité et adversité ; ce sont deux duels, les deux temps dangereux ausquels il faut demeurer en cervelle : ce sont les deux escholes, essais et pierre de touche de l'esprit humain.

Le vulgaire ignorant n'en recognoist qu'un [*1] : ne croit pas que nous ayons affaire, ny qu'il y aye de la difficulté et du contraste avec la prosperité et la douce fortune en laquelle sont si transportés de joye, qu'ils ne sçavent ce qu'ils font, et personne ne peust durer avec eux : et en afflictions ils sont tous estonnés et abbattus, comme les malades qui sont en angoisse, lesquels ne peuvent endurer ny froid ny chaud.

Les sages recognoissent tous les deux, et imputent à mesme vice et folie, ne sçavoir se commander en prosperité, et ne pouvoir porter les adversités. Mais qui est plus difficile et dangereux, ils n'en sont pas du tout d'accord ; aucuns disent l'adversité, à cause de son horreur et sa rigueur, *difficiliùs est tristitiam sus-*

[*1] Qu'un duel.

tinere quàm à delectabilibus abstinere [2] : *majùs est difficilia perstringere quàm laeta moderari* [3]. Autres disent la prosperité, laquelle par son rire et ses mignardes douceurs, agit d'aguet, relasche et r'amollit l'esprit, et luy desrobe insensiblement sa trempe, sa force et vigueur, comme Dalila à Samson, tellement que plusieurs durs, opiniastres et invincibles à l'adversité, se sont laissés aller aux flatteries de la prosperité : *magni laboris est ferre prosperitatem :* — *Segetem nimia sternit ubertas, sic immoderata felicitas rumpit* [4], et puis l'affliction incite mesme nos ennemis à pitié, la prosperité émeut nos amis à envie. Item en l'adversité se voyant tombé et abandonné de tous, et que toute l'esperance est reduite à soy-mesme, l'on prend courage, l'on se releve, se ramasse, l'on s'esvertuë de toute sa force : et en la prosperité se voyant assisté de tous qui rient et applaudissent, l'on se relasche, l'on se rend noncha-

---

[2] « Il est plus difficile de supporter les chagrins que de s'abstenir des plaisirs ». Aristot. *Éth.* L. III, c. XII.

[3] « Il y a plus de mérite à ne point se laisser abattre par les circonstances difficiles, qu'à se conduire avec modération dans les circonstances heureuses ». Sénèque, ép. LXVI. — Dans plusieurs éditions de Sénèque, et entre autres dans l'édition Elzevir, on lit *perfringere*, et non *perstringere*, comme a écrit Charron.

[4] « C'est une assez forte tâche que d'avoir à supporter la prospérité. — Trop de bonheur brise, renverse les hommes comme trop d'abondance les moissons ». Sén. ép. XXXIX.

lant, l'on se fie à tous, saus apprehension de mal et difficulté, et pense-t-on que tout est en seureté, en quoy l'on est souvent trompé. Peut-estre que selon la diversité des naturels et complexions, toutes les deux opinions sont veritables; mais quant à l'utilité, il est certain que l'adversité a l'advantage, c'est la semence, l'occasion, la matiere de bien faire, le champ des plus heroïques vertus,

Virescit vulnere virtus [5],

aegrae fortunae sana consilia; meliùs in malis sapimus; secunda rectum auferunt [6].

Or la sagesse nous apprend à tenir egalité en toute nostre vie, et monstrer tousjours un mesme visage doux et ferme [7]. Le sage est un suffisant artisan, qui fait son proffit de tout; de toute matiere il forme la vertu, comme l'excellent peintre Phidias tout simulachre. Quoy qu'il luy vienne ou tombe en main, il y trouve subjet de bien faire; il regarde d'un mesme visage les deux faces differentes de la fortune, *ad utros-*

---

[5] « Le courage s'accroît par les blessures ». C'est la fin d'un vers de Furius, cité par Aulu-Gelle. *Not. Attic.* L. XVIII, cap. II.

[6] « La mauvaise fortune inspire de bons conseils ; dans l'adversité, il est plus facile d'être sage : la prospérité détruit en nous tout esprit de droiture et de justice ». Sénèque, ép. XCXIV.

[7] Tout ceci est pris de Sénèque, ép. LXXV.

que casus sapiens aptus est, bonorum rector, malorum victor;—In secundis non confidit, in adversis non deficit, nec avidus periculi nec fugax, prosperitatem non expectans, ad utrumque paratus, adversùs utrumque intrepidus, nec illius tumultu, nec hujus fulgore percussus. Contra calamitates fortis et contumax, luxuriae non adversus tantùm, sed et infestus : hoc praecipuum in humanis rebus erigere animum suprà minas et promissa fortunae [8]. La sagesse nous fournit d'armes et de discipline, pour tous les deux combats, contre l'adversité nous fournit d'esperon, et apprend à eslever, fortifier et roidir le courage, et c'est la vertu de force : contre la prosperité nous fournit de bride, et apprend à rabaisser les aisles, et se tenir en modestie, et c'est la vertu de temperance : ce sont les deux vertus morales, contre les deux fortunes. Ce que le grand philo-

---

[8]. « Le sage est préparé pour toute espèce d'événemens. Sont-ils favorables ? il en profite avec modération ; contraires ? il les surmonte par son courage. — Il ne se fie pas aux premiers, et n'est point abattu par les autres. Sans chercher ni fuir le danger, sans attendre la prospérité, la bonne comme la mauvaise fortune le trouve toujours prêt. Les bravant toutes deux, ni l'éclat de l'une, ni la foudre de l'autre ne saurait l'atteindre. Fort, inébranlable dans la misère, il repousse, comme une ennemie, la trop grande opulence. — La principale règle dans la vie, est d'élever son ame au dessus des menaces comme des promesses de la fortune ». Toute cette citation est prise dans Sénèque ; la première phrase dans l'épitre LXXXV, tout le reste dans les *Nat. Quæst.* L. III, *præfat.*

sophe Epictete a très bien signifié, comprenant en deux mots toute la philosophie morale, *sustine et abstine* [9], soustien les maux, c'est l'adversité : abstien-toy des biens, c'est-à-dire des voluptés de la prosperité. Les advis particuliers contre les particulieres prosperités et adversités, seront au livre troisiesme suyvant, en la vertu de force et de temperance ; ici nous mettrons les advis generaux et remedes contre toute prosperité et adversité, puis qu'en ce livre nous instruisons en general à la sagesse, comme a esté dict en son preface.

Contre toute prosperité, la doctrine et advis commun sera en trois poincts : le premier que mal et à tort les honneurs, les richesses et faveurs de la fortune sont estimés et appelés biens, puis qu'ils ne font point l'homme bon, ne reforment point le meschant, et sont communs aux bons et meschans. [10] Celuy qui les appelle biens, et a mis en iceux le bien de l'homme, a bien attaché nostre heur à un cable pourri, et ancré nostre félicité en un sable mouvant ; car qu'y a-t-il si incertain et inconstant que la possession de tels biens, qui vont et viennent, passent et s'escoulent comme un torrent ? Comme un torrent ils font bruit à l'arrivée, ils sont pleins de violence, ils sont

---

9 Ces deux mots d'Épictète ἀνέχου καὶ ἀπέχου, que Charron traduit et explique en les citant, se trouvent dans Aulu-Gelle. *Noct. Attic.* L. XVII, cap. XIX.

10 Ce qui va suivre jusqu'à la fin du paragraphe, est tiré de Du Vair : *Philosophie morale des Stoïq.* p. 876.

troubles; l'entrée en est fascheuse; ils disparoissent en un moment : et quand ils sont escoulés, il ne demeure que de la bourbe au fonds.

Le second poinct est de se souvenir, que la prosperité est, comme un venin emmiellé, douce et flatteresse, mais très dangereuse; à quoy il se faut bien tenir en cervelle. Quand la fortune rit, et que tout arrive à souhait, c'est lorsque nous devons plus craindre et penser à nous, tenir nos affections en bride, composer nos actions par raison, sur-tout eviter la presomption, qui suit ordinairement la faveur du temps[11]. C'est un pas glissant que la prosperité, auquel il se faut tenir bien ferme, il n'y a saison en laquelle les hommes oublient plustost Dieu; c'est chose rare et difficile de trouver personne qui ne s'attribue volontiers la cause de sa felicité. C'est pourquoy en la plus grande prosperité, il faut user du conseil de ses amis, et leur donner plus d'authorité sur nous qu'en autre temps. Il faut donc faire comme en un mauvais et dangereux chemin, aller en crainte et doute, et demander la main d'autruy : aussi en telle saison le malheur est medecine, car il nous ramene à nous cognoistre.

---

[11] Voyez là-dessus Cicéron : *De Officiis*, L. I, c. XXVI. Ce que dit ici notre auteur n'est presque qu'une traduction du beau passage de ce Livre : *atque etiam in rebus prosperis, et ad voluntatem nostram fluentibus, superbiam, fastidium, arrogantiamque magnopere fugiamus*, etc.

Le troisiesme est de retenir ses desirs, et y mettre mesure : la prosperité enfle le cueur, pousse en avant, ne trouve rien difficile, fait venir l'envie tousjours de plus grandes choses (ils disent qu'en mangeant l'appetit vient) et nous emporte au-delà de nous : et c'est là où l'on se perd, l'on se noye, l'on se fait mocquer de soy. C'est comme la guenon qui monte de branche en branche jusques au sommet de l'arbre, et puis monstre le cul [12]. O combien de gens se sont perdus et ont peri miserablement, pour n'avoir peu se moderer en leur prosperité ! parquoy il se faut arrester, ou bien aller tout doucement, pour jouir, et n'estre pas tousjours en queste et en pourchas [13]; c'est sagesse que de sçavoir establir son repos, son contentement, qui ne peust estre, où n'y a point d'arrest, de but, de fin. *Si qua finiri non possunt, extra sapientiam sunt* [14].

Contre toute adversité, voicy les advis generaux. En premier lieu, il se faut garder de l'opinion commune et vulgaire, erronée et tousjours differente de la vraye raison : car pour descrier et mettre en haine

---

[12] Ceci est pris de Montaigne, L. II, ch. XVII. Il donne ce mot au chancelier Olivier, qui comparait les Français aux guenons, etc. : d'autres l'attribuent mal-à-propos au chancelier de l'Hôpital.

*[13] A la recherche et en poursuite.

[14] « Dans un sentier qui n'aboutit jamais, c'est folie de marcher ». Sénèque, ép. XCIV.

et en horreur les adversités et afflictions, il les appellent maux et malheurs, et très grands maux, combien que toutes choses externes ne soyent bonnes ni mauvaises : jamais les adversités ne firent meschant un homme [15], mais plustost ont profité et servi à reduire les meschans, et sont communes aux bons et aux meschans [16].

Certes les fleaux et tristes accidens sont communs à tous, mais ils ont bien divers effects, selon la main qu'ils rencontrent. Aux fols et reprouvés ils ne servent que de désespoir, de trouble et de rage : ils les font bien (s'ils sont pressans et extrêmes) boucquer *[17], crier à Dieu, et regarder au ciel : mais c'est tout; car ils n'en valent pas mieux : aux errans et delinquans sont autant d'instructions vives et de compulsoires, pour les ramentevoir *[18] de leur debvoir, et leur faire recognoistre Dieu : aux gens de vertu sont lices et tournois pour jouster et exerciter leur vertu, se recommander plus et s'allier à Dieu : aux prudens matiere de bien, et quelquesfois planches pour passer, et monter en toute hauteur et grandeur, comme il se lit

---

[15] Voyez ce que Montaigne dit de lui, L. III, ch. IX.

[16] Tacite nous dit qu'Othon était, *rebus prosperis incertus, et inter adversa melior*. Hist. L. II, c. XXIII. — Et Commines dit de Louis XI : « jamais je ne connus si sage homme en adversité ». L. III, ch. XII.

*[17] Faire la moue.

*[18] Pour les faire ressouvenir.

et se voit de plusieurs ausquels estans arrivées de grandes traverses, que l'on pensoit estre leur malheur et ruine entiere, ils ont esté par ce moyen haut elevés et agrandis : et au rebours sans ces malheurs demeuroyent à sec, comme sçeut bien dire et s'écrier ce grand capitaine Athenien, *perieramus nisi periissemus* [19]. Un très beau et riche exemple de cecy a esté Joseph Hebrieu, fils de Jacob. Ce sont bien coups du ciel, mais la vertu et prudence humaine luy sert d'instrument propre, dont est provenu ce très beau conseil des sages, *faire de necessité vertu.* C'est une très belle mesnagerie, et premier trait de prudence, tirer du mal le bien, manier si dextrement les affaires, et sçavoir donner si à propos le vent et le biais, que du malheur l'on s'en puisse prevaloir, et en faire sa condition meilleure [20].

---

[19] « Nous périssions, si nous n'eussions péri ». C'est un mot de Thémistocle, que Plutarque cite dans la vie de ce capitaine. Thémistocle était alors à la cour d'Artaxerce, où il s'était réfugié. — Epictète a un mot semblable : « le sage, di.-il, sauve sa vie en la perdant ». *Apud Arian.* L. IV.

[20] Il faut appliquer à ces philosophes qui disent de sang-froid que le mal n'est rien, et qui vous accablent de mille lieux-communs pour vous prouver que vous devez l'endurer sans vous plaindre ; il faut, dis-je, leur appliquer ces vers de Térence :

Facile omnes, quum valemus, recta consilia ægrotis damus.
Tu si hic sis, aliter sentias.

In Andria, act. II. sc. I, v. 10. — N.

Les afflictions et adversités viennent de trois endroits : ce sont trois autheurs et ouvriers des peines, le peché, premier inventeur, qui les a mis en nature, l'ire et la justice divine qui les met en besongne, comme ses commissaires executeurs : la police du monde troublée et alterée par le peché : en laquelle, comme une revolte generale et tumulte civil, les choses n'estans en leurs places duës, et ne faisant leurs offices, sourdent tous maux : ainsi qu'au corps le denoüement des membres, le froissement et dislocation des os apporte des douleurs grandes et inquietudes. Ces trois ne nous sont point propices ni favorables, le premier est à hayr du tout comme ennemi, le second est à craindre et redouter comme terrible, le tiers est à s'en garder comme abuseur. Pour se sauver et se defaire de tous trois, il n'est que d'employer leurs propres armes, desquelles ils nous battent, comme Goliath de son propre cousteau, faisant de necessité vertu, proffit de l'affliction et de la peine, la faisant rejaillir contre eux. L'affliction, vraye vengeance de peché, bien prinse, est sa mort et sa ruine, et fait à son autheur ce que la vipere à sa mere qui la produit : c'est l'huile du scorpion, qui guarist sa morsure, affin qu'il perisse par son invention, *periit arte suâ : — Patimur quia peccavimus, patimur ut non peccemus*[21]. C'est la lime de

---

[21] « Il est lui-même l'instrument de sa perte ; — nous souffrons pour avoir péché ; nous souffrons afin de ne plus pécher ». Sénèque a traduit cette pensée de Platon, et l'ex-

l'ame, qui la derouille, la purifie et l'esclaircit du peché. En consequence de ce, elle appaise l'ire divine, et nous tire des prisons et liens de la justice, pour nous remettre au doux, beau et clair sejour de grace et misericorde : finalement nous sevre du monde, nous tire de la mammelle, et nous degouste par son aigreur, comme l'absynthe au tetin de la nourrisse, du doux laict et appast de cette vie trompeuse.

Un grand et principal expedient pour se bien comporter en l'adversité, est d'estre homme de bien. L'homme vertueux est plus tranquille en l'adversité, que le vicieux en la prosperité ; comme ceux qui ont la fièvre, sentent avec plus de mal le froid et le chaud et la rigueur de leur accès, que ne font les sains le froid et le chaud de l'hyver et de l'esté : aussi ceux qui ont la conscience malade et en fievre, sont bien plus tourmentés que les gens de bien; car ayans l'interieur sain, ne peuvent estre incommodés par l'exterieur où ils opposent un bon courage.

Les adversités sont de deux sortes ; les unes sont vrayes et naturelles, comme maladies, douleurs, la perte des choses que nous aymons : les autres faulses et feintes par l'opinion commune ou particuliere, et non en verité. Qu'il soit ainsi, l'on a l'esprit et le

---

plique parfaitement. *Nam, ut ait Plato, nemo punit quia peccatum est, sed ne peccetur. Revocari enim præterita non possunt, futura prohibentur. De Irâ*, L. I, cap. XVI. Il revient sur la même idée, *ibid.* L. II, cap. XXXI.

corps autant à commandement comme auparavant qu'elles advinssent. A celles-cy n'y a qu'un mot : ce de quoy tu te plains n'est pas douloureux ne fascheux, mais tu en fais le semblant, et tu te le fais croire.

Quant aux vrayes et naturelles, les plus prompts, et populaires, et plus sains advis sont les plus naturels, les plus justes et equitables. Premierement il se faut souvenir que l'on n'endure rien contre la loy humaine et naturelle, puis qu'à la naissance de l'homme toutes ces choses sont annexées et données pour ordinaires. [22] En tout ce qui a accoustumé de nous affliger, considerons deux choses; la nature de ce qui nous arrive, et celle qui est en nous : et usant des choses selon la nature, nous n'en recevrons aucune fascherie. La fascherie est une maladie de l'ame, contraire à la nature, ne doibt point entrer chez nous. Il n'y a accident au monde qui ne puisse arriver, auquel la nature n'aye preparé une habitude en nous, pour le recevoir et tourner à nostre contentement. Il n'y a maniere de vie si estroite qui n'aye quelque soulas et rafreschissement [23]. Il n'y a prison si estroite

---

[22] Tout ce qui va suivre, jusqu'à ces mots, *il n'y a maniere de vie*, est pris dans Du Vair, *Philosophie morale des Stoïques*, page 888.

[23] C'est ce que dit Sénèque. *Invenies in quolibet genere vitæ oblectamenta, et remissiones, et voluptates :* De Tranquillit. animi, cap. x. — Il ajoute peu après : *nihil tam acerbum est, in quo non æquus animus solatium inveniat.*

et obscure qui ne donne place à une chanson, pour desennuyer le prisonnier. Jonas eut bien loisir de faire sa priere à Dieu dedans le ventre de la baleine, laquelle fust exaucée [24]. C'est une faveur de nature qu'elle nous trouve remede et adoucissement à nos maux en la tolerance d'iceux [25]; estant ainsi, que l'homme est né pour estre subject à toutes sortes de miseres : *omnia ad quae gemimus, quae expavescimus, tributa vitae sunt* [26].

Secondement faut se souvenir qu'il n'y a que la moindre partie de l'homme subjecte à la fortune; nous avons le principal en nostre puissance, et ne peut estre vaincu sans nostre consentement. La fortune peust bien rendre povre, malade, affligé; mais non vicieux, lasche, abbattu; elle ne nous sçauroit oster la probité, le courage, la vertu [27].

Après il faut venir à la bonne foy, à la raison et à la justice; souvent l'on se plaint injustement; car si parfois il est survenu du mal, encores plus souvent il est survenu du bien, et ainsi il faut compenser l'un avec l'autre : et si l'on juge bien, il se trouvera

---

[24] Voyez tout le chapitre II du Livre attribué à Jonas.

[25] .... *Levius fit patientia,*
Quicquid corrigere est nefas.
Horat. L. I, od. XXIV, v. 19.

[26] Tous ces maux que nous redoutons, tous ceux dont nous gémissons, sont autant de tributs que nous devons à la vie ». Sénèque, ép. XCVI.

[27] Cela revient à ce que dit Plutarque, qu'il n'est jamais au pouvoir de la fortune, d'outrager la vertu. — Dans *Agis et Cléomènes*, vers la fin.

qu'il y a plus de quoy se louer des bons succès que de se plaindre des mauvais [28]; et comme nous destournons nos yeux de dessus les choses qui nous offensent, et les jettons sur les couleurs verdoyantes et gayes, ainsi devons nous divertir les pensées des choses tristes, et les adonner à celles qui nous sont plaisantes et agreables. Mais nous sommes malicieux, ressemblans aux ventouses qui tirent le mauvais sang et laissent le bon; l'avaricieux qui vendroit le meilleur vin et beuvroit le pire [29]; les petits enfans, auxquels si vous ostez un de leurs jouets, jettent tous les autres par despit. Car s'il nous advient quelque mesadventure, nous nous tourmentons et oublions tout le reste qui nous demeuroit entier : voire y en a qui se disent malheureux en toutes choses, et qui jamais n'eurent

---

[28] Charron suit ici les dogmes des Stoïciens. Mais cette morale n'est bonne que dans la spéculation. « Ce serait sortir de la question, dit Bayle, de dire que l'homme s'afflige mal-à-propos; car il ne s'agit pas de savoir si ses chagrins sont raisonnables, ou l'effet de sa faiblesse. Cela même qu'on se chagrine sans raison, et qu'on se rend malheureux par sa propre faute, est un mal ». Bayle, article Xenophanes. Rem. F. — N.

[29] Voyez Plutarque : *De la Tranquillité de l'ame et du Repos de l'esprit.* Il cite le trait d'un marchand de vin qui agissait ainsi; et il en tire une leçon de morale.

Pour bien entendre la phrase de Charron, il faut supposer qu'il y a dans le texte, *à l'avaricieux qui*, etc., *aux petits enfans qui*, etc. : on disait indifféremment, autrefois, *ressembler à*, ou *ressembler une* telle chose.

aucun mal, tellement qu'une once d'adversité leur porte plus de desplaisir que dix mille de prosperité ne leur apportent de plaisir.

Aussi faut-il regarder sur tant de gens qui sont en beaucoup pire condition que nous, et qui se sentiroyent heureux d'estre en nostre place.[30]

> Cùm tibi displiceat rerum fortuna tuarum,
> Alterius specta, quo sis discrimine pejor[31].

Il faudroit pour ces plaignans practiquer le dire et advis d'un sage, que tous les maux que souffrent les hommes fussent rapportés en commun et en blot, et puis que le partage s'en fist egalement : car lors se trouvans beaucoup plus chargés par le département*[32], seroit descouverte l'injustice de leur plaincte[33].

---

[30] Cela peut être vrai, mais par une fatalité attachée à l'humanité, les maux des autres ne diminuent point ceux que nous souffrons ; et l'on pourrait très-bien leur appliquer cette pensée de Laberius : « Une chose ne perd rien de sa grandeur, parce qu'il peut s'en trouver une autre plus grande ». *Non est pusillum si quid maximo est minus.* Laberius, *apud Aulu-Gell. Noct. Attic* — N.

[31] « Lorsque tu crois avoir à te plaindre de ton sort, de l'état de tes affaires, compare les avec le sort et les affaires de tel autre, et vois en quoi tu es plus malheureux ». Distiques de Caton, L. IV. *Distich.* XXXII.

*[32] Par le partage.

[33] C'est une pensée de Socrate, que Plutarque nous a conservée. (Voyez *Consolat. ad Apollon*). Montaigne attribue cette pensée à Solon. Voy. L. III, ch. IX.

Après tous ces advis, nous pouvons dire qu'il y a deux grands remedes contre tous maux et adversités, lesquels reviennent presque à un : l'accoustumance pour le vulgaire grossier, et la meditation pour les sages. Tous deux sont prins du temps, l'emplastre commun et très puissant à tous maux ; mais les sages le prennent avant la main, c'est la prevoyance ; le foible vulgaire après. Que l'accoustumance puisse beaucoup, nous le voyons clairement, en ce que les choses plus fascheuses se rendent douces par l'accoustumance. *Natura calamitatum mollimentum consuetudinem invenit* [34]. Les forsats pleurent quand ils entrent en la galere, au bout de trois mois ils y chantent. Ceux qui n'ont pas accoustumé la mer, pallissent mesme en temps calme, quand on leve l'anchre, et les matelots rient durant la tempeste ; la femme se desespere à la mort de son mary, dedans l'an elle en ayme un autre. Le temps et l'accoustumance fait tout [35] : ce qui nous offense est la nouveauté de ce qui nous arrive, *omnia novitate graviora sunt* [36].

---

[34] « Pour soulagement à nos maux, la nature nous a donné l'habitude ». Sénèque, *de Tranquillit. animi.* cap. x.

[35] Plutarque dit cela : « Dans les choses terribles, la nouveauté ment beaucoup à l'imagination, et lui offre des choses qui ne sont point : l'accoutumance, au contraire, fait perdre aux choses naturellement les plus terribles, la plus grande partie de ce vain épouvantail qui fait notre effroi ». Plut. *Vie de Marius.*

[36] « La nouveauté donne à tout plus d'importance ». Sén.

La meditation fait le mesme office à l'endroit des sages, car à force de penser aux choses, ils se les rendent familieres et ordinaires, *quae alii diù patiendo levia faciunt, sapiens levia facit diù cogitando* [37]. Considerons exactement la nature de toutes les choses qui nous peuvent fascher, et nous representons ce qui nous y peust arriver de plus ennuyeux et insupportable, comme maladie, povreté, exil, injures, et examinons en tout cela ce qui est selon nature ou contraire à elle. La prevoyance est un grand remede contre tous maux, lesquels ne peuvent apporter grande alteration ny changement, estans arrivés à un homme qui s'y attendoit, comme au contraire ils blessent et endommagent fort ceux qui se laissent surprendre [38]. La meditation et le discours est ce qui donne la trempe à l'ame, qui la prepare, l'affermit contre tous assauts, la rend dure, acerée et impenetrable à tout ce qui la veust entamer ou fausser : les accidens, tant

---

ép. CVII. Les deux derniers paragraphes sont pris, en grande partie, dans Du Vair ; *Philosophie morale des Stoïques*, p. 888.

[37] « Le vulgaire trouve ses malheurs plus légers, après les avoir long-tems endurés; le sage en y réfléchissant ». Sénèq. ép. LXXVI, presque à la fin.

[38] « C'est ce que dit Sénèque : *Maximè commovent quæ contra spem, expectationemque eveniunt.* De Irâ, L. II, cap. XXX. Voyez encore Simplicius sur l'art. 18 du Manuel d'Épictète.

grands soient-ils, ne peuvent donner grand coup à celuy qui se tient sur ses gardes et est prest de les recevoir, *praemeditati mali mollis ictus venit : quicquid expectatum est diù, leviùs accedit* [39]. Or pour avoir cette prevoyance, il faut premierement sçavoir que nature nous a mis icy, comme en un lieu fort scabreux et où tout bransle ; que ce qui est arrivé à un autre, nous peust advenir aussi ; que ce qui panche sur tous peust tomber sur un chascun [40] ; et en tous affaires que l'on entreprend, premediter les inconveniens et mauvaises rencontres qui nous y peuvent advenir, affin de n'en estre surprins. O combien nous sommes deçeus et avons peu de jugement, quand nous pensons que ce qui arrive aux autres, ne puisse arriver jusques à nous ! quand ne voulons estre prevoyans et defians, de peur que l'on ne nous tienne pour craintifs ! Au contraire si nous prenions cognoissance des choses, ainsi que la raison le veust, nous nous estonnerions plustost de ce que si peu de traverses nous arrivent, et que les accidens qui nous suyvent de si près, ont tant tardé à nous attraper ; et nous ayant atteints, comment ils nous traittent si doucement. Celuy qui prend garde

---

[39] « Nous sommes moins sensibles aux coups que nous avons prévus : un malheur que nous attendions depuis long-tems, nous paraît plus supportable, lorsqu'il arrive ». Sén. ép. *ibid.*

[40] *Scito.... quicquid in ullum incurrit, posse in te quoque incurrere.* Séneq. *De Tranquillit. animi,* cap. XI.

et considere l'adversité d'autruy, comme chose qui luy peust advenir, avant qu'elle soit à luy, il est armé. Il faut penser à tout et compter tousjours au pire; ce sont les sots et mal advisés, qui disent, je n'y pensois pas. L'on dit que l'homme surpris *41 est à demy battu, et au contraire un adverty en vaut deux : l'homme sage en temps de paix fait ses preparatifs pour la guerre : le bon marinier avant de surgir du port, fait provision de ce qu'il faut pour resister à la tempeste : c'est trop tard s'apprester, quand le mal est advenu 42. A tout ce quoy nous sommes preparés de longue main, nous nous trouvons admirables, quelque difficulté qu'il y aye. Au contraire il n'y a chose si aysée, qui ne nous empesche, si nous y sommes nouveaux. *Id videndum ne quid inopinatum sit nobis, quia omnia novitate graviora sunt* 43. Certes il semble bien que si nous sommes aussi prevoyans que nous debvons et pouvons estre, nous ne nous estonnerons

---

*41 On lit ici *surpris* dans la première édition, quoiqu'on y trouve *surprins* quelques lignes plus haut. Ce qui prouve que la langue n'était pas plus fixée alors que l'orthographe, et qu'à l'époque où Charron écrivait, on disait également *surprins* et *surpris*, le premier d'après le vieux langage, le second d'après celui qui commençait à s'introduire.

42 *Serò animus ad periculorum patientiam, post pericula, instruitur.* Séneq. *De Tranquill. animi*, cap. XI.

43 « Tâchons qu'il ne nous arrive rien d'inopiné, car les accidens devienent plus graves par leur nouveauté même ».

de rien. Ce que vous avez preveu, vous arrive, pourquoy vous en estonnez vous ? Faisons donc que les choses ne nous surprennent point ; tenons-nous en garde contre elles, regardons-les venir. *Animus adversùs omnia firmandus* [44] *, ut dicere possimus :*

> Non ulla laborum,
> O virgo, nova mi facies, inopinave surgit :
> Omnia percepi atquè animo mecum ipse peregi [45].

Tu hodiè ista denuntias ; ego semper denuntiavi mihi : hominem paravi ad humana [46]*.*

---

[44] « Il faut donc raffermir d'avance notre ame contre tout ce qui peut arriver ». Sén. ép. CVII.

[45] « Afin que nous puissions dire : « il n'est point de dangers dont l'aspect me paraisse nouveau, et qui puisse me surprendre. Je les ai tous prévus, et depuis long-tems j'ai préparé mon ame à les braver ». Virg. *Énéid.* L. VI, v. 103.

[46] « Ce n'est que d'aujourd'hui que tu me les annonces : moi je me les étais toujours annoncés. Homme, je me suis préparé à tout ce qui peut arriver aux hommes ». Sénèque, épit. LXXVI.

CHAPITRE VIII.

Obeyr et observer les loix, coustumes et ceremonies du pays, comment et en quel sens.

SOMMAIRE. — L'autorité donne les moyens de contenir le peuple. Elle est l'image de Dieu ; elle se soutient par la crainte et l'admiration.—Ce qui ressemble le plus à l'autorité, c'est la coutume : elle établit insensiblement sa puissance, et fonde ses droits sur la possession et l'usage. — La coutume et la loi s'établissent tout différemment. La première agit sans violence; l'autre se montre avec autorité et force. — Exemples nombreux de coutumes bizarres et de lois extravagantes. Et pourtant, il ne faut pas toujours se hâter de les blâmer : il en est que nous approuverions si nous en connaissions mieux l'origine et les motifs. Elles ne nous semblent étranges que parce qu'elles nous sont étrangères. — La coutume n'est pas seulement une seconde nature; elle combat quelquefois la nature et en triomphe. Que d'usages contrarient le bon sens! — Le sage doit se conformer aux coutumes avouées, tout en les méprisant; de même il doit obéir aux lois, même à celles qu'il reconnaît défectueuses. Toute innovation a des dangers. Il est plus difficile qu'on ne pense d'imaginer des lois, et des usages plus avantageux que ceux qui existent déjà. — A ces deux puissances, la loi et la coutume, il faut en ajouter une troisième, la cérémonie. Elle est souvent rude et tyrannique : elle veut que les affaires, la liberté, le plaisir même cèdent à ses caprices. Le sage ne la choquera point avec orgueil; mais il ne doit pas s'y assujettir en esclave.

Exemples : Darius; les Grecs; les Indiens; les Patriarches; les filles de Loth; Platon.

Tout ainsi que la beste sauvage et farouche ne se veust laisser prendre, conduire et manier à l'homme; mais ou s'enfuit et se cache de luy, ou s'irrite et s'esleve contre luy, s'il en veut approcher; tellement qu'il faut user de force meslée, avec ruse et artifice, pour l'avoir et en venir à bout : ainsi en fait la folie revesche à la raison, et sauvage à la sagesse, contre laquelle elle s'irrite et s'affolit dadvantage ; dont il la faut avoir et mener comme une beste farouche (ce que l'homme est à la beste, l'homme sage est au fol), l'estonner, luy faire peur, et l'arrester tout court ; pour puis à l'ayse l'instruire et le gaigner. Or le moyen propre à ce est une grande authorité, une puissance et gravité esclatante, qui l'esblouyt de sa splendeur et de son esclair, *sola auctoritas est quae cogit stultos ut ad sapientiam festinent* [1]. En une meslée et sedition populaire, s'il survient et se presente quelque grand, ancien, sage et vertueux personnage, qui aye gaigné la reputation publique d'honneur et de vertu, lors ce peuple mutin frappé et esblouy de la splendeur et de l'esclair de cette authorité, se tient coy, et attend ce qu'il veust dire :

>   Veluti magno in populo cùm sæpè coorta
>   Seditio est, sævitque animis ignobile vulgus.
>   Jamque faces et saxa volant, furor arma ministrat :
>   Tum pietate gravem ac meritis, si fortè virum quem
>   Conspexere, silent, arrectisque auribus adstant;
>   Ille regit dictis animos, et pectora mulcet [2].

---

[1] « C'est par l'autorité seule que l'on maintient les fous, qu'on les force de se diriger vers la sagesse ». St.-August.

[2] Ainsi, quand, signalant sa turbulente audace,
Se déchaîne une ardente et vile populace,
La rage arme leurs bras ; déjà volent dans l'air
Les pierres, les tisons, et la flamme et le fer.

Il n'y a rien de plus grand en ce monde que l'authorité, qui est une image de Dieu, un messager du ciel : si elle est souveraine, elle s'appelle majesté ; si subalterne, authorité, et se soustient de deux choses, admiration et crainte mesléés ensemble. Or cette majesté et authorité est premierement et proprement en la personne du souverain, du prince et legislateur, où elle est vive, agente et mouvante ; puis en ses commandemens et ordonnances, c'est à dire en la loy, qui est le chef-d'œuvre du prince, et l'image de la majesté vive et originelle [3]. Par icelle sont reduits, contraints et guidés les fols. Voylà de quel poids, necessité, utilité est l'authorité et la loy au monde.

La prochaine et plus pareille authorité à la loy, est la coustume, qui est une autre puissante et imperieuse maistresse ; elle empiete et usurpe cette puissance traistreusement et violemment, car elle plante peu à peu,

---

Mais d'un sage orateur si la vue imposante
Dans l'ardeur du tumulte à leurs yeux se présente,
On se tait, on écoute, et ses discours vainqueurs
Gouvernent les esprits et subjuguent les cœurs.
            Virg. Énéid. L. I, v. 152. (Trad. de Delille.)

[3] Démosthène appelle les lois une convention du corps du peuple. Orat. I, *adversus Aristogiton.* — Aristote lui donne le même nom : *Et omninò ipsa lex pactum quoddam est.* Rhet. L. I, cap. xv. — Il dit encore ailleurs : *etenim lex, ut ità dixerim, oratio quædam est quæ communi civitatis consensu definita, jubet quo pacto unumquodque agendum sit.* Rhet. *ad Alex.* cap. I. — N.

à la derobée et comme insensiblement, son authorité, par un petit, doux et humble commencement; l'ayant rassis et estably par l'ayde du temps, elle descouvre puis un furieux et tyrannique visage, contre lequel il n'y a plus de liberté ny puissance de hausser seulement les yeux; elle prend son authorité de la possession et de l'usage, elle grossit et s'annoblit en roullant comme les rivieres; il est dangereux de la ramener à sa naissance.

La loy et la coustume establissent leur authorité bien diversement, la coustume peu à peu, avec un long temps, doucement et sans force, d'un consentement commun de tous, ou de la plus part, et a son autheur le peuple. La loy sort en un moment avec authorité et puissance, et prend sa vigueur de qui a puissance de commander à tous, et souvent contre le gré des subjects; dont quelqu'un la compare au tyran, et la coustume au roy. Dadvantage la coustume ne porte loyer *4 ny peine : la loy porte tous les deux, pour le moins la peine : toutesfois elles se peuvent bien mutuellement prester la main, et aussi s'entre-destruire. Car la coustume qui n'est qu'en souffrance, emologuée *5 par le souverain, sera asseurée : et la loy aussi affermit son authorité par la possession et l'usage; au contraire aussi la coustume sera cassée par une loy contraire, et la loy

---

*4 Récompense.
*5 Pour *homologuée*.

s'en ira à vau-l'eau par souffrance de coustume contraire : mais ordinairement elles sont ensemble, c'est loy et coustume : les savans et spirituels la considerent comme loy; les idiots et simples comme coustume.

C'est chose estrange de la diversité des loix et coustumes qui sont au monde, et de l'extravagance d'aucunes. Il n'y a opinion ny imagination si bigearre *6, si forcenée, qui ne soit establie par loix ou coustumes en quelque lieu [7]. Je suis content d'en reciter quelques-unes pour montrer à ceux qui font difficulté de le croire, jusques où va cette proposition, ne m'arrestant point à parler de ce qui est de la religion, qui est le subject où se trouvent de plus grandes estrangetés et impostures plus grossieres : mais pource qu'il est hors le commerce des hommes, et que c'est proprement coustume, et où il est aysé d'estre trompé, je le laisseray. Voicy donc des plus remarquables en estrangeté : tuer par office de pieté ses parens en certain aage [8], et les manger : aux hosteleries, prester leurs enfans, femmes et filles à jouyr aux hostes en payant : bordeaux publics des masles : les vieillards prester leurs femmes à la jeunesse : les femmes estre communes : honneur aux femmes d'avoir accointé plusieurs

─────────────

*6 Si bizarre.

[7] Voyez sur tout cela Montaigne, L. I, ch. XXII. Charron en a tiré tout ce qu'il rapporte dans ce paragraphe.

[8] Comme jadis les Massagètes et les Indiens. Voy. Hérodote, L. I, chapitre dernier.

masles, et porter autant de belles houppes au bord de leur robe [9] : les filles monstrer à découvert par-tout leurs parties honteuses, les mariées non, ains les couvrir soigneusement ; les filles s'abandonner à leur plaisir, et devenues grosses se faire avorter au veu et seu d'un chascun ; mais mariées estre chastes et fidelles à leurs maris : les femmes mariées, la première nuict, avant l'accointance de leur espoux, recevoir tous les masles qui sont de l'estat et profession du mary, conviés aux nopces ; et puis estre loyales à leurs maris [10] : les mariées presenter leur pucelage au prince, avant qu'au mary : mariages de masles : les femmes aller à la guerre et au combat avec les maris : femmes mourir et se tuer lors ou tost après le decez de leurs maris : femmes veufves se pouvoir remarier si les maris sont morts de mort violente et non autrement : les maris pouvoir repudier leurs femmes sans alleguer cause ; vendre si elle est sterile ; tuer sans cause, sinon pource qu'elle est femme, et puis emprunter femmes des voisins au besoin : les femmes s'accoucher sans plainte et sans effray ; tuer leurs enfans pource qu'ils ne sont pas beaux, bien formés, ou sans cause : en mangeant essuyer ses doigts à ses genitoires et à ses pieds : vivre de chair humaine, manger chair et poisson tout crud ;

---

[9] Hérodote. L. IV.

[10] Voyez sur ces coutumes et d'autres encore, des choses curieuses dans Bayle. *Rem. A*, de l'article Léon (Pierre Cieça).

coucher ensemble plusieurs masles et femelles ¹¹, jusques au nombre de dix et douze : saluer en mettant le doigt à terre, et puis le levant vers le ciel ; tourner le dos pour saluer, et ne regarder jamais celuy qu'on veust honorer ; recueillir en la main les crachas du prince ; ne parler au roy que par sarbatane *¹² : ne coupper en toute sa vie ny poil ny ongle : coupper le poil d'un costé, et les ongles d'une main et non de l'autre : les hommes pisser accrouppis et les femmes debout : faire des trous et fossettes en la chair du visage, et aux testins, pour y porter des pierreries et des bagues : mespriser la mort, la festoyer ¹³, la briguer et plaider en public, pour en estre honoré, comme d'une dignité et grande faveur, et y estre preferé : sepulture honorable estre mangé des chiens, des oyseaux, estre cuit et pilé, et la poudre avallée avec le bruvage ordinaire.

Quand se vient à juger de ces coustumes, c'est le bruit et la querelle : le sot populaire *¹⁴ et pedant ne s'y trouve point empesché, car tout detroussement *¹⁵ il condamne comme barbarie et bestise tout ce qui n'est de son goust, c'est-à-dire de l'usage commun, et coustume de son pays. Car il tient pour reigle

---

¹¹ Comme les Lapons, etc.

*¹² Sarbacane.

¹³ *Voyez* Valère-Maxime, L. II, ch. VI, num. XII.

*¹⁴ Vulgaire.

*¹⁵ Tout ouvertement.

unique de vérité, justice, bienséance, la loy et coustume de son pays. Que si on lui dict qu'ainsi en jugent et parlent les autres en leur rang, autant offensés de nos coustumes et façons comme nous des leurs, il tranche tout court à sa mode, que ce sont bestes et barbares, qui est tousjours dire mesme chose. Le sage est bien plus retenu, comme sera dict, il ne se haste point d'en juger, de peur de s'eschauder, et faire tort à son jugement : et de faict il y a plusieurs loix et coustumes, qui semblent du premier coup sauvages, inhumaines et contraires à toute bonne raison, que si elles estoyent sans passion et sainement considerées, si elles ne se trouvoyent du tout justes et bonnes, pour le moins ne seroyent-elles sans quelque raison et defense. Prenons-en quelques-unes pour exemple, les deux premières qu'avons dict qui semblent bien estre des plus estranges et esloignées du debvoir de pieté ; tuer ses parens en certain estat, et les manger [16]. Ceux qui ont cette coustume la prennent pour tesmoignage de pieté et bonne affection, cherchant par-là premierement à delivrer par pitié leurs parens vieux, et non-seulement du tout inutiles à soy et à autruy ; mais onereux, languissans et menans vie penible, douloureuse et ennuyeuse à soy et à autruy, pour les mettre en repos et à leur ayse : puis leur donnant la plus digne et louable sepulture,

---

[16] *Voyez* Strabon, L. IV et L. XI.

logeant en eux mesmes, et comme en leurs mouëlles, les corps de leurs peres et leurs reliques, les vivifiant aucunement, et regenerant par la transmutation en leur chair vive [17], par le moyen de la digestion et du nourrissement. Ces raisons ne seront pas trop legeres, à qui ne sera prevenu d'opinion contraire; et est aysé à considerer quelle cruauté et abomination c'eust esté à ces gens là de voir tant souffrir devant leurs yeux leurs parens en douleur et en langueur sans les secourir, et puis jetter leurs despouilles à la corruption de la terre, à la puantise et nourriture des vers, qui est tout le pire que l'on pourroit faire. Darius en fit l'essay [18]; demandant à quelques Grecs, pour combien ils voudroient prendre la coustume des Indiens, de manger leurs peres trespassés, qui respondirent, pour rien du monde : et s'estant essayé de persuader aux Indiens de brusler les corps de leurs peres comme les Grecs, y trouva encore plus d'horreur et de difficulté [19]. J'en adjousteray encores une autre, qui n'est que

---

[17] Cet usage des Massagètes semble tenir en effet à la croyance de la métempsycose, si généralement répandue encore dans l'Asie orientale.

[18] *Voyez* Hérodote, L. III, et Sextus-Empiricus, L. III, cap. XXIV.

[19] Hérodote qui nous apprend ce trait notable, le fait précéder de cette réflexion : « Si l'on donnait à tous les hommes la liberté de choisir les lois qu'ils jugeraient les meilleures, chaque peuple, après les avoir examinées toutes, choisirait les siennes ». L. III, ch. XXXVIII.

de la bienseance, plus leger et plus plaisant : un qui se mouchait tousjours de sa main, reprins d'incivilité, pour se deffendre, demanda quel privilege avoit ce sale excrement, qu'il luy faille apprester un beau linge à le recevoir, et puis qui plus est à l'empacqueter et serrer soigneusement sur soy : que cela debvoit faire plus de mal au cueur, que de le verser et jetter où que ce soit; voylà comment partout se trouve raison apparente, dont il ne faut rien si-tost et legerement condamner.

Mais qui croiroit combien est grande et imperieuse l'authorité de la coustume ? Qui l'a dict estre une autre nature, ne l'a pas assez exprimé ; car elle fait plus que nature, elle combat nature. Pourquoy les plus belles filles n'attirent point l'amour de leurs peres ; ny les frères plus excellens en beauté, l'amour de leurs sœurs ? Cette espece de pudicité n'est proprement de nature ; elle est de l'usage des loix et coustumes qui le deffendent, et font de l'inceste un grand peché et non nature : comme il se voit au fait, non-seulement des enfans d'Adam, où c'estoit necessité forcée, mais d'Abraham et Nachor [20], freres; de Jacob, de Judas patriarches ; Amrám, pere de Moyse, et autres saints personnages : et c'est la loy de Moyse qui l'a deffendu en ces premiers degrés [21], mais aussi

---

[20] Exod. vi. Levit. 18. *Voyez* aussi l'art. *Sara* dans le dict. de Bayle.

[21] Deut. 25.

qui y a quelquesfois dispensé, non-seulement en ligne laterale, comme entre les freres et la belle-sœur, ce qui estoit commandement et non dispense [22] : et qui plus est entre le propre frere et la propre sœur des divers licts : mais encore en ligne droitte d'alliance, sçavoir du fils avec sa belle-mere [23] : car en ligne droitte de sang, il semble bien estre du tout contre nature, nonobstant le fait des filles de Loth avec leur pere, qui toutesfois fut produit purement par nature en l'extreme apprehension et crainte de la fin du genre humain, dont elles en sont excusées par les plus grands [24]. Or contre nature n'y a point de dispense aucune, si Dieu, son seul superieur, ne la donne. Au reste des incestes fortuits et non volontaires, le monde en est tout plein, comme enseigne Tertullien [25]. Mais encores plus elle force les regles de nature, tesmoin les medecins qui souvent quittent leurs raisons naturelles de leur art, à son authorité; tesmoin ceux qui par accoutumance ont gaigné de se nourrir et vivre de poison, d'araignées, formis, laizards, crapaux, comme practiquent les peuples entiers aux Indes. Aussi elle hebete nos sens; tesmoin ceux qui demeurent près des cataractes du Nil, clochers, armuriers, moulins, et tout le monde selon les philosophes, au son

---

[22] Reg. 12.
[23] Reg. 32. Cajeta. Tolet. in 3 Lucæ.
[24] Chrysos. Ambros. August.
[25] In Apolog., cap. IX.

de la musique celeste et des mouvemens divers des ciels roulans et s'entrefrottans l'un l'autre. Bref (et c'est le principal fruict d'icelle) elle vainct toute difficulté, rend les choses aysées, qui sembloyent impossibles, addoucit toute aigreur, dont par son moyen l'on vit content partout : mais elle maistrise nos ames, nos creances, nos jugemens, d'une très injuste et tyrannique authorité. Elle fait et desfait, authorise et desauthorise tout ce qu'il luy plaist, sans rime ny raison, voire souvent contre toute raison : elle fait valoir et establit parmy le monde, contre raison et jugement, toutes les opinions, religions, creances, observances, mœurs et manieres de vivre les plus fantasques et farouches, comme a esté touché cy-dessus. Et au rebours elle degrade injurieusement, ravalle et desrobe aux choses vrayement grandes et admirables, leur prix, leur estimation, et les rend viles.

> Nil adeò magnum nec tam mirabile quidquam
> Principio, quod non cessent mirarier omnes
> Paulatim.... [26]

C'est donc une très grande et puissante chose que la coustume. Platon ayant reprins un enfant de ce qu'il jouait aux noix, et qui luy avoit respondu, tu me tances pour peu de chose, dit, la coustume n'est pas peu

---

[26] « Il n'y a rien de si grand, rien de si admirable dans le principe, qui, peu à peu, ne cesse d'exciter notre étonnement ». Lucret., L. II, v. 1026.

de chose [27] : mot bien remarquable à tous ceux qui ont la jeunesse à conduire. Mais elle exerce sa puissance avec une si absoluë authorité, qu'il n'est plus permis de regimber ny reculer, non pas seulement de rentrer en nous pour discourir et raisonner de ses ordonnances. Elle nous enchante si bien qu'elle nous fait croire que ce qui est hors de ses gonds, est hors des gonds de raison, et n'y a rien de bon et juste que ce qu'elle approuve : *ratione non componimur sed consuetudine abducimur : honestius putamus quod frequentius : recti apud nos locum tenet error, ubi publicus factus* [28]. Cecy est tolerable parmy les idiots et populaires, qui n'ayans la suffisance de voir les choses au fonds, juger et trier, font bien de se tenir et arrester à ce qui est communement tenu et reçeu : mais aux sages qui jouent un autre roolle, c'est chose indigne de se laisser ainsi coiffer à la coustume [29].

---

[27] Charron a emprunté ce trait, comme beaucoup d'autres qu'il cite dans ce chapitre, de Montaigne, L. I, ch. XXII. Mais Diogène-Laërce chez qui Montaigne l'avait pris, ne dit pas, comme l'a remarqué Coste, que la personne que Platon tança, fût un enfant qui jouait aux noix ; il parle d'un homme qui jouait aux dés. *Voy.* Diog.-Laërce. Vie de Platon, L. III, §. 38.

[28] « Ce n'est point la raison que nous prenons pour règle, c'est la coutume qui nous entraîne : ce qui est le plus ordinaire, nous paraît le plus honnête ; dès qu'une erreur est devenue générale, elle tient lieu pour nous de droit et de justice ». Sénèque, épît. CXXIII.

[29] C'est ce qui fait dire à Cicéron : *Magni est ingenii,*

LIVRE II, CHAPITRE VIII.

* Or l'advis que je donne icy à celuy qui veust estre sage, est de garder et observer de parole et de fait les

---

revocare mentem a sensibus, et cogitationem a consuetudine abducere. Cicer. Tuscul, L. I.

* *Variante.* Or l'advis que je donne icy à celuy qui veust estre sage, est de garder et observer de parole et de faict les lois et coustumes que l'on trouve establies au pays où l'on est; νόμοις ἕπεσθαι ψιν ἐγχώροις καλόν, et ce, non pour la justice ou équité qui soit en elles, mais simplement, pource que ce sont loix et coustumes; non legerement condamner ny s'offenser des estrangeres; mais bien librement et sainement examiner et juger les unes et les autres, n'obligeant son jugement et sa creance qu'à la raison. Voicy quatre mots. En premier lieu, selon tous les sages, la reigle des reigles, et la generale loi des loix, est de suyvre et observer les loix et coustumes du pays où l'on est, *sequi has leges indigenas honestum est.* Toutes façons de faire escartées et particulieres, sont suspectes de folie ou passion ambitieuse, heurtent et troublent le monde.

En second lieu, les loix et coustumes se maintiennent en credit, non parce qu'elles sont justes, mais parce qu'elles sont loix et coustumes; c'est le fondement mystique de leur authorité; elles n'en ont point d'autre, et celuy qui obeist à la loy, pource qu'elle est juste, ne luy obeist pas, parce qu'il doibt, ce serait soubmestre la loy à son jugement, et luy faire son procès, et mettre en doubte et dispute l'obeissance, et par consequent l'estat et la police, selon la souplesse et diversité, non-seulement des jugemens, mais d'un mesme jugement. Combien de loix au monde injustes, impies, extravagantes, non-seulement aux jugemens particuliers des autres, mais de la raison universelle!

loix et coustumes que l'on trouve establies au pays où l'on est : par mesme moyen respecter et obeir aux magistrats et à tous superieurs, mais le tout d'un esprit et d'une façon noble et genereuse, non servile, pedantesque, et superstitieuse : ne s'offensant cependant ny condamnant legerement les autres loix et coustumes estrangeres, mais jugeant et examinant librement et sainement les unes et les autres, comme a esté dict, et n'obligeant son jugement et sa creance qu'à la raison. Voicy quatre mots. 3º En premier lieu, selon tous les sages, la reigle des reigles, et la generale loy des loix, est de suyvre et observer les loix et coustumes du pays où l'on est, νομοις ἕπεσθαι ψιν ἐγχώροις κάλον [31], evitant soigneusement toute singularité et particularité extravagante, escartée du commun et ordinaire, car quelle qu'elle soit, tousjours elle heurte et blesse autruy, est suspecte de folie, hypocrisie, passion ambitieuse, quoy que soit d'ame malade et denoüée. *Non conturbabit sapiens publicos mores, nec populum in se novitate vitae convertet* [32]. Il faut tousjours cheminer sous le couvert des loix, coustumes, superieurs, sans disputer ou tergiverser, sans entreprendre, tantost de s'en dispenser, tantost les encherir pour faire le bon varlet, sans hausser ny baisser.

---

[30] La phrase qui suit est de Montaigne, L. I, ch. XXII.
[31] « Il est beau d'obéir aux lois de la patrie ».
[32] « Le sage ne troublera point les mœurs publiques, et

Mais que ce soit (et c'est le second mot) et d'esprit et de façon, noblement et sagement, non pour l'amour et la crainte d'elles, non pour la justice ou equité qui soit en elles, ny aussi pour la punition qui en peust advenir, ne leur obeissant pas : bref non par superstition ni par servitude, contrainte scrupuleuse et paoureuse, *eadem quae populus, sed non eodem modo, nec eodem proposito faciet sapiens* [33], mais librement et simplement pour la reverence publique, et à cause de leur authorité : les loix et coustumes se maintiennent en credit, non pource qu'elles sont justes et bonnes, mais pource qu'elles sont loix et coustumes, c'est le fondement mystique de leur authorité ; elles n'en ont point d'autre, ainsi est-il des superieurs, à cause qu'ils sont superieurs, *quia super cathedram sedent* [34], et non de leur vertu et probité, *quae faciunt nolite facere* [35]. Celuy qui leur obeit par autre ressort, ne leur obeit pas parce qu'il doit, c'est un mauvais et dangereux subject, ce n'est pas vraye obeissance, qui doit estre pure et sim-

---

n'attirera point sur lui les regards du peuple, par une manière de vivre nouvelle et singulière ». Sénèque, ép. XIV.

[33] « Le sage fera bien les mêmes choses que le vulgaire, mais non par le même motif, ni dans le même but ». Sénèque, dans Lactance, *Divin. Instit.*

[34] « Parce qu'ils s'asseyent dans une chaire ». St. Mathieu, ch. XXIII, v. 2.

[35] « Ce qu'ils font, gardez-vous de le faire ». *Ibid.* Il y a dans le verset, *secundum opera vero eorum nolite facere.*

ple, *undè vocatur depositio discretionis, mera executio, abnegatio sui*[36]. Or la vouloir reigler par la justice, le merite, la bonté des loix et superieurs, c'est en les soumettant à son jugement, leur faire le procès, et mettre en doubte et dispute l'obeissance, et par consequent l'estat et la police, selon la soupplesse et diversité des jugemens. Combien de loix au monde injustes, estranges, non seulement aux jugemens particuliers, mais de la raison universelle : avec lesquelles le monde a vescu longtemps en profonde paix et repos, et avec telle satisfaction, que si elles eussent esté très justes et raisonnables ; et qui les voudroit changer et rhabiller, se montreroit ennemy du public, et ne seroit à recevoir : la nature humaine s'accommode à tout avec le temps, et ayant une fois prins son ply, c'est acte d'hostilité de vouloir rien remuer : il faut laisser le monde où il est, ces broüillons et remueurs de mesnage, sous pretexte de reformer, gastent tout.

Tout remuement et changement des loix, creances, coustumes, et observances est très dangereux, et qui produit toujours plus et plustost mal que bien [37];

---

[36] « C'est ce qui fait qu'exécuter un ordre, sans se livrer à aucune réflexion ni raisonnement, s'appelle obéissance passive, abnégation de soi-même ». Je crois que ce passage est tiré du *Corpus juris civilis*.

[37] Salluste dit très-éloquemment à ce sujet : *omnes rerum mutationes... cædem, fugam, aliaque hostilia portendunt. Frustra autem niti, neque aliud se fatigando nisi odium*

il apporte des maux tous certains et presens. Pour un bien à venir et incertain, les novateurs ont bien tousjours des specieux et plausibles tiltres, [38] mais ils n'en sont que plus suspects, et ne peuvent eschapper la note d'une ambitieuse presomption de penser voir plus clair que les autres, et qu'il faut pour establir leurs opinions, renverser un estat, une police, une paix et repos public [39].

Je ne veux pas dire pour tout ce dessus qu'il faille absolument obeir à toutes loix, et à tous commandemens superieurs, car à ceux que l'on cognoist evidemment estre contre Dieu ou nature, il n'y faut pas obeir ny aussi rebeller et troubler l'estat : comment se faut gouverner en tels cas sera enseigné cy après, en l'obeissance deue au princes, car à la verité cet inconvenient et malheur se trouve plustost et plus souvent

---

quærere, extremæ dementiæ est : nisi forte quem inhonesta et perniciosa libido tenet, potentiæ paucorum decus atque libertatem suam gratificari. Sallust. Bell. Jugurth., cap. II, proœm.

[38] La fin de ce paragraphe est prise dans Montaigne, L. I, ch. XXI.

[39] Ce furent sans doute de pareilles considérations qui donnèrent lieu à cette loi fameuse de Charondas, selon laquelle tous ceux qui proposaient des innovations, devaient le faire la corde au cou, afin que s'ils ne parvenaient pas à convaincre de la nécessité d'abroger les anciennes lois, ils fussent étranglés sur le champ. *Voyez* Diodore de Sicile, L. XII, ch. XVII.

aux commandemens des princes qu'aux loix. Ce n'est encores assez de n'obeir aux loix et superieurs, à cause de leur valeur et merite, mais ny aussi servilement, craintivement, c'est a faire au commun et prophane: le sage ne fait rien par force ny crainte, *soli hoc sapienti contingit, ut nil faciat invitus, recta sequitur, gaudet officio* [40]. Il fait ce qu'il doibt et garde les loix, non pour crainte d'elles, mais pour l'amour de soy, estant jaloux de son debvoir, il n'a que faire des loix pour bien faire, c'est en quoi il differe du commun, qui ne peust bien faire et ne sait ce qu'il doibt sans loix, elles luy sont requises, *at justo et sapienti non est lex posita* [41]. Par droit le sage est par-dessus les loix, mais par effet externe et public, il est leur volontaire et libre subject, obeissant.

En troisiesme lieu, c'est le fait de legereté et presomption injurieuse, voire tesmoignage de faiblesse et insuffisance, de condamner ce qui n'est conforme à la loy et coustume de son pays. Cela vient de ne prendre pas le loisir, ou n'avoir pas la suffisance de considerer les raisons et fondemens des autres; c'est faire tort et honte à son jugement, dont il faut puis souvent se desdire, c'est ne se souvenir pas que la nature humai-

---

[40] Cicér. Paradox. V. — Le latin est traduit et développé dans le texte de Charron.

[41] « La loi n'a pas été faite pour l'homme juste, ni pour le sage ».

ne est capable de toutes choses. C'est laisser endormir et piper à la longue accoustumance, la veue de son esprit, et endurer que la prescription puisse *42 sur nostre jugement.

Finalement c'est l'office de l'esprit genereux et de l'homme sage (que je tasche de peindre icy) d'examiner toutes choses, considerer à part, et puis comparer ensemble toutes les loix et coustumes de l'univers qui luy viennent en cognoissance, et les juger (non pour par là reigler l'obeissance comme a esté dict, mais pour exercer son office, puisqu'il a l'esprit pour cela), de bonne foy et sans passion, au niveau de la verité, de la raison et nature universelle, à qui nous sommes premierement obligés, sans le flatter et tacher son jugement de faulseté, et se contenter de rendre l'observance et obeissance à celles auxquelles nous sommes secondement et particulierement obligés, et ainsi aucun n'aura de quoy se plaindre de nous. Il adviendra quelques fois que nous ferons par une seconde particulière et municipale obligation (obeissant aux loix et coustumes du pays) ce qui est contre la premiere et plus ancienne, c'est à dire, la nature et raison universelle : mais nous luy satisfaisons tenant nostre jugement et nos opinions sainctes et justes selon elle. Car aussi nous n'avons rien nostre, et de quoy nous puissions librement disposer que de cela,

---

*42 Ait pouvoir, exerce un droit.

le monde n'a que faire de nos pensées, mais le dehors est engagé au public, et luy en devons rendre compte [43] : ainsi souvent nous ferons justement ce que justement nous n'approuvons pas : il n'y a remède, le monde est ainsi fait.

Après ces deux maistresses, loy et coustume, vient la troisiesme, qui n'a pas moins d'authorité et puissance, à l'endroit de plusieurs, voire est encore plus rude et tyrannique à ceux qui s'y asservissent par trop. C'est la ceremonie du monde, qui, à vray dire, pour la plupart n'est que vanité; mais qui tient tel rang et usurpe telle authorité par la lascheté et corruption contagieuse du monde, que plusieurs pensent que la sagesse consiste à la garder et observer, et s'en rendent volontaires esclaves : tellement que pour ne la heurter, ils prejudicient à leur santé, commodité, affaires, liberté, conscience, qui est une très grande folie : c'est le mal et malheur de plusieurs courtisans, idolastres de la ceremonie. Or je veux que mon sage se garde bien de cette captivité; je ne veux pas que lourdement ou laschement il blesse la ceremonie, car il faut condonner quelque chose au monde, et tant que faire se peust au dehors se conformer à ce qui se praticque; mais je veux qu'il ne s'y oblige et ne s'y asservisse point, ains que d'une galante et genereuse

---

[43] Tout ce commencement de phrase est pris dans Montaigne, L. I, ch. XXII.

hardiesse, il sçache bien s'en deffaire quand il voudra et faudra, et de telle façon qu'il donne à cognoistre à tous que ce n'est lascheté ou delicatesse, ny ignorance ou mesgarde, mais c'est qu'il ne l'estime pas plus qu'il ne faut, et qu'il ne veust laisser corrompre son jugement et sa volonté à telle vanité, et qu'il se preste au monde quand il veust, mais qu'il ne s'y donne jamais.

CHAPITRE IX.

Se bien comporter avec autruy.

Sommaire. — L'esprit de justice nous apprend à bien vivre avec tout le monde. Pour y réussir, il faut d'abord, dans le monde en général, savoir se plier au goût, aux humeurs des autres; ne point se formaliser des sottises, indiscrétions, etc., de ceux qui parlent; ne point montrer de suffisance et de vanité; ne point disputer avec aigreur; ne manifester qu'une curiosité décente; juger de tout sainement; enfin ne point parler magistralement, ni avec affirmation. Il faut, ensuite, dans les liaisons plus intimes, dans les sociétés particulières, conférer de préférence avec les plus doctes et les plus sensés, (avec les esprits bas et faibles l'ame s'abâtardit); ne point se blesser des opinions d'autrui, quelque étranges qu'elles paraissent (cependant on peut présenter ses idées avec courage et fermeté); être toujours de bonne foi, et reconnaître la vérité lorsqu'elle se fait voir; dans la discussion, n'employer que les moyens que l'on juge les meilleurs, et cela sans ostentation et surtout sans diffusion.

ni lenteur; ne point disputer avec les sots, ce serait peine inutile; enfin prendre garde que la discussion ne dégénère en dispute.

Exemples : Caton; les Romains.

CETTE matiere appartient à la vertu de justice qui apprend à vivre bien avec tous, et rendre à un chascun ce qui luy appartient, laquelle sera traictée au livre suyvant, où seront baillés les advis particuliers et divers selon les diverses personnes : icy les generaux seulement, suyvant le dessein et subject de ce livre.

Il y a icy double consideration (et par ainsi deux parties en ce chapitre) selon qu'il y a deux manieres de converser avec le monde; l'une simple, generale et commune, le commerce ordinaire du monde, auquel le temps, les affaires, les voyages, et rencontres journellement nous menent, et mettent et changent avec gens cognus, incognus, estrangers, sans nostre choix ou application de volonté : l'autre speciale, est en compagnie affectée, et accointance ou recherchée et choisie, ou qui s'estant presentée a esté embrassée, et ce pour le proffit ou plaisir spirituel ou corporel, en laquelle y a de la conference, communication, privauté et familiarité : chascune aura ses advis à part. Mais avant qu'y entrer pour preface, je veux donner un advis general, et fondamental de tous les autres.

C'est un vice grand (duquel se doit garder et garantir nostre sage) et un deffaut importun à soy et à autruy, que d'estre attaché et subject à certaines hûmeurs et complexions, à un seul train; c'est estre esclave de soy mesme d'estre si prins à ses propres inclinations qu'on ne les puisse tordre et ceder, tesmoignage d'ame chagrine et mal née, trop amoureuse de soy, et partiale. Ces gens ont beaucoup à endurer et contester; au rebours c'est une grande suffisance et sagesse de s'accommoder à tout,

<small>Istud est sapere, qui ubicumque opus sit, animum possis flectere [1],</small>

d'estre soupple et maniable, sçavoir tantost se monter et bander, tantost se ravaler et relascher quand il faut. Les plus belles ames et mieux nées sont les plus universelles, les plus communes, applicables à tous sens, communicatives et ouvertes à toutes gens. C'est une très belle qualité qui ressemble et imite la bonté de Dieu, c'est l'honorable que l'on rend au vieil Caton, *huic versatile ingenium, sic pariter ad omnia fuit, ut natum ad id unum diceres, quodcunque ageret* [2].

Voyons les advis de la première consideration, de la simple et commune conversation; j'en mettrai icy

---

[1] « C'est être sage que de savoir plier, toutes les fois que cela est nécessaire ». Terent. *in Hecyra*, act. IV, Sc. III, vers 2.

[2] «. Qui avait un esprit flexible, et qui était si propre à tout, qu'on l'aurait cru uniquement né pour la chose qu'il faisait, quelle qu'elle fût ». Tit-Liv., L. XXXIX, ch. XL.

quelques uns, dont le premier sera de garder silence et modestie.

Le second de ne se formaliser point des sottises, indiscretions, et legeretés qui se feront ou commettront en presence ; car c'est importunité de choquer tout ce qui n'est de nostre goust.

Le troisiesme espargner et mesnager ce que l'on sçait, et la suffisance que l'on a acquise, et estre plus volontaire à ouyr qu'à parler, à apprendre qu'à enseigner ; car c'est vice d'estre plus prompt à se faire cognoistre, parler de soy, et se produire, que prendre la cognoissance d'autruy : et d'emploiter *3 sa marchandise, qu'en aquerir de nouvelles.

Le quatriesme de n'entrer en discours, en contestation contre tous, non contre les plus grands et respectables, ny contre ceux qui sont au dessous, et non de pareille luicte.

Le cinquiesme, avoir une douce et honneste curiosité de s'enquerir de toutes choses, et les sçachant les mesnager, et faire son proffit de tout.

Le sixiesme et principal est d'employer en toutes choses son jugement, qui est la piece maistresse qui agit, domine, et faict tout ; sans l'entendement toutes autres choses sont aveugles, sourdes et sans ame, c'est

---

*3 De débiter, vendre sa marchandise. — Cet exemple prouve que le glossaire de la langue romane a eu tort d'expliquer le mot *emploiter*, par *acheter*, et *emploite*, par *achat*.

le moindre de sçavoir l'histoire, il en faut juger. Mais cettuy-cy regarde soy, et nous l'accompagne.

Le septiesme est de ne parler jamais affirmativement, magistralement et imperieusement, avec opiniastreté et resolution; cela heurte et blesse tous. L'affirmation et opiniastreté sont signes ordinaires de bestise et ignorance : le style des anciens Romains portoit que les tesmoins desposans, et les juges ordonnans de ce qui estoit de leur propre et certaine science, exprimoient leur dire par ce mot, *il semble* (*ita videtur*), que doibvent faire tous autres. Il seroit bon d'apprendre à user des mots qui adoucissent et moderent la temerité de nos propositions, peut-estre, l'on dit, je pense, quelque, aucunement, il semble; et en respondant, je ne l'entends pas, qu'est-ce à dire, il pourroit estre, est-il vray. Je clorray cette première partie generale, en ce peu de mots : avoir le visage et la montre ouverte et agreable à tous, l'esprit et la pensée couverte et cachée à tous, la langue sobre et discrette; tousjours se tenir à soy et sur ses gardes, *frons aperta, lingua parca, mens clausa, nulli fidere* [4], voir et ouyr beaucoup, parler peu, juger tout, *vide, audi, judica* [5].

Venons à l'autre consideration et espece de conver-

---

[4] « Le front ouvert, la langue réservée, l'esprit discret, ne se fier à personne ».

[5] « Vois, écoute, juge ».

sation plus speciale, de laquelle voicy les advis : le premier est de chercher, conferer et se frotter avec gens plus fermes et plus habiles ; car l'esprit se roidit et fortifie, et se hausse au dessus de soy, comme avec les esprits bas et foibles, l'esprit s'abastardit et se perd : la contagion est en cecy, comme au corps, et encores plus.

Le second est ne s'estonner ou blesser des opinions d'autruy, car tant contraires au commun, tant estranges, tant frivoles ou extravagantes semblent-elles, si sont-elles sortables à l'esprit humain, qui est capable de produire toutes choses, et c'est foiblesse de s'en estonner.

Le tiers est de ne craindre, ny s'estonner des corrections, rudesse, et aigreurs de paroles, auxquelles il faut s'accoustumer et s'endurcir. Les galans hommes s'expriment courageusement : cette tendreur et douceur crainctive et ceremonieuse est pour les femmes ; il faut une societé et familiarité forte et virile, il faut estre masle, courageux, et à corriger, et à souffrir de l'estre. « C'est un plaisir fade d'avoir affaire à gens qui cedent, flattent et applaudissent[6] ».

Le quatriesme est de viser et tendre tousjours à la verité, la recognoistre, et luy ceder ingenuëment et alaigrement, de quelque part qu'elle sorte, usant tousjours et par-tout de bonne foy, et non comme

---

[6] Paroles de Montaigne, L. III, ch. VIII.

plusieurs, specialement les pedans, à tort ou à droict se deffendre et se deffaire de sa partie. C'est une plus belle victoire, se ranger bien à la raison, et se vaincre soy-mesme, que vaincre sa partie, à quoy ayde souvent sa foiblesse : parquoy arriere toute passion. Recognoistre sa faulte, confesser son doubte ou ignorance, ceder quand il faut, sont tours de jugement, de candeur et sincerité, qui sont les principales qualités d'un honneste et sage homme ; l'opiniastreté accuse l'homme de plusieurs vices et deffauts.

Le cinquiesme, en dispute ne faut employer tous les moyens que l'on peust avoir, mais bien les meilleurs, plus pertinens et pressans, et avec briefveté ; car mesme aux choses bonnes l'on peust trop dire. Ces longueurs, traisneries de propos, repetitions, tesmoignant une envie de parler, une ostentation, apportent ennuy à la compagnie.

Le sixiesme et principal est de garder par-tout la forme, l'ordre, la pertinence. O qu'il y a de peine de disputer et conferer avec un sot, inepte et impertinent ! C'est ce semble la seule juste excuse de rompre et quitter tout : car qu'y gaigneriez-vous que tourment, puis qu'avec luy vous ne pouvez bien aller ? Ne sentir pas l'opposition que l'on fait, se suivre soy-mesme, et ne respondre à la partie, s'arrester à un mot, à un incident, et laisser le principal, mesler et troubler la dispute, craindre tout, nier ou refuser tout, ne suivre point le fil droit, user de prefaces et digressions inutiles, crier et s'opiniastrer, s'arrester tout en une formule artiste, et ne voir rien au fonds, ce sont choses qui se praticquent ordinairement par les pedans et sophistes. Voicy comment se cognoist et se remarque la sagesse et pertinence, d'avec la sottise et impertinence; cette-cy est presomptueuse, temeraire, opiniastre, asseurée, celle-là ne se satisfait jamais bien, est craintive, retenue, modeste : celle-là se plaist, sort du combat gaye, glorieuse, comme ayant gaigné, avec un visage qui veust faire croire à la compagnie, qu'elle est victorieuse.

Le septiesme, s'il y a lieu de contradiction, il faut adviser qu'elle ne soit hardie, ny opiniastre, ny aigre. En ces trois cas, elle ne seroit bien venue, et feroit à son autheur plus de mal qu'à tout autre. Pour estre bien prinse de la compagnie, faut qu'elle naisse tout à l'heure, mesme du propos qui se traite, et non d'ailleurs, ny d'autre chose precedente : qu'elle ne touche point la personne, mais la chose seulement, avec quelque recommandation de la personne, s'il y eschet, et qu'elle soit doucement raisonnée.

CHAPITRE X.

Se conduire prudemment aux affaires.

SOMMAIRE. — Le plus sûr moyen de réussir dans les affaires, est : 1°. De bien connaître les personnes avec qui l'on traite, leur caractère, leur humeur, leur esprit; 2°. d'estimer les choses à leur véritable valeur; de les apprécier, non d'après les sentimens du vulgaire, mais d'après l'opinion des sages; 3°. de savoir bien choisir; et rien de plus difficile, car souvent on est obligé d'opter entre deux parties condamnables. Le plus sûr est de prendre le parti le plus honnête; 4°. de prendre conseil d'autrui, et lorsque ces conseils paraissent bons, de les suivre sans murmure et sans restriction; 5°. de n'avoir ni trop de confiance, ni trop de défiance. L'une rend négligent, et ne prévient pas en notre faveur ceux que nous voulons intéreser; l'autre ne nous permet pas d'user de tous nos moyens; 6°. de savoir saisir l'occasion, et conséquemment d'éviter la précipitation, et aussi l'indolence; 7°. d'employer quelquefois l'habileté, de prendre toujours pour guide la vertu, de compter, mais peu, sur la fortune. Il est inutile de mettre en compte la discrétion, la docilité : qui ignore que ces qualités sont nécessaires dans toutes les entreprises?

Exemples : Aristote; — Origène; — Marius.

CECY appartient proprement à la vertu de prudence, de laquelle sera traicté au commencement du livre suyvant, où seront touchés particulierement les conseils et advis divers, selon les diverses especes de prudence et occurrence des affaires. Mais je mettrai icy les poincts et chefs principaux de prudence, qui seront advis generaux et communs, pour instruire en gros nostre disciple à se bien et sagement conduire et porter au trafic et commerce du monde et au maniment de tous affaires, et sont huit.

Le premier consiste en intelligence, c'est de bien cognoistre les personnes avec qui l'on a affaire, leur naturel propre et particulier, leur humeur, leur esprit, leur inclination, leur dessein et intention, leur procedure : cognoistre aussi le naturel des affaires que l'on traicte, et qui se proposent, non seulement en leur superficie et apparence, mais penetrer au dedans ; non seulement voir et cognoistre les choses en soy, mais encores les accidens, les consequences, la suite. Pour ce faire il les faut regarder à tous visages, les considerer en tous sens : il y en a qui par un costé sont très specieuses et plausibles, et par un autre sont très vilaines et pernicieuses. Or il est certain que selon les divers naturels des personnes et des affaires, il faut changer de style et de façon de proceder, comme un nautonnier qui selon les divers endroits de la mer, la diversité des vents, conduict diversement les voiles et les avirons. Et qui voudroit par-tout se conduire et porter de mesme façon, gasteroit tout, et feroit le sot et ridicule. Or cette cognoissance double de personnes et d'affaires n'est pas chose fort facile, tant l'homme est desguisé et fardé ; l'on y parvient en les considerant attentivement et meurement, et les repassant souvent par la teste, et à diverses fois sans passion.

Il faut puis après apprendre à bien justement estimer

les choses, et leur donner le prix et le rang qui leur appartient, qui est le vray faict de prudence et suffisance. C'est un haut poinct de philosophie; mais pour y parvenir il se faut bien garder de passion, et de jugement populaire. Il y a six ou sept choses qui meuvent et menent les esprits populaires, et leur font estimer les choses à faulses enseignes, dont les sages se garderont, qui sont nouvelleté, rareté, estrangeté, difficulté, artifice, invention, absence, et privation ou desny, et sur-tout le bruict, la monstre et la parade. Ils n'estiment point les choses si elles ne sont relevées par art et science, si elles ne sont poinctues et enflées. Les simples, et naïfves, de quelque valeur qu'elles soient, on ne les apperçoit pas seulement; elles eschappent et coulent insensiblement, ou bien l'on les estime plattes, basses et niaises, grand tesmoignage de la vanité et faiblesse humaine qui se paye de vent, de fard, et de faulse monnoye au lieu de bonne et vraye. De là vient que l'on prefere l'art à la nature, l'acquis au naturel, le difficile et estudié à l'aysé; les boutées et secousses à la complexion et habitude; l'extraordinaire à l'ordinaire, l'ostentation et la pompe à la verité douce et secrette; l'autruy, l'estranger, l'emprunté au sien propre et naturel. Et quelle plus grande folie est-ce que tout cela? Or la reigle des sages est de ne se laisser coiffer et emporter à tout cela, mais de mesurer, juger et estimer les choses premierement par leur vraye, naturelle et essentielle valeur, qui est souvent interne et secrette, puis par l'utilité, le reste n'est que piperie. C'est bien chose difficile, estant ainsi toutes choses desguisées et sophistiquées : souvent les faulses et meschantes se rendent plus plausibles, que les vrayes et bonnes. Et dict Aristote qu'il y a plusieurs faulsetés qui sont plus probables et ont plus d'apparence que des verités [1]; mais comme elle est difficile, aussi est-elle excellente et divine : *si separaveris pretiosum à vili, quasi os meum eris* [2]; et necessaire avant toute œuvre ; *quàm necessarium pretia rebus imponere* [3], car pour neant entre l'on à sçavoir les preceptes et reigles de bien vivre, si premierement l'on ne sçait en quel rang l'on doibt tenir les choses, les richesses, la santé, la beauté, la noblesse, la science, etc. et leurs contraires. C'est une haute et belle science que de la presseance et preeminence des choses ; mais bien difficile, principalement quand plusieurs se presentent ensemble, car la pluralité empesche ; et en cecy l'on n'est jamais tous d'accord. Les gousts et les jugemens particuliers

---

[1] Je trouve dans Quintilien une pensée semblable à celle d'Aristote. *Sunt plurima vera quidem, sed parùm credibilia; sicut falsa quoque frequenter verisimilia.* L. IV, chap. II.

[2] « Si vous savez séparer ce qui est précieux de ce qui est vil, vous serez alors comme *un oracle* de ma bouche ». Jérémie, ch. XV, v. 19.

[3] « Qu'il est nécessaire de savoir mettre aux choses leur véritable prix ». Sénèque, ép. LXVI.

sont fort divers, et très utilement, afin que tous ne courent ensemble à mesme, et ne s'entrempeschent. Par exemple prenons ces huit principaux chefs de tous biens spirituels et corporels, quatre de chascune sorte, sçavoir, preud'hommie, santé, sagesse, beauté, habilité, noblesse, science, richesse. Nous prenons icy ces mots selon le sens et usage commun, sagesse pour une prudente et discrette maniere de vivre et se comporter avec tous et envers tous; habilité pour suffisance aux affaires; science pour cognoissance des choses acquises des livres : les autres sont assez clairs. Or sur l'arrangement de ces huit, combien d'opinions diverses ? J'ai dit la mienne ; je les ay meslés et tellement entrelassés ensemble, qu'après et auprès un spirituel il y en a un corporel, qui luy respond, affin d'accoupler l'esprit et le corps : la santé est au corps ce que la preud'hommie est en l'esprit : c'est la preud'hommie du corps, la santé de l'ame :

... Mens sana in corpore sano [4] :

la beauté est comme la sagesse, la mesure, proportion et bienseance du corps, et la sagesse beauté spirituelle : la noblesse est une grande habitude et disposition à la vertu : les sciences sont les richesses de l'esprit. D'autres arrangeront ces pièces tout autre-

---

[4] « Un esprit sain dans un corps sain ». Juvénal, sat. X, v. 356.

ment : qui mettra tous les spirituels avant que venir au premier corporel, et le moindre de l'esprit au dessus du meilleur du corps ; et qui à part et ensemble les arrangera autrement : chascun abonde en son sens.

Après, et de cette suffisance et partie de prudence de sçavoir bien estimer les choses, vient et naist cette autre, qui est de sçavoir bien choisir; où se monstre aussi souvent, non-seulement la conscience, mais aussi la suffisance et prudence. Il y a des choix bien aysés, comme d'une difficulté et d'un vice, de l'honneste et de l'utile, du debvoir et du proffit : car la preeminence de l'un est si grande au dessus de l'autre, que quand ils viennent à se choquer, le champ doibt tousjours demeurer à l'honneste, sauf peut-estre quelque exception bien rare et avec grande circonspection, et aux affaires publiques seulement, comme sera dict après en la vertu de prudence : mais il y a des choix quelques fois bien fascheux et bien rudes, comme quand l'on est enfermé entre deux vices, ainsi que fust le docteur Origene d'idolatrer, ou se laisser jouir charnellement à un grand vilain Ethiopien. La reigle est bien tousjours que se trouvant en incertitude et perplexité au choix des choses non mauvaises, il se faut jeter au party où il y a plus d'honnesteté et de justice. Car encores qu'il en mesadvienne, si donnera-t-il toujours une gratification et gloire d'avoir choisi le meilleur, outre que l'on ne sçait, quand l'on eust prins le party contraire, ce qui fust advenu, et si l'on eust eschappé son destin : quand on doubte quel est le meilleur et le plus court chemin, il faut tenir le plus droit. Et aux mauvaises (desquelles il n'y a jamais choix) il faut eviter le plus vilain et injuste [5] : cette reigle est de conscience, et appartient à la preud'hommie. Mais savoir quel est le plus honneste, juste et utile, quel plus deshonneste, plus injuste et moins utile, il est souvent très difficile, et appartient à la prudence et suffisance. Il semble qu'en tels destroits, le plus seur et meilleur est de suyvre la nature, et juger celuy-là le plus juste et honneste, qui approche plus de la nature, celuy plus injuste et deshonneste qui est le plus esloigné de la nature. Aussi avons-nous dit que l'on doibt estre homme de bien par le ressort de la nature. Avant que sortir de ce propos, du choix et election des choses, vuidons en deux petits mots cette question. D'où vient en nostre ame le choix de deux choses indifferentes et toutes pareilles? Les Stoïciens disent que c'est un maniement de l'ame extraordinaire, desreiglé, estranger et temeraire : mais l'on peust dire que jamais deux choses ne se presentent à nous, où n'y aye quelque difference pour legere qu'elle soit ; et qu'il y a tousjours quelque chose en l'une qui nous touche et pousse au choix, encores que ce soit imperceptiblement, et que ne le puissions exprimer. Qui seroit egalement ba-

---

[5] C'est à quoi revient ce mot ancien : *minima de malis.*

lancé entre deux envies, jamais ne choisiroit, car tout choix et inclination porte inegalité ⁶.

Un autre precepte en cette matiere est de prendre advis et conseil d'autruy; car se croire et se fier en soy seul est très dangereux. Or icy sont requis deux advertissemens de prudence : l'un est au choix de ceux à qui l'on se doibt addresser pour avoir conseil ; car il y en a de qui plustost il se faut cacher et garder. Ils doibvent estre premierement gens de bien et fideles (c'est icy mesme chose), puis bien sensés et advisés, sages, experimentés. Ce sont les deux qualités de bons conseillers, preud'hommie et suffisance, l'on peust adjouster un troisiesme, qu'ils n'ayent ny leurs proches et intimes, aucun particulier interest en l'affaire ; car encores que l'on puisse dire que cela ne les empeschera de bien conseiller, estant, comme dict est, preud'hommes; je pourray repliquer qu'outre que cette tant grande, forte et philosophique preud'hommie, qui n'est touchée de son propre interest, est bien rare ; encore est-ce grande imprudence de les mettre en cette peine et anxiété, et comme le doigt entre deux pierres. L'autre advertissement est de bien ouïr et recevoir les conseils, les prenant d'heure *⁷ sans attendre l'extremité, avec jugement et douceur, aymant qu'on dise librement et franchement la

---

⁶ Ceci est pris de Montaigne, L. II, ch. XIV.
*⁷ A tems, à propos, à l'heure convenable.

verité. L'ayant suivy comme bon, venant de bonne main et amis, ne s'en faut point repentir, encores qu'il ne succede ainsi que l'on avoit esperé. Souvent des bons conseils en arrivent de mauvais effets; mais le sage se doibt plustost contenter d'avoir suivy un bon conseil qui aura eu un mauvais effet, qu'un mauvais conseil suivy d'un bon effet, comme Marius : *sic correcta Marii temeritas gloriam ex culpâ invenit* [8], et ne faire comme les sots qui, après avoir meurement deliberé et choisi, pensent après avoir prins le pire, parce qu'ils ne poisent plus que les raisons de l'opinion contraire, sans y apporter le contrepoids de celles qui l'ont induit à cela. Cecy est bien dit briefvement pour ceux qui cherchent conseil : pour ceux qui le donnent, sera parlé en la vertu de prudence [9], de laquelle le conseil est une grande et suffisante partie.

Le cinquiesme advis que je donne icy à se bien conduire aux affaires, est un temperament et mediocrité entre une trop grande fiance et deffiance, crainte et asseurance : trop se fier et asseurer souvent nuist, et deffier offense : il se faut bien garder de faire demonstration aucune de deffiance, quand bien elle y seroit et justement. Car c'est desplaire, voire offenser et donner occasion de nous estre contraire. Mais aussi

---

[8] « Ainsi la témérité de Marius, ayant été réparée, il retira de la gloire de sa faute même ». Sallust. *Bellum Jugurth.* Cap. XCIV.

[9] Dans le livre III, chap. II.

ne faut-il user d'une si grande, lasche et molle fiance *¹⁰, si ce n'est à ses bien assurés amis. Il faut tousjours tenir la bride à la main, non la lascher trop, ou tenir trop roide. Il ne faut jamais dire tout, mais que ce que l'on dit soit vray : il ne faut jamais tromper ny affiner, mais bien se faut-il garder de l'estre : il faut temperer et marier l'innocence et simplicité colombine *¹¹, en n'offensant personne, avec la prudence et astuce serpentine *¹² ; en se tenant sur ses gardes, et se preservant des finesses, trahisons et embusches d'autruy. La finesse à la defensive est autant louable comme deshonneste à l'offensive ; il ne faut donc jamais tant s'advancer et s'engager, que l'on n'aye moyen, quand l'on voudra et faudra se retirer et se r'avoir, sans grand dommage et regret. Il ne faut jamais abandonner le manche, ne jamais tant desestimer autruy, et s'assurer de soy que l'on en vienne à une presomption et nonchalance des affaires, comme ceux qui pensent que personne ne voit si clair qu'eux, ou que tout plie soubs eux, et qu'on n'oseroit penser à leur desplaire, et par-là viennent à se relascher et mespriser le soin, et enfin sont affinés, surprins et bien mocqués.

Un autre advis et bien important, est de prendre toutes choses en leur temps et saison, et bien à pro-

---

*¹⁰ Confiance.

*¹¹ Des colombes.

*¹² Des serpens.

pos. Et pource, il faut sur-tout eviter precipitation ennemie de sagesse, marastre de toute bonne action, vice fort à craindre aux gents jeunes et bouillans. C'est à la verité un tour de maistre et bien habile homme de sçavoir bien prendre les choses à leur poinct, bien mesnager les occasions et commodités, se prevaloir du temps et des moyens. Toutes choses ont leur saison et mesme les bonnes, que l'on peust faire hors de propos. Or la hastiveté et precipitation est bien contraire à cecy, laquelle trouble, confond et gaste tout [13] : *canis festinans cœcos facit catulos* [14]. Elle vient ordinairement de passion qui nous emporte, *nam qui cupit festinat : qui festinat evertit* [15] : — *unde festinatio improvida et cæca* [16] : — *duo adversissima rectæ menti celeritas et ira* [17] : et assez souvent aussi d'insuffisance. Le vice contraire, lascheté, paresse, nonchalance, qui semble aucunes fois avoir quelque air de maturité et

---

[13] Voyez Hérodote, L. VII.

[14] « Le chien, en se hâtant, fait des chiens aveugles ». Je ne sais de qui est la phrase latine dont je donne ici une traduction littérale. Il n'est pas difficile de deviner ce qu'elle signifie. Je soupçonne qu'elle rappelle l'opinion erronée, que le chien qui se hâte trop (dans certain acte), risque de faire des petits difformes.

[15] « On se hâte, lorsqu'on désire ; mais en se hâtant, on renverse ». Just. Lips., *Politiq.* L. III.

[16] « C'est ainsi que la précipitation est imprévoyante et aveugle ». Tit. Liv. L. XXII, cap v.

[17] « Il y a deux choses qui nuisent à la droiture du jugement : la trop grande vivacité, la colère ». Thucyd. L. III.

de sagesse, est aussi pernicieux et dangereux, principalement en l'exécution. Car l'on dit qu'il est permis d'estre en la deliberation et consultation poisant et long, mais non en l'execution, dont les sages disent qu'il faut consulter lentement, executer promptement, deliberer à loysir et vistement accomplir [18]. Il s'est bien veu quelques fois le contraire, que l'on a esté heureux à l'evenement, encores que l'on aye esté soudain et temeraire en la deliberation, *subiti consilii eventus felices* [19]; mais c'est rarement et par coup d'adventure, à quoy ne se faut pas reigler, et se bien reigler, et se bien garder que l'envie ne nous en prenne : car le plus souvent une longue et inutile repentance est le salaire de leur course et hastiveté. Voicy donc deux escueils et extremités qu'il faut pareillement eviter; car c'est aussi grande faute de prendre l'occasion trop verte et trop crue, que la laisser trop meurir et passer : le premier se fait volontiers par les jeunes, prompts et bouillans, qui, à faute de patience, ne donnent pas le loisir au temps et au ciel de faire rien pour eux, ils courent et ne prennent rien : le second par les stupides, lasches et trop lourds. Pour cognoistre l'occasion et l'empoigner, il faut avoir l'esprit fort et esveillé, et aussi patient : il faut prevoir l'occasion, la guetter,

---

[18] C'est Démosthène qui le dit. Voy. *Philipp.* I. Aristote le répète dans l'éthic. *Nicom.* L. VI, cap. IX.

[19] « On réussit souvent pour avoir pris subitement un parti ».

l'attendre, la voir venir, s'y preparer, et puis l'empoigner au poinct qu'il faut.

Le septiesme advis sera de se bien porter et conduire avec les deux maistres et sur-intendans des affaires du monde, qui sont l'industrie ou vertu et la fortune. C'est une vieille question, laquelle des deux a plus de credit, de force et d'authorité : car certes toutes deux en ont, et est trop clairement faux que l'une seule fasse tout et l'autre rien. Il seroit peut-estre bien à desirer qu'il fust vray, et que une seule eust tout l'empire, les affaires en iroient mieux, l'on seroit du tout regardant et attentif à celle-là, et seroit facile ; la difficulté est à les joindre, et entendre à toutes deux. Ordinairement ceux qui s'arrestent à l'une mesprisent l'autre ; les jeunes et hardis regardent et se fient à la fortune, en esperant bien : et souvent par eux elle opere de grandes choses, et semble qu'elle leur porte faveur : les vieils et tardifs sont à l'industrie ; ceux cy ont plus de raison. S'il les faut comparer et choisir l'un des deux, celuy de l'industrie est plus honneste, plus seur, plus glorieux ; car quand bien la fortune luy sera contraire, et rendra toute l'industrie et diligence vaine, si est ce que ce contentement demeure, qu'on n'a point chaumé, on s'est trouvé *in officio*, on s'est porté en gens de cueur. Ceux qui suyvent l'autre party sont en danger d'attendre en vain, et quand bien il succederoit à souhait, si n'y a-t-il pas tant d'honneur et gloire. Or l'advis de sagesse porte de ne s'arrester pas du tout, et tant à l'une, que l'on mesprise et l'on exclue l'autre ; car toutes deux y ont bonne part, voire souvent se prestent la main, et s'entendent mutuellement. Il faut donc se comporter avec toutes deux, mais inegalement, car l'advantage et preeminence doibt estre donné, comme dict est, à la vertu et industrie, *virtute duce, comite fortunâ*[20].

Encores est requis cet advis de garder discretion, qui assaisonne et donne bon goust à toutes choses, ce n'est pas une qualité particuliere, mais commune, qui se mesle par-tout. L'indiscretion gaste tout et oste la grace aux meilleurs ; soit-il à bien faire à autruy ; car toutes gratifications ne sont pas bien faites à toutes gens ; à s'excuser, car excuses inconsiderées servent d'accusation ; à faire l'honneste et le courtois, car l'on peust exceder et degenerer en rusticité, soit à n'offrir ou à n'accepter.

---

[20] « Ayant la vertu pour guide, la fortune pour compagne ». Cicer. L. X, III *Epist. ad famil.*

CHAPITRE XI.

Se tenir tousjours prest à la mort, fruict de sagesse.

SOMMAIRE. — Le jour de la mort est le juge de tous les autres jours de la vie. C'est alors qu'on recueille le grand fruit de ses études. Une belle mort jette de l'éclat sur tout le cours de la vie. On ne peut juger d'un drame qu'au dernier acte. — Il faut donc apprendre à mourir. Craindre la mort est le plus grand malheur; il faut l'attendre comme une chose naturelle, inévitable. Elle n'est un mal que dans l'opinion du vulgaire. Pense-t-il mieux que les sages, qui nous disent que c'est le moment où nous sortons d'esclavage. — Un mauvais remède contre la crainte de la mort, c'est d'éviter d'y penser, de n'en jamais parler. Il faut bien mieux s'accoutumer à la voir de près, se familiariser avec elle. Mais il paraît dur de mourir jeune. C'est, au contraire, une faveur du ciel, qu'une mort prématurée. Une vertu insigne accompagne rarement une longue vie. D'ailleurs, il faut peu de tems pour apprécier le monde. Un jour ressemble à tous les autres. Plus on goûte de plaisirs, moins on y est sensible. Si l'on pouvait rendre la vie aux morts, ils refuseraient tous de la reprendre. — C'est peu de ne pas craindre la mort, il faut la mépriser. Qui méprise la mort, jouit d'un véritable empire dans ce monde. Il est maître de sa vie et de celle d'autrui, ce qui peut, il est vrai, entraîner quelquefois de funestes résultats. — Mais est-il permis de désirer la mort, ou de se la donner? Il semblerait qu'on dût être libre de fuir la douleur ou l'ennui : c'est quelquefois, non seulement courage, mais vertu, comme le prouvent nombre d'exemples, tant anciens que récens. A cela, on peut objecter que c'est se soustraire aux obligations que nous impose la Providence; c'est déserter le poste où elle nous a placés. C'est donc plutôt lâcheté, que courage; c'est, de plus, mal raisonner. Les malheurs qui font désirer de mettre un terme à la vie, n'auraient pas été eux-mêmes sans terme; le tems, la fortune changent sans cesse la position des hommes. Il fallait donc attendre. — Au reste, il y a de la faiblesse et de la vaillance également dans ceux qui se donnent la mort, et dans ceux qui cherchent à la retarder. Tout ce qu'il faut, c'est de s'y préparer. — Il est divers genres de morts. La plus courte est la meilleure ; une mort tranquille est aussi très-désirable. Il ne faut donc point se laisser entourer, à ses derniers momens, d'amis, de parens qui vous attristent de leurs regrets, ou vrais ou feints. Le sage ne doit pas souhaiter plus d'affliction dans ceux qui vont lui fermer les yeux, qu'il ne doit en montrer en se séparant d'eux.

Exemples : Épaminondas ; Labérius ; Solon et Crésus ; Chiron ; — Les Égyptiens ; les Chrétiens ; Lycurgue ; David ; Elvidius Priscus ; — Les Lacédémoniens et Philippe, père d'Alexandre ; Héliogabale ; Lucius-Domitius ; César ; Socrates ; Pomponius Atticus, et Tullius Marcellinus ; Cléanthes le philosophe ; Othon et Caton ; les Lacédémoniens et Antipater ; Razicas ; S^{te}.-Pélagie et S^{te}.-Sophronie ; — Capoue ; Astapa ; Numance ; Abydos ; une ville des Indes ; Marseilles ; l'île de Céa ; — L'historien Josephe ; Platon ; Scipion ; Régulus ; Caton ; les femmes de Pœtus, de Scaurus, de Labeo, de Fulvius, de Sénèque ; — Caton, Gravius, Silvanius et Statius Proximus ; Spargapisès ; Bogès ; Nerva ; Vibius Virius ; Jubellius ; Brutus et Cassius ; Cléomènes.

LE jour de la mort est le maistre jour [1], et juge de tous les autres jours, auquel se doibvent touscher et esprouver toutes les actions de nostre vie. Lors se faict le grand essay, et se recueille le grand fruict de tous nos estudes. Pour juger de la vie, il faut regarder

---

[1] Ceci, ainsi que plusieurs pensées de ce paragraphe, est pris dans Montaigne, L. I, chap. XVIII.

comment s'en est porté le bout, car la fin couronne l'œuvre ², et la bonne mort honore toute la vie, la mauvaise diffame : l'on ne peust bien juger de quelqu'un sans luy faire tort, que l'on ne luy aye veu jouer le dernier acte de sa comedie, qui est sans doute le plus difficile. Epaminondas le premier de la Grece, enquis lequel il estimait plus de trois hommes, de luy, Chabrias, et Iphicrates, respondit : il nous faut voir premierement mourir tous trois avant en resoudre ³ : la raison est qu'en tout le reste il y peust avoir du masque, mais à ce dernier roollet, il n'y a que feindre,

> Nam veræ voces tum demum pectore ab imo
> Ejiciuntur, et eripitur persona, manet res ⁴.

D'ailleurs, la fortune semble nous guetter à ce dernier jour comme à poinct nommé, pour monstrer sa puissance, et renverser en un moment ce que nous avons basti et amassé en plusieurs années, et nous fait crier avec Laberius,

> Nimirum hâc die unâ plus vixi mihi, quam vivendum fuit ⁵;

---

² C'est ce que dit Pline : *Alius de alio judicat dies, et tamen supremus de omnibus.*—Natur. Hist. L. VII, cap. XL.

³ Plutarque : *Dits notables des rois, princes*, etc.

⁴ « C'est alors que des discours sincères sortent du fond du cœur.

Le masque tombe, et l'homme reste ».

LUCRET. L. III, v. 57.

⁵ « J'ai vécu un jour de plus que je n'aurais dû vivre ». Macrob. L. II, cap. VII.

et ainsi a esté bien et sagement dict par Solon à Cresus,

... Ante obitum nemo beatus[6].

C'est chose excellente que d'apprendre à mourir, c'est l'estude de sagesse qui se resoult toute à ce but : il n'a pas mal employé sa vie, qui a apprins à bien mourir, il l'a perdue qui ne la sçait bien achever, *malè vivet quisquis nesciet benè mori : non frustrà nascitur qui benè moritur : nec inutiliter vixit, qui feliciter desiit : mori totâ vitâ discendum est, et præcipuum ex vitæ officiis est* [7]. Il ne peust bien agir qui ne vise au but et au blanc : il ne peust bien vivre qui ne regarde à la mort; bref la science de mourir, c'est la science de liberté, de ne craindre rien, de bien doucement et paisiblement vivre : sans elle n'y a aucun plaisir à vivre, non plus qu'à jouyr d'une chose que l'on craint tousjours de perdre.

Premièrement et sur-tout il faut s'efforcer que nos vices meurent devant nous [8]; secondement se tenir tout prest. O la belle chose ! pouvoir achever sa vie

---

[6] « Personne avant la mort, ne peut se dire heureux ». Ovid. Metam. L. III, Fab. II, v. 57.

[7] « Il aura mal vécu quiconque n'aura pas appris à bien mourir. — Ce n'est pas envain qu'il est né, celui qui meurt bien. — Et il n'a pas inutilement vécu, celui dont la mort est heureuse. Il faut apprendre à mourir, toute la vie; c'est le plus important des devoirs ». Sénèque, *de Tranq. animi*, cap. XI; — *de Brevit. vitæ*, cap. VII; — Epist. LXXVII.

[8] Ceci est pris de Sénèque; Epist. XXVII.

avant sa mort, tellement qu'il n'y aye plus rien à faire qu'à mourir; que l'on n'aye plus besoin de rien, ni du temps, ni de soy-mesme, mais tout saoul et content que l'on s'en aille disant tout doux :

Vixi, et quem dederat cursum fortuna peregi [9] ;

tiercement que ce soit volontairement, car bien mourir c'est volontiers mourir [10].

Il semble que l'on se peust porter à l'endroit de la mort en cinq manieres : la craindre et fuir comme un très grand mal, l'attendre doucement et patiemment comme chose naturelle, inevitable, raisonnable; la mespriser comme chose indifferente et qui n'importe de beaucoup; la desirer, demander, chercher, comme le port unique des tourmens de cette vie, voire un très grand gain, se la donner soy-mesme. De ces cinq les trois du milieu sont bonnes, d'ame bonne et rassise, bien que diversement et differente condition de vie ; les deux extremes vicieux et de foiblesse, bien que soit à divers visages : de chascune nous parlerons.

La premiere n'est approuvée de personne d'entendement, bien qu'elle soit pratiquée par la plus part, tesmoignage de grande foiblesse. Contre ceux-là et pour consolation contre la mort sienne advenir, ou celle d'autruy, voicy de quoy. Il n'y a chose que les hu-

---

[9] « J'ai vécu, j'ai parcouru la carrière que le sort m'avait donné de parcourir ». Virgil. Æneid. L. IV, v. 653.

[10] *Bene autem mori, est libenter mori.* Senec. Epist. LXI.

mains craignent tant et ayent en horreur que la mort : toutesfois il n'y a chose où y aye moins d'occasion et de subjet de craindre, et au contraire il y aye tant de raisons pour l'accepter et se resouldre : dont il faut dire que c'est une pure opinion et erreur populaire, qui a ainsi gaigné tout le monde. Nous nous en fions au vulgaire inconsideré, qui nous dit que c'est un très grand mal, et en mescroyons la sagesse qui nous enseigne que c'est l'affranchissement de tous maux, et le port de la vie [11]. Jamais la mort presente ne fit mal à personne, et aucun de ceux qui l'ont essayé et sçavent que c'est, ne s'en est plaint : et si la mort est dicte estre mal, c'est donc de tous les maux le seul qui ne fait point de mal; c'est l'imagination seule d'elle absente qui fait cette peur. Ce n'est donc qu'opinion, non de verité, et c'est vrayement où l'opinion se bande plus contre la raison, et nous la veust effacer avec le masque de la mort : il n'y peust avoir raison aucune de la craindre, car l'on ne sçait que c'est. Pourquoy et comment craindra-t-on ce qu'on ne sçait que c'est? Dont disoit bien le plus sage de tous [12], que craindre la mort c'estoit faire l'entendu et le suffisant, c'estoit feindre sçavoir ce que personne ne

---

[11] Cette phrase est de Du Vair, Philosophie morale des Stoïques, p. 896.

[12] Socrate. Voyez son Apologie dans Platon. Tout ce que Charron rapporte jusqu'à la fin du paragraphe, en est tiré.

sçait : et pratiqua ce sien dire en soy-mesme; car sollicité par ses amis de plaider devant ses juges pour sa justification, et pour sauver sa vie, voicy la harangue qu'il leur fit. Messieurs, si je vous prie de ne me faire point mourir, j'ai peur de m'enferrer et parler à mon dommage, car je ne sçay que c'est de mourir, ny quel il fait : ceux qui craignent la mort, presupposent la cognoistre : quant à moy je ne sçay quelle elle est, ny ce que l'on fait en l'autre monde ; à l'adventure la mort est chose indifferente, à l'adventure chose bonne et desirable. Les choses que je sçay estre mauvaises, comme offenser son prochain, je les fuis; celles que je ne cognois point du tout, comme la mort, je ne les puis craindre. Parquoy je m'en remets à vous. Car je ne puis sçavoir quel est plus expedient pour moi, mourir ou ne mourir pas, par ainsi vous en ordonnerez comme il vous plaira.

Tant se tourmenter de la mort, c'est premierement grande foiblesse et couardise : il n'y a femmelette qui ne s'appaise dans peu de jours de la mort la plus douloureuse qui soit, de mary, d'enfant; pourquoy, la raison, la sagesse, ne fera-t-elle en une heure voire tant promptement (comme nous en avons mille exemples), ce que le temps obtiendra d'un sot et d'un foible [13]? Que sert à l'homme la sagesse, la fermeté, si elle ne haste le pas, et ne fait plus et plustost que

---

[13] Sen., ep. XXXVI, *in fine.*

le sot et le foible? C'est de cette foiblesse que la plus part des hommes mourans ne peuvent du tout se resouldre que ce soit leur derniere heure, et n'est endroit où la piperie de l'esperance amuse plus; cela advient aussi peut-estre de ce que nous estimons grande chose nostre mort, et nous semble que l'université des choses a interest de compatir à nostre fin, tant fort nous nous estimons [14].

Et puis tu te monstres injuste, car si la mort est bonne chose, comme elle est, pourquoy la crains-tu? Si c'est une mauvaise chose, pourquoy l'empires-tu, et ajoustes mal sur mal, à la mort encores de la douleur? comme celuy qui spolié d'une partie de ses biens par l'ennemy, jette le reste en la mer, pour dire qu'en cette façon il regrette qu'il a esté devalisé.

Finalement craindre la mort c'est estre ennemy de soy et de sa vie; car celuy ne peust vivre à son ayse et content, qui craint de mourir. Celuy-là vit vrayement libre, qui ne craint point la mort : au contraire le vivre est servir, si la liberté de mourir en est à dire [15]. La mort est le seul appuy de nostre liberté, commune et prompte recepte à tous maux : c'est donc estre bien miserable (et ainsi le sont presque tous)

---

[14] Voyez Montaigne, L. II, chap. XIII. On y trouve presque les mêmes mots.

[15] *Vita, si moriendi virtus abest, servitus est.* Senec. epist. 77. Dans toute cette épitre, Sénèque parle beaucoup du mépris de la mort.

qui troublent la vie par le soin et crainte de la mort, et la mort par le soin de la vie.

Mais je vous prie, quelles plaintes et murmures y auroit-il contre nature, s'il n'y avoit point de mort, et qu'il fallust demeurer icy bon gré malgré? certes l'on la maudiroit. Imaginez combien seroit moins supportable et plus penible une vie perdurable, que la vie avec la condition de la laisser. Chiron refusa l'immortalité, informé des conditions d'icelle par le Dieu du temps, Saturne son pere [16]. Certes la mort est une très belle et riche invention de nature, *optimum naturae inventum nusquam satis laudatum* [17], et un expedient très propre et utile à plusieurs choses; si elle nous estoit ostée, nous la regretterions beaucoup plus que nous ne la craignons, et si elle n'estoit, nous la souhaiterions plus fort que la vie : c'est un remede à tant de maux, et un moyen à tant de biens. Que seroit-ce d'autre part s'il n'y avoit quelque peu d'amertume meslé en la mort? certes l'on y courroit trop avidement et indiscretement : pour garder moderation, qui est à ne trop aimer ny fuyr la vie, à ne craindre ny courir à la mort, tous les deux sont temperés et destrempés de la douceur et de l'aigreur.

---

[16] Voyez Montaigne, L. I, chap. XIX.

[17] « C'est une très-bonne invention de la nature, et que jamais on ne sauroit trop louer ». Sen. ep. CI, *sub finem*. Ce n'est pas tout-à-fait là le texte de Sénèque; mais c'est son idée. Ce que Charron appelle *une invention*; Sénèque l'appelle *un bienfait*.

Le remede que baille en cecy le vulgaire est trop sot, qui est de n'y penser point, n'en parler jamais : outre que telle nonchalance ne peust loger en la teste d'homme d'entendement, encores en fin cousteroit-elle trop cher ; car advenant la mort au despourveu, quels tourmens, cris, rage, desespoir [18] ! La sagesse conseille bien mieux de l'attendre de pied ferme, et la combattre ; et pour ce faire nous donne un advis tout contraire au vulgaire, c'est de l'avoir tousjours en la pensée, la practiquer, l'accoustumer, l'apprivoiser, se la representer à toutes heures, et s'y roidir non-seulement aux pas suspects et dangereux, mais au milieu des festes et des joyes : que le refrein soit que nous sommes tousjours en butte à la mort ; que d'autres sont morts qui pensoyent en estre autant loin que nous maintenant ; que ce qui peust advenir une autre fois peust aussi advenir maintenant [19] : et ce suyvant la coustume des Egyptiens, qui en leurs banquets tenoient l'image de la mort [20] ; et des Chrestiens et tous autres qui ont leurs cimetieres près des temples et lieux publics et frequentés, pour tousjours

---

[18] Voyez Montaigne, L. I, chap. XIX.
[19] *Id. ibid.*
[20] Voyez Hérodote, L. II. — « J'ai assisté à des festins en Égypte, dit Lucien, où l'on place les morts au bout de la table ; et quelquefois un homme, par nécessité, prête la carcasse de son père ou de sa mère, pour servir à cet usage ». Lucien, dialogue *du Deuil.*

(disoit Licurgue) faire penser à la mort [21]. Il est incertain où la mort nous attend, attendons-la par-tout et que tousjours elle nous trouve prests.

> Omnem crede diem tibi diluxisse supremum ;
> Grata superveniet, quæ non sperabitur, hora [22].

Mais entendons les regrets et excuse que les poureux alleguent pour pallier leurs plaintes, qui sont toutes niaises et frivoles : ils se faschent de mourir jeunes, et se plaignent tant pour eux que pour autruy, que la mort les anticipe et les moissonne encores au verd et dans le fort de leur aage. Plaincte du vulgaire qui mesure tout à l'aulne, et n'estime rien de precieux, que ce qui est long et dure : ou au contraire les choses exquises et excellentes sont ordinairement subtiles et deliées. C'est un traict de grand maistre d'enclorre beaucoup en peu d'espace : et peust-on dire qu'il est quasi fatal aux hommes illustres de ne pas vivre long-temps. La grande vertu et la grande ou longue vie ne se rencontrent gueres ensemble : la vie se mesure par la fin, pourveu qu'elle en soit belle, tout le reste a sa proportion : la quantité ne sert de

---

[21] Voyez Plutarque, vie de Lycurgue.

[22] « Crois que chaque jour sera le dernier qui luise pour toi : tous ceux qui viendront après, te paraîtront d'autant plus agréables qu'ils seront inespérés ». Horace, ep. IV, v. 13.

rien pour la rendre plus ou moins heureuse, non plus que la grandeur ne rend pas le cercle plus rond que le petit, la figure y fait tout. Un petit homme est homme entier comme un grand : ny les hommes ny leurs vies, ne se mesurent à l'aulne [23].

Ils ont regret de mourir loin des leurs, ou d'estre tués, ou demeurer sans sepulture : ils souhaiteront de mourir en paix, dedans le lict entre les leurs, consolés d'eux, et en les consolant. Tant de gens qui vont à la guerre et prennent la poste pour se trouver en une bataille, ne sont pas de cet advis : ils vont mourir tout en vie, et chercher un tombeau entre les morts de leurs ennemis : les petits enfans craignent les hommes masqués ; descouvrez leur le visage, ils n'en ont plus de peur [24] : aussi, croyez, le feu, le fer, la flamme nous estonnent, comme nous les imaginons : levons leur masque, la mort dont ils nous menacent, n'est que la mesme mort dont meurent les femmes et les enfans [25].

Ils ont regret de laisser tout le monde, et pourquoy ? Tu y as tout veu, un jour est egal à tous, il n'y a point d'autre lumière, n'y d'autre nuict, d'autre soleil, ny d'autre train au monde ; au pis aller tout se void en un an : l'on y void la jeunesse, l'adoles-

---

[23] Voyez Montaigne, L. I, chap. XIX.
[24] Ceci est pris de Sénèque, épître XXIV.
[25] Voyez Duvair, L. I, de la const. et consol. p. 972.

cence, la virilité, la vieillesse du monde : il n'y a autre finesse que de recommencer.

Les parens et amis : vous en trouvèrez encores plus où vous allez, et tels que n'avez encores jamais veu ; et puis ceux d'icy que vous regrettez vous suyvront bientost.

De petits enfans orphelins, sans conduitte et sans support, comme si ces enfans là estoient plus à vous qu'à Dieu, comme si vous les aymiez dadvantage que luy, qui en est le premier et plus vray père ; et combien de tels sont parvenus grands, plus que d'autres [26].

Peust-estre que vous craignez de vous en aller seul, c'est grande simplesse ; tant de gens meurent avec et à mesme heure que vous [27].

Au reste, vous allez en lieu où vous ne regretterez point cette vie ; comment regretter ? s'il estoit loisible de la reprendre, l'on la refuseroit : et si l'on eust sçeu que c'estoit avant que de la recevoir, l'on n'en eust point voulu, *vitam nemo acciperet si daretur scientibus* [28]. Pourquoy regretter, puis que tu seras ou du tout rien, selon les mescreans, ou beaucoup mieux, ce disent tous les sages du monde ? Pourquoy donc t'esfarouches-tu de la mort, puis que tu es sans grief ? Le mesme passage que tu as fait de la mort, c'est-à-

---

[26] Voyez Duvair, *loc. citat.*

[27] Ceci est pris de Sénèque, ép. LXXVII.

[28] La traduction de cette phrase de Sénèque, se trouve immédiatement avant la citation.

dire du rien à la vie, sans passion, sans frayeur, refais le de la vie à la mort, *reverti undè veneris, quid grave est* [29] ?

Peut-estre que le spectacle de la mort te desplaist, à cause que ceux qui meurent font laide mine : oui, mais ce n'est pas la mort, ce n'est que son masque. Ce qui est dessoubs caché, est très beau, la mort n'a rien d'espouvantable : nous avons envoyé de lasches et poureux espions pour la recognoistre ; ils ne nous rapportent pas ce qu'ils ont veu, mais ce qu'ils en ont ouy dire, et ce qu'ils en craignent.

Mais elle nous ravit des mains tant de choses, ou plustost nous ravit à elles, et nous ravit à nous-mesmes, nous oste de ce que nous cognoissons et avons ja tant accoustumé, pour nous mettre en un estat incognu, *at horremus ignota* [30], nous oste de la lumiere pour nous mettre en tenebres, bref, c'est nostre fin, ruine, dissolution, ce sont les plus pesans objects à quoy l'on peust en un mot respondre que estant la mort la loy de nature inevitable, comme sera dict après, il ne faut point tant disputer, c'est folie de craindre ce que l'on ne peust eviter. *Dementis est timere mortem, quia certa expectantur, dubia metuuntur,*

---

[29] « Retourner d'où l'on est venu, est-ce là une si grande affaire ». Sénèque, *de Tranquillit. animi*, cap. XI.

[30] « Mais nous avons horreur de ce qui nous est inconnu ». Sén. ép. LXXII.

mors habet necessitatem æquam et invictam [31]. Mais voicy que ces gens font bien mal leur compte, car c'est tout le contraire de ce qu'ils disent ; au lieu de nous ravir aucune chose, elle nous donne tout; au lieu de nous oster à nous-mesmes, elle nous rend et restitue libres à nous ; au lieu de nous mettre en tenebres, elle nous en oste et nous met à la lumiere, et nous fait le mesme tour que nous faisons à tous fruits, les despouillant de leurs estuys, boëttes et envelopures, espics, balles, coques, escorces, pour les mettre en vuë, en usage, en nature, *ita solet fieri, pereunt semper velamenta nascentium* [32]; elle nous oste d'un lieu estroit, incommode, catarreux, obscur, d'où l'on ne voit qu'une bien petite partie du ciel, et la lumiere que de loin, et par deux petits trous des yeux, pour nous mettre en pleine liberté, santé asseurée, clarté perpetuelle, en tel lieu et tel estat que tous entiers nous voyons le ciel entier, et la lumiere toute en son lieu : *æqualiter tibi splendebit omne cæli latus, totam lucem suo loco prope totus aspicies, quam nunc per angustissimas oculorum vias pro-*

---

[31] « On ne peut qu'attendre les choses qui doivent arriver, comme on ne peut craindre que ce qui est incertain : c'est donc folie de redouter la mort qui est d'une nécessité égale pour tous, et dont rien ne saurait triompher ». Sénèque, ép. xxx.

[32] « C'est ainsi que l'on ôte toujours aux enfans nouveau nés, l'enveloppe avec laquelle ils viennent au jour ». Sén. ép. CII.

cul intueris et miraris[33]. Bref, nous oste de la mort qui avoit commencé au ventre de la mere et finit maintenant pour nous mettre en la vie qui ne finira jamais. *Dies iste quem tanquàm extremum reformidas, aeterni natalis est* [34].

La seconde *[35] est d'ame bonne, douce et reiglée, et se practique justement en une vie commune, equable et paisible, par ceux qui avec raison estiment beaucoup cette condition de vie et se contentent d'y durer : mais se rangeans à la raison, l'acceptent quand elle vient. C'est une attrempée mediocrité, sortable à telle condition de vie entre les extremités (qui sont desirer et craindre, chercher et fuyr, vicieuses et blasmables.)

Summum ne metuas diem, nec optes[36] ;

mortem concupiscentes et timentes æque objurgat Epicurus [37], si elles ne sont couvertes et excusées par quel-

---

[33] Sénèque, épitre CII. Le passage est traduit dans la phrase précédente du texte.

[34] « Ce même jour que tu redoutes comme le dernier, est celui où tu nais dans l'éternité ». *id. ibid.*

*[35] La seconde *manière de se porter sur l'endroit de la mort*, pour me servir du style de Charron. Pour suivre ses raisonnemens, il faut, autant qu'on peut, se rappeler les divisions qu'il a d'abord établies.

[36] « Ne crains, ni ne désire le dernier jour ». Dernier vers de la 47ᵉ épigramme du L. X. des épig. de Martial.

[37] « Épicure se déclare également contre ceux qui craignent la mort, et contre ceux qui la désirent ». Sén. ép. XXXIV.

que raison non commune et ordinaire, comme sera puis dict en lieu. Desirer et chercher est mal, c'est injustice de vouloir mourir sans cause ; c'est porter envie au monde à qui nostre vie peust estre utile ; c'est estre ingrat à nature, que de mespriser et ne vouloir user du meilleur présent qu'elle nous puisse faire ; et estre par trop chagrin et difficile de s'ennuyer et ne pouvoir durer en un estat qui ne nous est point onereux, et par trop en charge ; la fuyr et craindre, c'est aller contre nature, raison, justice et tout debvoir.

D'autant que mourir est chose naturelle, necessaire et inevitable, juste et raisonnable. Naturelle, car c'est une piece de l'ordre de l'univers, et de la vie du monde ; voulez-vous qu'on ruine ce monde, et qu'on en face un tout nouveau pour vous ? La mort tient un très grand rang en la police et grande republique de ce monde : et est de très grande utilité pour la succession et durée des œuvres de nature : la defaillance d'une vie est passage à mille autres :

... Sic rerum summa novatur [36].

Et non-seulement c'est une piece de ce grand tout : mais de ton estre particulier, non moins essentielle que le vivre, que le naistre : en fuyant de mourir, tu te fuis toy-mesme : ton estre est légalement parti en ces deux, à la vie et à la mort ; c'est la condition de ta creation. Si tu te fasches de mourir, il ne falloit

---

[38] « Ainsi se renouvelle la chaîne des êtres ». Lucret.

pas naistre, on ne vient point en ce monde à autre marché que pour en sortir; qui se fasche d'en sortir, n'y debvoit pas entrer. Le premier jour de ta naissance t'oblige et t'achemine à mourir comme à vivre.

Nascentes morimur, finisque ab origine pendet[39].

Sola mors jus æquum est generis humani, — vivere noluit qui mori non vult, vita cum exceptione mortis data est, — tam stultus qui timet mortem, quàm qui senectutem [40].

Se fascher de mourir, c'est se fascher d'estre homme[41], car tout homme est mortel : dont disoit tout froidement un sage, ayant reçeu nouvelles de la mort de son fils : je sçavois bien que je l'avois engendré mortel [42]. Estant donc la mort chose si naturelle et essentielle, et pour le monde en gros, et pour toy en particulier, pourquoy l'as-tu en si grand'horreur? Tu

---

[39] « Nous mourons parce que nous sommes nés ; tout commencement veut une fin ». Manilius, Astronomicon. L. IV. v. 16.

[40] « La mort est le droit commun du genre humain ; — celui qui ne veut pas mourir, devrait refuser de vivre ; car la vie ne nous a été donnée, que sous la condition de la mort; — il y a autant de folie à craindre la mort que la vieillesse ». Sénèque, ép. xxx, *passim*.

[41] *Quisquis queritur aliquem mortuum esse, queritur hominem fuisse.* Sénéq. épit. XCIX.

[42] Plutarque donne ce mot au philosophe Anaxagoras, (Consolation à Apollonius); de même Cicéron, *Consolat.* Voyez aussi Ælien, *Var. Hist.* L. III, cap. II.

vas contre nature : la crainte de douleur est bien naturelle, mais de la mort, non : car estant de si grand service à nature, et l'ayant elle instituée, à quoy faire nous en auroit-elle imprimé la haine et l'horreur ? Les enfans, les bestes, ne craignent pas la mort, voire la souffrent gayment : ce n'est donc pas nature qui nous apprend à la craindre, plustost nous apprend-elle à l'attendre et recevoir comme envoyée par elle.

Secondement est necessaire, fatale, inevitable ; et tu le sçais toy qui crains et pleures : quelle plus grande folie que se tourmenter pour neant et à son escient ? Qui est le sot qui va prier et importuner celuy qu'il sçait estre inexorable, et frapper à une porte qui ne s'ouvre point ? Qu'y a-t-il plus inexorable et sourd que la mort ? il faut craindre les choses incertaines, se remuer pour les remediables, mais les certaines, comme la mort, il les faut attendre, et se resoudre aux irremediables. Le sot craint et fuit la mort, le fol la cherche et la court, le sage l'attend : c'est sottise de regretter ce qu'on ne peust recouvrer, craindre ce qu'on ne peust fuyr,

Feras non culpes, quod vitari non potest[43].

L'exemple de David est beau ; lequel ayant entendu

---

[43] « Souffre sans te plaindre, ce que tu ne peux éviter ». Publius Syrus. — Il y a dans le texte *mutari*, et non *vitari*. Voy. *Comicor. latinor. sententiæ*; édit. de Henri Étienne, 1569. p. 614.

la mort de son petit tant cher, prend ses habillemens de feste et veust banquetter, disant à ceux qui s'esbahyssoient de cette façon de faire, qu'il avoit voulu essayer à gaigner Dieu pour luy sauver son fils, mais qu'estant mort cela estoit faict, et n'y avoit point de remede. Le sot pense bien repliquer, disant que c'est proprement pourquoy il se deuil *44 et se tourmente, à cause qu'il n'y a point de remede 45 : mais il redou-

---

*44 Il se plaint, *Dolet.*

45 Quoiqu'en dise Charron, cette réponse n'est pas mauvaise. Elle prouve au contraire qu'on peut rétorquer la plupart des arguments dont on se sert pour consoler quelqu'un. Puisque l'occasion s'en présente, je citerai ici un passage fort sensé de Bayle. « Il faut convenir, dit-il, que la plupart des lieux communs de la consolation ont deux faces, et qu'ils peuvent servir à deux mains. Ils ont le défaut de pouvoir être rétorqués; car, par exemple, qu'y a-t-il de plus sensé que de ne rien faire d'inutile? Sur ce pied-là, vous raisonnez bien contre une mère affligée de la mort de son cher fils, si vous lui dites que ses pleurs ne servent de rien. Mais c'est cela même, peut-on vous répondre, qui me rend inconsolable; car si je pouvais réparer ma perte, je la supporterais patiemment, si j'espérais, comme on fait dans le négoce, regagner sur un vaisseau ce que j'aurais perdu sur un autre. Je ne doute pas que Foulques n'eût mieux réussi à consoler Abélard, si Abélard n'avait perdu que sa barbe. De quoi vous affligez-vous? lui eût-on dit : on vous a coupé votre barbe; voilà un grand malheur! attendez encore quelques mois, et vous en aurez une autre, etc. » Voy. Bayle, article *Foulques*, Rem. F. Ce passage renverse sans réplique la critique de Char-

ble et acheve sa sottise, *scienter frustrà niti, extremae dementiae est* [46]. Or estant ainsi necessaire et inevitable, non-seulement ne sert de rien de la craindre, mais faisant de necessité vertu, il la faut accueillir et recevoir doucement ; car il est plus commode d'aller à la mort, que si elle venoit à nous, et la prendre que si elle nous prenoit.

Tiercement c'est une chose raisonnable et juste que de mourir, c'est raison d'arriver au lieu où l'on ne cesse d'aller ; si l'on y craint d'arriver, il ne faut pas cheminer, mais s'arrester ou rebrousser chemin, ce que l'on ne peust. C'est raison que tu fasses place aux autres, puis que les autres te l'ont fait : si vous avez faict vostre profit de la vie, vout estes repeu et satisfaict, allez vous en, comme celuy qui appelé en un banquet a prins sa refection. Si vous n'en avez sçeu user et qu'elle vous soyt inutile, que vous chaut-il de la perdre? à quoy faire la voulez-vous encores? C'est un debte qu'il faut payer, c'est un despost qu'il faut rendre à toute heure qu'il est redemandé. Pourquoy plaidez vous contre votre cedule, votre foy, votre deb-

---

ron. Notons en passant, que Charron a cité la réponse de Socrate, pour prouver que chaque raison en a une contraire. Il reconnaissait donc en ce moment, la force de l'objection. Pourquoi n'en convient-il pas ici? Il fallait être de bonne foi. — N.

[46] « Faire sciemment des efforts inutiles, c'est là une extrême folie ». Salust. *Bellum Jugurth.* cap. II.

voir ? C'est contre raison donc de regimber contre la mort, puis que par-là vous vous acquittez de tant *47, et vous vous deschargez d'un grand compte. C'est chose generale et commune à tous de mourir, pourquoy t'en fasches tu ? veux tu avoir un privilege nouveau et non encores veu, et estre seul hors du sort commun de tous ? Pourquoy crains-tu d'aller où tout le monde va, où tant de millions sont desja, et où tant de millions te suyvront ? La mort est egalement certaine à tous, et l'equalité est premiere partie de l'equité 48,

> Omnes eodem cogimur, omnium
> Versatur urna : seriùs, ocyùs,
> Sors exitura, etc. 49

La troisiesme est d'ame forte et genereuse, qui se pratique, avec raison, en une condition de vie publique, eslevée, difficile et affaireuse, où y peust avoir plusieurs choses preferables à la vie, pour lesquelles il ne faut doubter de mourir. Au pis aller il se faut tousjours plus aymer et estimer que sa vie : qui se met sur le trottoer *50 et l'eschaffaut de ce monde, faut-il qu'il se resolve à ce marché pour esclairer

---

*47 Vous vous acquittez d'autant.

48 *Quis queri potest*, dit Sénèque, *in ea conditione se esse, in qua nemo non est ? Prima enim pars æquitatis, est æqualitas.* Epist. xxx.

49 « Nous sommes tous poussés vers un même lieu. L'urne qui contient notre sort, est continuellement agitée : plus tôt, plus tard notre nom en sortira ». Horace, Ode 3 du L. II, v. 25.

*50 Le trottoir.

aux autres, et faire plusieurs belles choses utiles et exemplaires. Il faut qu'il couche de sa vie *⁵¹ et la face courir fortune. Qui ne sçait mespriser la mort, non seulement il ne fera jamais rien qui vaille, mais il s'expose à divers dangers : car en voulant tenir couverte, asseurée sa vie, il met à descouvert et au hasard son debvoir, son honneur, sa vertu et preud'hommie. Le mespris de la mort est celuy qui produit les plus beaux, braves, et hardis exploits, soit en bien ou en mal. Qui ne craint de mourir ne craint plus rien, faict tout ce qu'il veust, se rend maistre de la vie et sienne et d'autruy ⁵² : le mespris de la mort est la vraye et vive source de toutes les belles et genereuses actions des hommes. De là sont desrivées les braves resolutions et libres paroles de la vertu, prononçant ses sentences par la voix de tant de grands personnages. Elvidius Priscus, à qui l'empereur Vespasien avoit mandé de ne venir au senat, ou y venant ne dire son advis, respondit qu'estant senateur il ne fauldroit de se trouver au senat, et s'il estoit requis de dire son advis, il diroit librement ce que sa conscience luy commanderoit; estant menacé par le mesme que s'il parloit, il en mourroit; vous ay-je jamais dit

---

*⁵¹ Il faut qu'il y engage (comme au jeu), risque sa vie.
⁵² Depuis ces mots *le mépris*, jusqu'à ceux-ci, *les Lacédémoniens*, Charron a copié Du Vair, Philosoph. moral. des Stoïques, p. 897.

(respondit-il,) que je fusse immortel? vous ferez ce que voudrez, et moy ce que je debvray ; il est en vous de me faire mourir injustement, et en moy de mourir constamment [53]. Les Lacedemoniens, menacés de beaucoup souffrir, s'ils ne s'accommodoient bientost avec Philippe, pere d'Alexandre, qui estoit entré en leur pays avec main armée, un pour tous respondit : que peuvent souffrir ceux qui ne craignent de mourir? et leur ayant esté mandé par le mesme Philippe qu'il romproit et empescheroit tous leurs desseins, dirent : quoy! nous empescheras-tu aussi de mourir [54]? Un autre interrogé du moyen de vivre libre, respondit, mesprisant la mort [55]. Et un autre enfant prins et vendu pour serf, dict à son acheteur : tu verras ce que tu as acheté ; je serois bien sot de vivre serf, puis que je puis estre libre : et ce disant, se jetta de la maison en bas [56]. Et disoit un sage à un autre, deliberant de quitter cette vie, pour se delivrer d'un mal qui le pressoit, tu ne deliberes pas de grande chose : ce n'est pas grande chose de vivre, et tes valets et tes bestes vivent, mais c'est grande chose de mourir honnestement, sagement, constamment [57].

---

[53] Voyez ce beau trait d'histoire dans Arrien.
[54] Voyez Plutarque, *Dits des Lacédémoniens*.
[55] Plutarque, *ibid*, au mot *Agis*.
[56] *Id. ibid.*
[57] Voyez Sénèque, épître LXXVII.

Pour clorre et couronner cet article, nostre religion n'a point eu de plus ferme et asseuré fondement, et auquel son autheur aye plus insisté, que le mespris de la vie. Mais il y a ici des feintes et des mescontes; plusieurs font mine de la mespriser, qui la craignent: plusieurs ne se soucient d'estre morts, voire le voudroient estre, mais le mourir les fasche [58]. *Emori nolo, sed me esse mortuum nihili æstimo* [59]: plusieurs deliberent tous sains et rassis, de souffrir fermes la mort, voire se la donner; c'est un roolle assez commun, auquel Heliogabale mesme a trouvé place [60], faisant tant d'apprets somptueux à ces fins, mais estant venus aux prinses, aux uns le nez a saigné, comme à Lucius Domitius qui se repentit de s'estre empoisonné [61]: Les autres en ont destourné les yeux et la pensée, et se sont comme desrobés à elle, l'avallans et engloutissans insensiblement comme pilules, selon le dire de Cesar, que la meilleure estoit la plus courte [62]; et de Pline, que la courte est le souverain

---

[58] Montaigne, L. II, chap. XIII.

[59] « Je ne veux point mourir, mais je n'appréhende nullement d'être mort ». Cicér., 1re. Tuscul., chap. VIII. C'est la traduction d'un vers d'Épicharme.

[60] Voyez Æl. Lamprid. Hist. August.

[61] Plutarque, vie de Jules-César, chap. X.

[62] *In sermone nato quisnam esset vitæ finis commodissimus, repentinum, inopinatumque prætulerat.* Sueton. in Cæsar. §. 87.

heur de la vie humaine [63]. Or nul ne se peust dire resolu à la mort, qui craint de l'affronter et la soustenir les yeux ouverts, comme ont fait excellemment Socrates, qui eut trente jours entiers à ruminer et digerer le decret de sa mort, ce qu'il fit sans esmoy, alteration, voire sans aucun effort [64] : mais tout mollement et gayement : Pomponius Atticus [65], Tullius Marcellinus [66] Romains, Cleante, philosophe [67], tous trois presque de mesme façon ; car ayant essayé de mourir par abstinence, pour sortir des maladies qui les tourmentoient, se trouvans guaris par elle, ne voulurent s'en desister, mais acheverent, prenant plaisir à defaillir peu à peu et considerer le train et progrez de la mort; Othon et Caton [68] : car ayant fait les apprets pour se tuer, sur le poinct de l'execution se mirent à dormir profondement, ne s'estonnant non plus de la mort que d'un autre accident ordinaire et bien leger.

La quatriesme est d'ame forte et resolue, practiquée authentiquement par de grands et saints per-

---

[63] *Natura verò nihil hominibus brevitate vitæ præstitit melius.* Natur. Hist. L. VII, cap. L.
[64] Voyez Montaigne, L. II, chap. XIII.
[65] Voyez sa vie dans Cornelius-Nepos, vers la fin.
[66] Voyez Sénèque, ép. LXXVII.
[67] Voyez Diogen. Laërc., vie de Cléanthes, §. 176.
[68] Voyez Plutarque, vie d'Othon, chap. VIII, et vie de Caton, chap. XIX.

sonnages, en deux cas; l'un le plus naturel et legitime, est une vie fort penible et douloureuse ou apprehension d'une beaucoup pire mort, bref un estat miserable, auquel on ne peut remedier, c'est lors desirer la mort comme une retraite et le port unique des tourmens de cette vie, le souverain bien de nature, seul appuy de notre liberté. C'est bien foiblesse de ceder aux maux, mais c'est folie de les nourrir : il est bien temps de mourir lorsqu'il y a plus de mal que de bien à vivre : car de conserver nostre vie à nostre tourment et incommodité, c'est contre nature : Dieu nous donne assez congé, quand il nous met en cet estat. Il y en a qui disent qu'il faut mourir pour fuyr les voluptés qui sont selon nature. Combien plus pour fuyr les douleurs qui sont contre nature? Il y a plusieurs choses en la vie pires beaucoup que la mort, pour lesquelles il vaut mieux mourir, et ne vivre point que de vivre : dont les Lacedemoniens asprement menacés par Antipater, s'ils ne s'accordaient à sa demande, luy respondirent : si tu nous menaces de pis que la mort, nous aymons mieux mourir [69] : « et les sages disent que le sage vit tant qu'il doibt, et non pas tant qu'il peust [70] : et puis la mort nous est bien plus en main et a commandement que la vie.

---

[69] Plutarque, *Dits notables des Lacédémoniens.*
[70] *Sapiens vivit quantum debet, non quantum potest.* Senec. ep. LXX.

La vie n'a qu'une entrée [71], et encores despend-elle de la volonté d'autruy. La mort despend de la nostre : et plus elle est volontaire, plus est-elle belle : et à elle y a cent mille issues : nous pouvons avoir faute de terre pour y vivre, mais non pour mourir [72]. La vie peust estre ostée à tout homme par tout homme, la mort non,

> Ubique mors est, optimè hoc cavit Deus,
> Eripere vitam nemo non homini potest ;
> At nemo mortem : mille ad hanc aditus patent [73].

Le present plus favorable que nature nous aye faict, et qui nous oste tout moyen de nous plaindre de nostre condition, c'est de nous avoir laissé la clef des champs. Pourquoy te plains-tu en ce monde ? il ne te tient pas : si tu vis en peine, ta lascheté en est cause : à mourir il n'y a que le vouloir [74] ».

L'autre cas est une vive apprehension et desir de la vie advenir, qui leur faict souhaiter la mort comme un grand gain, semence de meilleure vie, pont aux

---

[71] Senec. epist. LXX.

[72] *Deesse nobis terra in qua vivamus ; in qua moriemur non potest.* Tacit. Annal., L. XIII, cap. LVI.

[73] « Partout on peut trouver la mort ; c'est à quoi la sagesse divine a pourvu. Tout le monde peut ôter la vie à un homme, et personne ne peut l'empêcher d'aller à la mort. Il a mille chemins pour y arriver ». Sénèque, *Thébaïde*, act. I., sc. I., v. 151.

[74] Toute la fin de ce paragraphe, que j'ai placée entre des guillemets, est prise, presque mot pour mot, dans Montaigne, L. II, chap. III.

lieux delicieux, voye à tous biens, une reserve à la resurrection. La ferme creance et esperance de ces choses est incompatible avec la crainte et l'ennuy de la mort : elle induict plustost à s'ennuyer icy, et desirer la mort : *vitam habere in patientia, et mortem in desiderio* [75], d'avoir la vie en affliction, et la mort en affection : le vivre leur est corvée, et le mourir soulas ; dont leurs vœux et leurs voix sont, *cupio dissolvi : mihi mori lucrum : — quis me liberabit de corpore mortis hujus* [76] ? Dont bien justement a esté reproché aux philosophes et chrestiens (ce qui est à entendre des lasches et trop foibles, non de tous), qu'ils sont des affronteurs et mocqueurs publics, et ne croyent pas en verité ce qu'ils disent, tant haut loüans, et preschans de l'immortalité bienheureuse, et tant de delices en la vie seconde, puisqu'ils palissent et redoutent si fort la mort, passage et traject necessaires pour y aller.

La cinquiesme et extresme, c'est l'execution de la precedente, qui est se donner la mort. Cette-cy semble bien venir de vertu et grandeur de courage, ayant esté anciennement practiquée par les plus grands et plus excellens hommes et femmes de toute nation et

---

[75] La traduction suit immédiatement.

[76] « Je désire que toutes les parties de mon être se disjoignent. La mort est un avantage pour moi. — Qui me délivrera de ce corps de mort? ». Epist. *ad Philippenses*, cap. I, v. 23, 21. — *Ad Romanos*, cap. VII, v. 24.

religion, Grecs, Romains, Egyptiens, Perses, Medois, Gaulois, Indois, Philosophes de toutes sectes; Juifs, tesmoin ce bon vieillard Razias, homme le pere des Juifs, pour sa vertu [77], et ces femmes, lesquelles sous Antiochus, après avoir circoncis leurs enfans, s'alloient precipiter quant et eux : chrestiens, tesmoin ces deux sainctes canonisées, Pelagic et Sophronia, dont la premiere, avec sa mere et ses sœurs, se precipita dedans la riviere, et cette-cy se tua d'un cousteau, pour esviter la force *[78] de Maxentius, empereur [79] : voire par des peuples et communes toutes entieres, comme de Capoue en Italie, Astupa *[80], Numance en Espagne, assiégées par les Romains [81]; des Abydéens pressés par Philippe [82]; une ville aux Indes assiegée par Alexandre [83] : mais

---

[77] Voyez dans les *Machabées*, L. II, chap. XIV, v. 37 et suivans, l'histoire de la mort de ce vieillard.

*[78] La violence.

[79] Voyez, au sujet de la première de ces femmes, Saint-Ambroise, *De virginit.* L. III; et sur la seconde, Ruffin, *hist. Eccles.* Lib. VIII, cap. XVII; Eusèbe, *hist. Eccles.* L. VIII, cap. XIV.

[80] Ce nom est ussi écrit *Astupa* dans la première édition. Mais c'est *Astapa* qu'il faut lire : il n'y a jamais eu de ville nommée *Astupa* dans l'ancienne Espagne, tandis que nous avons des médailles d'*Astapa*.

[81] Voyez Tit.-Liv., L. XXVIII, cap. XXIII.

[82] *Ibid.* L. XXXI, cap. XVII et XVIII.

[83] Voyez Diodore de Sicile, L. XVII, ch. XVIII.

encores approuvée et authorisée en plusieurs republiques par loix et reiglemens sur ce faict, comme à Marseille, en l'isle de Cea de Negrepont [84], et autres nations, comme en Hyperborée [85], et justifiée par plusieurs grandes raisons desduites au precedent article, qui est du juste desir et volonté de mourir. Car s'il est permis de desirer, demander, chercher la mort, pourquoy sera-t-il mal faict se la donner? Si la propre mort est permise et juste en la volonté, pourquoy ne le sera-t-elle en la main et en l'execution ? Pourquoy attendray-je d'autruy ce que je puis de moy mesme ? et ne vaut-il pas mieux encores se la donner que la souffrir ; courir à son jour que l'attendre? Car la plus volontaire mort est la plus belle. Au reste je n'offense pas les loix faictes contre les larrons, quand j'emporte le mien, et je coupe ma bourse : aussi ne suis-je tenu aux loix faictes contre les meurtriers pour m'avoir osté la vie [86]. D'ailleurs

---

[84] Valère Maxime, L. II, chap. VI, §. 7 et 8.

[85] Plin. *Hist. Nat.* L. IV, cap. XII.

[86] Dans tout ceci, Charron ne fait guère que copier Montaigne, L. II, chap. III. Ce qu'il dit en faveur du suicide, lui a été emprunté par l'éloquent Rousseau, qui l'a présenté avec une nouvelle force. Mais cette opinion est bien plus étonnante dans la bouche d'un riche chanoine du seizième siècle, que dans celle d'un pauvre philosophe du dix-huitième, qui en était souvent réduit aux expédiens pour vivre. Il n'y a pas grand courage à se donner la mort, quand on est privé de

elle est reprouvée par plusieurs, non-seulement chrestiens, mais juifs, comme dispute Josephe contre ses capitaines en la fosse du puits [87]; et philosophes, comme Platon [88], Scipion, lesquels tiennent cette procedure, non-seulement pour vice de lascheté, couardise, et tour d'impatience : car c'est s'aller cacher et tappir pour ne sentir les coups de la fortune. Or la vraye et vive vertu ne doibt jamais ceder : les maux et les douleurs sont ses alimens : il y a bien plus de constance à user la chaine qui nous tient, qu'à la rompre; et plus de fermeté en Regulus qu'en Caton;

> Rebus in adversis, facile est contemnere vitam.
> Fortius ille facit qui miser esse potest [89].
>
> Si fractus illabatur orbis,
> Impavidum ferient ruinæ [90].

toutes les douceurs de la vie; il y en a bien davantage à supporter alors l'existence. Martial dit :

> *Fortius ille facit, qui miser esse potest.*

[87] Josephe, *De bello judaïco*, L. III, cap. xxv.

[88] *Des Lois*, L. II. — Montaigne traduit le passage de Platon, dans le chap. III, du L. II des Essais.

[89] « Pour quiconque est dans l'adversité, il y a peu de mérite à dédaigner la vie : il montre bien plus de courage celui qui peut consentir à rester malheureux ». Martial, L. XI, epig. 57, v. 15. Il y a dans Martial : *fortiter ille facit.*

[90] « Et si le monde fracassé s'écroulait de toutes parts, il resterait encore intrépide au milieu des ruines dont il serait frappé ». Horat. L. III, od. III, v. 7, 8. — Tout ce

Mais encores pour crime de desertion; car l'on ne doibt abandonner sa garnison sans l'exprez commandement de celuy qui nous y a mis [91], nous ne sommes icy pour nous seuls, ny maistres de nous mesmes. Cecy donc n'est pas sans dispute ny sans doubte.

Il est premierement sans doubte qu'il ne faut pas entendre à ce dernier exploict, sans très grande et très juste raison : affin que ce soit comme ils disent εὔλογος εἰσαγωγή, une honneste et raisonnable issuë et departie. Ce ne doibt donc pas estre pour une legere occasion, quoy que disent aucuns que l'on peust mourir pour causes legeres, puis que celles qui nous tiennent en vie ne sont gueres fortes : c'est ingratitude à nature ne vouloir user de son present, c'est signe de legereté et d'estre trop chagrin et difficile, de s'en aller et rompre compagnie pour peu de chose; mais pour une grande et puissante, et icelle juste et legitime. Parquoy ne peuvent avoir eu suffisante excuse, ny cause assez juste en leur mort, tous ceux-cy : Pomponius Atticus, Marcellinus et Cleantes, dont a esté parlé, qui n'ont voulu arrester le cours de leur mort, pour cette seule consideration qu'ils s'y trouvoient desja presques à mesme : ces femmes de

---

paragraphe, citations et pensées, est pris dans Montaigne, L. II, chap. III.

[91] C'est ce que dit en propres termes le symbole de Pythagore : *ne quittez point votre poste, sans l'ordre de votre général.* Symbole 37. Traduct. de Dacier.

Pætus, de Scaurus [92], de Labeo [93], de Fulvius familier d'Auguste [94], de Seneque [95] et tant d'autres, pour accompagner leurs maris en leur mort, ou les y inviter : Caton et autres despités contre le succès des affaires, et de ce qu'il leur falloit venir ès mains de leurs ennemis, desquels toutesfois ils ne craignoient aucun mauvais traitement : ceux qui se sont tués pour ne vivre à la mercy et de la grace de tel qu'ils abominoient, comme Gravius Silvanius et Statius Proximus, ja pardonnés par Neron [96] : ceux qui pour couvrir une honte et reproche pour le passé, comme Lucrece Romaine, Sparzapizes [97], fils de la royne Tomyris, Boges [98], lieutenant du roy Xerxes : ceux qui sans aucun mal particulier, mais pour voir le public en mauvais estat, comme Nerva [99], grand juris-

---

[92] Tacit. *Annal.* L. VI, cap. XXIX *in fine.*

[93] *Id. ibid. initio* cap.

[94] Voyez ce trait curieux, dans Plutarque, *Du trop parler,* chap. IX.

[95] Tacit. *Annal.* L. XV, cap. LXIII.

[96] *Id. ibid.* cap. LXXI.

[97] C'est SPARGAPISÈS, fils de Tomyris, reine des Massagètes, qui ayant été fait prisonnier, se tua lui-même. Voyez Hérodote, L. I.

[98] Ce Persan étant assiégé par les Athéniens, et n'ayant plus de vivres, tua d'abord ses femmes et ses enfans, et ensuite se tua lui-même. Hérod., L. VII. Ce nom est écrit mal à propos *Bogues,* dans l'édit. de Dijon.

[99] Tacit. *Annal.* L. VI, cap. XXVI.

consulte, Vibius Virius [100], Jubellius en la prinse de Capoue [101] : ceux qui pour satieté ou ennuy de vivre, et ne suffit qu'elle soit grande et juste, mais qu'elle soit necessaire et irremediable, et que tout soit essayé jusques à l'extremité. Parquoy la precipitation et le desespoir anticipé est icy très vicieux, comme en Brutus et Cassius, qui se tuant avant le temps et l'occasion, perdirent les reliques de la liberté romaine, de laquelle ils estoient protecteurs. Il faut, disoit Cleomenes [102], mesnager sa vie, et la faire valoir jusqu'à l'extremité : car s'en defaire l'on le peust tousjours, c'est un remede que l'on a tousjours en main : mais les choses se peuvent changer en mieux. Josephe et tant d'autres ont très utilement practiqué ce conseil; les choses qui semblent du tout desesperées prennent quelquefois un train tout autre ; *aliquis carnifici suo superstes fuit* [103].

> Multa dies variusque labor mutabilis ævi
> Rettulit in melius... [104].

Il faut comme pour sa deffense envers un autre as-

---

[100] Tit.-Liv. L. XXVI, cap. XIII et seq.

[101] *Id. ibid.* cap. XV.

[102] Plutarque, *Vie d'Agis et Cléomènes.*

[103] « Il en est qui ont survécu à leurs bourreaux ». Sénèque, epist. XIII.

[104] « Combien d'affaires qui paraissaient désespérées, la main inconstante du tems, la fortune n'a-t-elle pas rétablies, améliorées ? ». Virgil. *Æneid.* L. XI, v. 425.

saillant, aussi en son endroict, se porter *cum moderamine inculpatæ tutelæ* [105], essayer tout, avant venir à cette extremité.

Secondement et sans doubte qu'il est beaucoup meilleur et plus louable de souffrir et garder une constance ferme jusques à la fin, que ceder et s'enfuyr par foiblesse et couardise : mais pource qu'il n'est pas donné à tous non plus que la continence, *non omnes capiunt verbum istud*, — *unde melius nubere quàm uri* [106] : la question est si advenant un mal insupportable et irremediable, qui soit pour bouleverser et atterrer toute nostre resolution, et pousser nostre esprit en quelque meschant party de desespoir, despit, et murmure contre le souverain, s'il serait pas plus expedient, ou moins mal de s'en deslivrer courageusement, ayant encores son sens entier et rassis, qu'en voulant demeurer par crainte de mesprendre, s'exposer au danger de succomber et se perdre : est-ce pas moins mal de quitter la place, que s'y opiniastrer et perir, s'enfuyr qu'estre prins ? il le semble bien par toute raison humaine et philosophique practiquer, comme a esté dict, par tant de gens signalés, de tout air et climat, qu'il semble estre une opinion

---

[105] « Avec la prudence d'un irréprochable gardien ».
[106] « Tous n'entendent pas ces paroles : — il vaut mieux se marier que brûler ». St.-Mathieu, ch. XIX, v. 11. — *Ad. Corinth.* cap. VII. v. 9.

universelle. Mais la chrestienté ne le veust pas et n'en donne aucune dispense.

Au reste c'est un grand trait de sagesse, de sçavoir cognoistre le poinct et prendre l'heure de mourir [107] : il y a à tous une certaine saison de mourir : les uns l'anticipent, les autres la retardent : il y a de la foiblesse et de la vaillance en tous les deux, mais il y faut de la discretion : combien de gens ont survescu à leur gloire, et pour l'envie d'allonger un peu leur vie, ont obscurcy et de leur vivant aidé à ensevelir leur honneur ! Ce qui a resté depuis ne sentait rien du passé, c'estoit comme un vieil haillon et quelque chetifve piece cousue au bout d'un ornement riche et beau. Il y a un certain temps de cueillir le fruict de dessus l'arbre : si dadvantage il y demeure, il ne faict que perdre et empirer, c'eust été aussi grand dommage de le cueillir plustost. Plusieurs saincts ont fuy à mourir, pource qu'ils estoient encores utiles au public, combien que pour leur particulier ils eussent bien voulu s'en aller. C'est acte de charité vouloir vivre pour autruy : *si populo tuo sum necessarius, non recuso laborem* [108].

---

[107] Un des disciples de Confucius le priant de lui apprendre à bien mourir : « Vous n'avez pas encore appris à bien vivre, lui répondit-il ; apprenez-le, et vous saurez bien mourir ». Voyez description de la Chine, t. II, page 382, colonne première. — N.

[108] « Si je suis nécessaire à ton peuple, je ne refuse point

La mort a des formes plus aysées les unes que les autres, et prend diverses qualités selon la fantaisie de chascun : entre les naturelles, celle qui vient d'affoiblissement et appesantissement est plus douce et plus molle : entre les violentes, la meilleure est la plus courte et la moins premeditée. Aucuns desirent faire une mort exemplaire et demonstrative de constance et suffisance, c'est considerer autruy et chercher encores lors reputation : mais c'est vanité, car cecy n'est pas acte de societé, mais d'un seul personnage : il y a assez d'affaires chez soy; au dedans se consoler, sans considerer autruy, et puis lors cesse tout interest à la reputation. Celle est la meilleure mort qui est bien recueillie en soy, quiete, solitaire, et toute à celuy qui est à mesme. Cette grande assistance des parens et amis apporte mille incommodités, presse et estouffe le mourant : on luy tourmente l'un les oreilles, l'autre les yeux, l'autre la bouche; les cris et les plainctes, si elles sont vrayes, serrent le cueur; si feintes et masquées, font despit. Plusieurs grands personnages ont cherché de mourir loin des leurs pour eviter cette incommodité [109] : c'est aussi une puerile

---

de travailler ». C'est un passage du bréviaire romain : il se trouve dans la deuxième antienne de Laudes, de l'office de Saint-Martin.

[109] C'est ainsi que Montaigne s'était arrangé d'avance, pour que sa mort ne fît *ni besoing aux siens, ni empeschement* Essais, L. III, chap. IX.

et sotte humeur vouloir esmouvoir par ces mots dueil et compassion en ses amis ; nous louons la fermeté à souffrir la mauvaise fortune, nous accusons et haïssons celle de nos proches : quand c'est la nostre, ce ne nous est pas assez qu'ils s'en ressentent, mais encores qu'ils s'en affligent : un sage malade se doibt contenter d'une contenance rassise des assistans.

CHAPITRE XII.

Se maintenir en vraye tranquillité d'esprit, le fruict et la couronne de sagesse, et conclusion de ce livre.

SOMMAIRE. — La tranquillité d'esprit ne se trouve ni dans la retraite, ni dans l'éloignement des affaires, ni dans l'indifférence pour toutes choses. Si elle était là, la plupart des femmes et les fainéans seuls en jouiraient. — Pour l'obtenir, il faut commencer par régler ses désirs, et commander à ses passions, et bientôt on deviendra probe et religieux. On observera, de plus, les lois de sa patrie, les devoirs de la société, et déjà l'on jouira du calme de la bonne conscience. Il faut aussi mépriser la douleur, ne pas craindre la mort : la fermeté d'ame est une condition essentielle ; mais la plus importante est de n'avoir rien à se reprocher. Le remords est un bourreau qui ne laisse aucun repos.

Exemples : Épicure ; — Socrates ; — Épaminondas ; — Scipion.

LA tranquillité d'esprit est le souverain bien de l'homme. C'est ce tant grand et riche thresor que les sages cherchent par mer et par terre, à pied et à cheval; tout nostre soin doibt tendre là; c'est le fruict de tous nos labeurs et estudes, la couronne de sagesse. Mais affin que l'on ne se mescompte, il est à sçavoir que cette tranquillité n'est pas une retraicte, une oisiveté ou vacation de tous affaires, une solitude delicieuse et corporellement plaisante, ou bien une profonde nonchalance de toutes choses. S'il estoit ainsi, plusieurs femmes, faineants, poltrons et voluptueux jouiroient à leur ayse d'un si grand bien, auquel aspirent les sages avec tant d'estude : la multitude ny rareté des affaires ne faict rien à cecy. C'est une belle, douce, egale, unie, ferme et plaisante assiette êt estat de l'ame, que les affaires, ny l'oisiveté, ny les accidens bons ou mauvais, ny le temps ne peust troubler, alterer, eslever, ny ravaller, *vera tranquillitas, non concuti* [1].

Les moyens d'y parvenir, de l'acquerir et conserver, sont les poincts que j'ay traités en ce livre second, dont en voicy le recueil; et gisent à se defaire et garantir de tous empeschemens, puis se garnir des choses qui l'entretiennent et conservent [2]. Les choses qui plus empeschent et troublent le repos et tranquillité d'esprit sont les opinions communes et populaires,

---

[1] « La vraie tranquillité, c'est de n'être ému de rien ». Sen., ep. LXXI.

[2] Voyez là dessus Épictète, *Enchirid.*, art. 18.

qui sont presque toutes erronées, puis les desirs et passions qui engendrent une delicatesse et difficulté en nous, laquelle faict que l'on n'est jamais content; et icelles sont reschauffées et esmeues par les deux contraires fortunes, prosperité et adversité, comme par vents impetueux et violens : et finalement cette vile et basse captivité, par laquelle l'esprit (c'est à dire le jugement et la volonté) est asservi et detenu esclave comme une beste, soubs le joug de certaines opinions et reigles locales et particulieres [3]. Or il se faut emanciper et affranchir de tous ces ceps et injustes subjections, et mettre son esprit en liberté, le rendre à soy, libre, universel, ouvert et voyant par tout, s'esgayant par toute l'estendue belle et universelle du monde et de la nature. *In commune genitus, mundum ut unam domum spectans; — toti se inferens*

---

[3] Il y a bien d'autres causes qui concourent actuellement à troubler la tranquillité de l'esprit. Écoutons Bayle. « Il est beaucoup plus facile, dit-il, de parvenir, par son industrie, aux honneurs et aux richesses qu'à la tranquillité de l'esprit..... Le calme des passions, le repos de l'ame, le contentement de l'esprit, dépendent de mille choses qui ne sont point sous notre jurisdiction. L'estomac, la rate, les vaisseaux lymphatiques, les fibres du cerveau, cent autres organes dont les anatomistes ne savent pas encore le siége et la figure, produisent en nous bien des inquiétudes, bien des jalousies, bien des chagrins. Pouvons-nous changer ces organes-là? Sont-ils en notre puissance? ». Bayle, Rem. B. de l'article *Reinesius.* — N.

mundo, et in omnes ejus actus contemplationem suam mittens [4].

La place ainsi nettoyée et apprestée, les fondemens premiers à y jetter sont une vraye preud'hommie, et estre en un estat et vacation à laquelle l'on soit propre. Les parties principales qu'il faut eslever et asseurer, sont premierement une vraye pieté par laquelle d'une ame non estonnée, mais nette, franche, respectueuse, devote, l'on contemple Dieu, ce grand maistre souverain et absolu de toutes choses, qui ne se peust voir ny cognoistre ; mais le faut recognoistre, adorer, honorer, servir de tout son cueur, esperer tout bien de luy, et n'en craindre point de mal ; puis cheminer rondement en simplicité et droiture, selon les loix et coustumes, vivre à cueur ouvert aux yeux de Dieu et du monde, *conscientiam suam aperiens, semperque tamquàm in publico vivens, se magis veritus quàm alios* [5]. Garder en soy et avec autruy, et generalement en toutes choses, pensées, paroles, desseins, actions, moderation, mere ou nourrice de tranquillité, lais-

---

[4] « Né pour la grande société, regardant le monde comme une seule famille ; — portant son attention sur le monde entier, il le contemple sans cesse dans tous les actes ». — Sénèque, *De benefic.* L. VII, cap. I ; —*Id.* epist. LXVI.

[5] « Découvrant sa conscience, vivant toujours comme si l'on était sous les yeux du public, se craignant beaucoup plus soi-même que les autres ». Sén., *De benef.*, L. VII, cap. I.

sant à part toute pompe et vanité : reigler ses desirs, se contenter de mediocrité et suffisance,

Quod sit esse velit, nihilque malit⁶,

se resjouir en sa fortune; la tempeste et l'orage a beaucoup moins de prinse et de moyen de nuire, quand les voiles sont recueillies, que quand elles sont au vent : s'affermir contre tout ce qui peust blesser ou heurter, s'eslever par dessus toute crainte, mesprisant tous les coups de la fortune et la mort, la tenant pour fin de tous maux, et non cause d'aucun : *contemptor omnium quibus torquetur vita; — suprà omnia quae contingunt acciduntque eminens, imperturbatus, intrepidus* ⁷. Et ainsi se tenir ferme à soy, s'accorder bien avec soy, vivre à l'ayse sans aucune peine ny dispute au dedans, plein de joye, de paix, d'allegresse et gratification envers soy-mesme, *sapiens plenus gaudio, hilaris, placidus cum Diis ex pari vivit. — Sapientiae effectus gaudii aequalitas, solus sapiens gaudet* ⁸ :

---

⁶ « Qu'il veuille être ce qu'il est, et ne veuille être rien de plus ». Martial, L. X, epigr. 47, v. 12.

⁷ « N'ayant que du mépris pour tout ce qui tourmente ordinairement la vie; — imperturbable, intrépide, il s'élève au-dessus de tous les événemens qu'on appelle ou heureux, ou malheureux ». Sen., *De benef.* L. VII, cap. I.—*Id.* epist. LXVI.

⁸ « Le sage toujours content, toujours gai, toujours calme, vit égal en bonheur aux Dieux. — Un effet de la sagesse est de procurer continuellement de la joie. Le sage seul ne cesse jamais de jouir ». Sen., epist. LIX ; — *Id. ibid.*

s'entretenir et demeurer content de soy, qui est le fruict et le propre effet de la sagesse : *nisi sapienti sua non placent ; omnis stultitia laborat fastidio suî;*

Non est beatus, esse se qui non putat [9].

Bref à cette tranquillité d'esprit, il faut deux choses, l'innocence et bonne conscience, c'est la premiere et principale partie qui arme et munit merveilleusement d'asseurance ; mais elle ne pourrait pas suffire tousjours au fort de la tempeste, comme il se void souvent de plusieurs qui se troublent et se perdent : *erit tanta tribulatio ut seducantur justi* [10]. Parquoy il faut encores l'autre, qui est la force et la fermeté de courage, comme aussi cettuy seul ne seroit assez : car l'effort de la conscience est merveilleux ; elle nous faict trahir, accuser et combattre nous-mesmes ; et à faute de tesmoin estranger, elle nous produit contre nous,

Occultum quatiente animo tortore flagellum [11].

---

[9] « Il n'y a que le sage qui se trouve bien de ce qu'il a ; le dégoût et l'ennui poursuivent partout l'insensé. On n'est pas heureux, quand on ne croit pas l'être ». Sénèque, epist. IX, *in fine.*

[10] « La tribulation sera si grande, que les justes eux-mêmes ne resteront pas fermes dans leurs maximes ». Je crois ceci pris dans l'évangile de St.-Marc ; mais ce n'est qu'une imitation. Cet évangéliste dit, chap. XIII, v. 19 : *Erunt enim dies illi tribulationes tales, etc.;* et au verset 22 du même chapitre: *Exurgent pseudoprophetæ, et dabunt signa et portenta ad seducendos, si fieri potest, etiam electos.*

[11] « Et, comme un bourreau, déchire d'un fouet invisible, le cœur de sa victime ». Juvénal, sat. XIII, v. 195.

Elle nous faict nostre procez, nous condamne, nous execute et bourrelle. Aucune cachette ne sert aux meschans, disoit Epicurus, parce qu'ils ne se peuvent asseurer d'estre cachés, la conscience les descouvrant à eux mesmes [12].

> ... Prima est hæc ultio, quod se
> Judice nemo nocens absolvitur [13].

Ainsi l'ame foible et poureuse, toute saincte qu'elle soit, ny la forte et courageuse, si elle n'est saine et nette, ne jouyra point de cette tant riche et heureuse tranquillité : qui a le tout *[14], faict merveille, comme Socrates, Epaminondas, Caton, Scipion, duquel il y a trois exploicts admirables en ce subject. Ces deux Romains accusés en public ont faict rougir leurs accusateurs, entrainé les juges, et toute l'assemblée beante à leur admiration et suitte : il avoit le cueur trop gros de nature, dict Tite Live [15] de Scipion, pour

---

[12] C'est Sénèque qui rapporte cette pensée d'Épicure. *Non prodest latere peccantibus, quia latendi etiamsi felicitatem habent, fiduciam non habent.* Et il ajoute cette réflexion si juste : *ita est : tuta scelera esse possunt, secura non possunt.* epist. XCVII.

[13] « Le coupable, et c'est là sa première punition, n'est jamais absous à son propre tribunal ». Juvénal, sat. XIII, v. 2.

*[14] Qui a l'ame et saine et sainte.

[15] L. XXXVIII, cap. LII. Voici le texte même de Tite-Live : *Major animus et natura erat, ac majori fortunæ assuetus*

sçavoir estre criminel et se demettre *16 à la bassesse de defendre son innocence.

---

quam ut reus esse sciret, et summittere se in humilitatem causam dicentium.

*16 Du latin *demittere*, s'abaisser, descendre.

DE LA SAGESSE.

LIVRE TROISIÈME.

PREFACE.

Auquel sont traitez les advis particuliers de sagesse par les quatre vertus morales.

Puisque nostre dessein en ce livre est d'instruire par le menu à la sagesse, et en donner les advis particuliers après les generaux touchés au livre precedent, pour y tenir un train et un ordre certain, nous avons pensé que ne pouvons mieux faire, que de suyvre les quatre vertus maistresses et morales; prudence, justice, force et temperance : car en ces quatre, presque tous les debvoirs de la vie sont comprins. La prudence est comme une generale guide et conduite des autres vertus et de toute la vie, bien que proprement elle s'exerce aux affaires. La justice regarde les personnes ; car c'est rendre à chascun ce qui lui appartient [1]. La force et temperance regardent tous accidens

---

[1] *Justitia est constans et perpetua volontas jus suum cuique tribuendi.* C'est la définition de la justice, dans les Institutes de Justinien, et la première phrase de cet ouvrage.

bons et mauvais, joyeux et fascheux, la bonne et mauvaise fortune. Or en ces trois, personnes, affaires et accidens, est comprinse toute la vie et condition humaine, et le traffic de ce monde.

CHAPITRE PREMIER.

De la prudence premiere vertu.

DE LA PRUDENCE EN GENERAL.

SOMMAIRE. La prudence est la connaissance des choses qu'il faut désirer, de celles qu'il faut fuir : c'est une juste appréciation des objets. Elle consiste dans l'art de bien délibérer et de bien juger. On l'acquiert difficilement. Le meilleur maître est l'expérience. On la doit aussi aux avis et aux préceptes. L'expérience des autres peut de plus nous servir; et c'est en quoi l'histoire est utile. — La fortune renverse quelquefois l'ouvrage de la prudence; mais la prudence alors rend le mal plus tolérable ou apprend à y remédier. — On peut envisager la prudence sous deux aspects : lorsqu'elle nous apprend l'art de bien vivre avec les hommes, et lorsqu'elle nous guide dans les affaires politiques. Celle-ci est surtout nécessaire à ceux qui gouvernent. L'auteur s'en occupera dans les chapitres suivans.

PRUDENCE est avec raison mise au premier rang, comme la royne generale, surintendante et guide de toutes les autres vertus, *auriga virtutum* [1], sans la-

---

[1] « Le guide des vertus.

quelle il n'y a rien de beau, de bon, de bienseant et advenant; c'est le sel de la vie, le lustre, l'ageancement et l'assaisonnement de toutes actions, l'esquierre et la reigle de toutes affaires, et en un mot l'art de la vie, comme la medecine est l'art de la santé ².

C'est la cognoissance et le choix des choses qu'il faut desirer ou fuyr; c'est la juste estimation et le triage des choses; c'est l'œil qui tout void, qui tout conduict et ordonne ³. Elle consiste en trois choses qui sont de rang; bien consulter et deliberer, bien juger et resouldre, bien conduire et executer.

C'est une vertu universelle, car elle s'estend generalement à toutes choses humaines, non seulement en gros, mais par le menu à chascune : ainsi elle est infinie comme les individus.

Très difficile, tant à cause de l'infinité ja dicte, car les particularités sont hors de science, comme hors de nombre, *si quae finiri non possunt, extra sapientiam sunt* ⁴; que de l'incertitude et inconstance grande des choses humaines, encores plus grande de leurs acci-

---

² *Ut medicina valetudinis*, dit Cicéron, *De finib.* Liv. V, n°. 16, *sic vivendi ars est prudentia*.

³ Cette définition de la prudence, est prise dans Juste-Lipse dont voici les paroles : *prudentiam definio, intellectum et dilectum rerum quæ publicè privatimque fugiendæ aut appetendæ... Hæc est quæ videt omnia.* L. 1, Politic. cap. VII.

⁴ « Les choses auxquelles on ne peut assigner une fin, sont hors de la sagesse ». Senec. epist. XCIV.

dens, circonstances, appartenances et dependances d'icelles, temps, lieux, personnes; tellement qu'au changement d'une seule et de la moindre circonstance toute la chose se change [5]; et aussi en son office qui est en l'assemblage et temperament des choses contraires; distinction et triage de celles qui sont fort semblables. La contrarieté et la ressemblance l'empeschent.

Très obscure, pource que les causes et ressorts des choses sont incognues [6], les semences et racines sont cachées, lesquelles l'humaine nature ne peust trouver ni ne doibt rechercher. *Occultat eorum semina Deus, et plerumque bonorum malorumque causae sub diversa specie latent* [7]. Et puis la fortune, la fatalité, (usez des mots que vous voudrez) cette souveraine, secrette et incognue puissance et authorité, maintient tousjours son advantage au travers de tous les conseils et precautions: d'où vient souvent que les meilleurs conseils ont de très mauvaises issues : un mesme conseil très utile à un, malheureux à un autre en pareil cas : et à un mesme homme succeda et reussit

---

[5] Tout ce qui précède est pris de Juste-Lipse; L. IV, *Politic.* cap. I.

[6] *Obscura..... quia res, eventusque omnes humani in altá morte.* Juste-Lipse. *ibid.*

[7] « Dieu cache la source des biens et des maux, et leurs principes ont souvent des apparences bien différentes de ce qu'ils sont ». Plin. *in Paneg.* cap. v.

heureusement hier, qu'aujourd'huy est mal-encontreux. C'est une sentence justement reçeue, qu'il ne faut pas juger les conseils ni la suffisance et capacité des personnes par les evenemens. Dont respondit quelqu'un à ceux qui s'estonnoient comment les affaires succedoient si mal, veu que ses propos estoient si sages; qu'il estoit maistre de ses discours, non du succès des affaires. C'estoit la fortune; laquelle semble se jouer de tous nos beaux desseins et conseils, renverse en un moment tout ce qui a esté par si long-temps projecté et deliberé [8] : et nous semble tant bien appuyé, nous clouant, comme l'on dict, nostre artillerie. Et de faict la fortune pour monstrer son authorité en toutes choses, et rabbattre nostre presomption, n'ayant peu faire les mal-habiles sages, elle les faict heureux à l'envy de la vertu. Dont il advient souvent que les plus simples mettent à fin de très grandes besongnes et publiques et privées. C'est donc une mer sans fond et sans rive, qui ne peust estre bornée et prescrite par preceptes et advis, que la prudence [9]. Elle ne faict que tournoyer à l'environ des choses, un nuage obscur, et souvent bien vain et frivole.

---

[8] Voyez là-dessus le beau discours de Paul-Émile à ses enfans, après la défaite de Persée, roi de Macédoine. Plutarq., *vie de Paul-Émile.*

[9] Juste-Lipse, *loc. cit.*

Toutesfois elle est de tel poids et necessité que seule elle peust beaucoup : et sans elle tout le reste n'est rien ; non-seulement les richesses, les moyens, la force.

Vis consilii expers mole ruit suâ [10], *mens una sapiens plurium vincit manus* [11]. — *Et multa quae naturâ impedita sunt, consilio expediuntur* [12]. Et la cause principale de cette necessité est le mauvais naturel de l'homme, le plus farouche et difficile à dompter de tous animaux [13]. *Impatiens aequi nedum servitutis* [14], et qu'il faut manier avec plus d'art et d'industrie [15]. Car il ne s'esleve point plus volontiers contre aucun, que contre ceux qu'il sent le vouloir maistriser. Or la prudence est l'art de le manier, et une bride douce qui le ramene dedans le rond d'obeissance [16].

―――――――

[10] « La force, sans la prudence, se détruit d'elle-même ». Horace, Ode IV du L. III, v. 65.

[11] « Un seul homme d'un esprit sage l'emporte sur une multitude ». Euripide, dans son *Antiope,* passage cité par Stobée, *Serm.* 52.

[12] « Un bon conseil fait réussir bien des entreprises, qui, dans l'ordre naturel des choses, semblaient impossibles ». Tite-Live, L. XI, ch. XI, *in fine.*

[13] Senec. L. I, *de Clem.* cap. XVII, *initio.*

[14] « Impatient même d'un joug équitable ». Juste-Lipse, *Politic.* L. III, cap. I.

[15] Xenoph. L. I, *non longè a principio.*

[16] Juste-Lipse, *Politic.*, L. II, cap. I.

Or combien que la semence de prudence, comme des autres vertus, soit en nous de nature; si est-ce qu'elle s'acquiert et s'apprend plus que toute autre, et ce aucunement par preceptes et advis, c'est la theorique, mais beaucoup mieux et principalement (combien qu'avec plus de temps) par experience et practique, qui est double : l'une et la vraye est la propre et personnelle, dont elle en porte le nom, c'est la cognoissance des choses, que nous avons veues ou maniées [17] : l'autre est estrangere par le faict d'autruy; c'est l'histoire que nous sçavons par ouy dire, ou par lecture. Or l'experience et l'usage est bien plus ferme et plus asseuré; *usus efficacissimus omnium rerum magister* [18], le pere et le maistre des arts, mais plus long; il est vieil,

Seris venit usus ab annis [19],

plus difficile, penible, rare. La science de l'histoire, comme elle est moins ferme et asseurée, aussi est-elle plus aysée, plus frequente, ouverte et commune à tous. On se rend plus resolu et asseuré à ses despens, mais il est plus facile aux despens d'autruy.

---

[17] Just.-Lips. L. I, *Politic.* cap. VIII.

[18] « En toutes choses, le meilleur maître est l'expérience ». Plin. *Hist. Nat.* L. XXVI, ch. II.

[19] « L'expérience s'acquiert lentement, avec les années ». Ovide, *Metamorph.* L. VI, fab. I, v. 29.

Or de ces deux proprement experience et histoire, vient la prudence,

> Usus me genuit, mater peperit memoria [20].
> Seu memoriæ anima et vita, historia [21].

Or la prudence se peust et doibt diversement distinguer, selon les personnes et les affaires. Pour les personnes il y a prudence privée, soit-elle solitaire et individuelle, qu'à grand peine peust-elle bien estre dicte prudence; ou sociale et œconomique en petite compagnie, et prudence publique et politique. Cette-cy est bien plus haute, excellente, difficile, et à laquelle plus proprement conviennent toutes ces qualités susdites : et est double; pacifique et militaire.

Pour le regard des affaires, d'autant qu'ils sont de deux façons, les uns ordinaires, faciles; les autres extraordinaires. Ce sont accidents qui apportent quelque nouvelle difficulté et ambiguité. Aussi l'on peust dire y avoir prudence ordinaire et facile, qui chemine selon les loix, coustumes, et train ja establi : l'autre extraordinaire et plus difficile.

Il y a encores une autre distinction de prudence

---

[20] « J'ai pour père l'usage, pour mère la mémoire ». C'est un vers d'Afranius cité par Aulu-Gelle, *Noct. attic.* L. XIII, cap. VIII. Il cite cet autre à la suite :

Sophiam vocant me Graii, vos sapientiam.

[21] « Et l'ame, la vie de la mémoire, c'est l'histoire ». J'ignore d'où cela est pris.

tant pour les personnes que pour les affaires, qui est plustost de degrés que d'especes; sçavoir prudence propre, par laquelle on est sage, et prend-on advis de soy-mesme : l'autre empruntée, par laquelle l'on suyt le conseil d'autruy. Il y a deux sortes et degrés de sages, disent tous les sages [22]. « Le premier et souverain est de ceux qui voyent clair par tout, et sçavent d'eux-mesmes trouver les remedes et expediens; où sont ceux-là ? O chose rare et singuliere ! L'autre est de ceux qui sçavent prendre, suyvre et se prevaloir des bons advis d'autruy; car ceux qui ne sçavent donner ny prendre conseil, sont sots. »

Les advis generaux et communs, qui conviennent à toute sorte de prudence, toutes sortes de personnes et d'affaires, ont esté touchés et briefvement deduits au livre precedent [23], et sont huit; 1. cognoissance

---

[22] Ces sages sont : Hésiode, Cicéron, Tite-Live. Voici la traduction latine de deux vers d'Hésiode, dans son poème des Œuvres et des Jours, L. I, v. 291 :

Laudatissimus, ipsius est qui cuncta videbit;
Sed laudandus et is qui paret recta monenti.

Cicéron (*orat. pro Cluentio*) s'exprime ainsi : *Sapientissimum esse dicunt eum, cui quod opus sit, ipsi veniat in mentem : proximè accedere illum, qui alterius benè inventis obtemperet.*

Charron a traduit ce que dit Tite-Live, à ce sujet (L. XXII, cap. XXIX), dans les phrases du texte de ce paragraphe, que j'ai placées entre des guillemets.

[23] Chap. X.

de personnes et d'affaires; 2. estimation des choses; 3. choix et eslections d'icelles; 4. prendre conseil sur tout; 5. temperament entre crainte et asseurance, fiance et deffiance; 6. prendre toutes choses en leur saison, et se saisir de l'occasion; 7. se bien comporter avec l'industrie et la fortune; 8. discretion par tout. Il faut maintenant traicter les particuliers, premierement de la prudence publique qui regarde les personnes, puis de celle qui regarde les affaires.

PREFACE.

De la prudence politique du souverain pour gouverner estats.

CETTE doctrine est pour les souverains et gouverneurs d'estats. Elle est vague, infinie, difficile, et quasi impossible de ranger en ordre, clorre et prescrire en preceptes: mais il faudra tascher d'y apporter quelque petite lumiere et adresse. Nous pouvons rapporter toute cette doctrine à deux chefs principaux, qui seront les deux debvoirs du souverain. L'un comprend et traicte les appuis et soustiens de l'estat, pieces principales et essentielles du gouvernement public, comme les os et les nerfs de ce grand corps, affin que le souverain s'en pourvoye et munisse, et son estat; lesquels peuvent estre sept capitaux : 1. cognoissance de l'estat, vertu, mœurs et façons, conseils, finances, forces et armes, alliances. Les trois premiers sont en la personne du souverain, le quatriesme en luy et près de luy; les trois derniers hors de luy. L'autre est à agir, bien employer et faire valoir les susdicts moyens, c'est à dire en gros, et en un mot bien gouverner et se maintenir en authorité et bienveillance, tant des subjects que des estrangers : mais distinctement : cette partie est double, pacifique et militaire. Voilà sommairement et grossierement la besongne taillée, et les premiers grands traicts tirés, qui sont à traicter cy-après. Nous diviserons donc cette matiere politique et d'estat en deux parties. La premiere sera de la provision, sçavoir des sept choses necessaires. La seconde, et qui presuppose la premiere, sera de l'action du souverain. Cette matiere est excellemment traictée par Lipsius à la maniere qu'il a voulu : la moelle de son livre est icy. Je n'ay point prins ny du tout suyvi sa methode ny son ordre, comme desja se voit icy en cette generale division, et se verra encores après : j'en ay laissé aussi du sien, et en ay adjousté d'ailleurs.

CHAPITRE II.

Premiere partie de cette prudence politique et gouvernement d'estat qui est de la provision [*1].

SOMMAIRE. — La première chose nécessaire à celui qui est à la tête des affaires publiques, est de connaître l'état qu'il dirige ; la seconde, d'avoir les vertus d'un souverain, la piété, la justice, la valeur et la clémence. Ainsi, le prince doit maintenir la religion, qui est l'appui de la société ; la justice, qui consiste à observer et à faire observer les lois avec impartialité. Il faut convenir pourtant que la justice des rois n'est pas celle des particuliers ; que les princes ne peuvent quelquefois réussir dans des projets utiles au peuple, qu'en prenant des voies détournées ; qu'il se présente des occasions où suivre la raison et l'équité, ce serait trahir l'état. Ils doivent aussi être défians, mais sans le paraître. La dissimulation, comme dit Cicéron, ouvre le front et couvre la pensée. Il est d'autres maximes d'état qu'il serait dangereux d'établir en principes ; par exemple : faire mourir, sans forme de justice, un criminel ; diminuer la puissance et la popularité d'un citoyen qui pourrait devenir redoutable au souverain ; dans une famine, ou dans quelque besoin urgent, s'approprier les richesses des particuliers opulens, pour les répandre sur le peuple ; casser des priviléges extorqués autrefois à la faiblesse des rois, et qui paralysent l'autorité souveraine, etc. etc. Il est des hommes qui ne craignent point d'avancer que tout cela est permis aux princes. Cette opinion est bien hardie :

[*1] *Prévoyance*, comme nous parlons aujourd'hui.

tout ce qu'on pourrait dire, c'est que, dans le cas d'une nécessité bien reconnue, et pour éviter la subversion entière de l'état, ce n'est pas une grande faute de s'écarter des lois, si c'est faute. — Il serait inutile de s'étendre sur la bravoure nécessaire dans un roi. Il ne mériterait pas le nom de prince, s'il ne savait combattre pour la sûreté de ses états, et pour la liberté publique. — Mais la clémence modère la justice sans lui être contraire : loin d'énerver l'autorité, elle l'affermit. La crainte qui retient les peuples dans le devoir, doit être modérée; si elle cause trop d'inquiétude et d'effroi, elle les excite à la fureur, à la vengeance. — Après ces quatre vertus principales, il y en a d'autres secondaires qui ne sont pas moins requises dans un souverain. Savoir : 1°. une libéralité *discrète*, non celle qui est de montre et de parade, et qui fait dire aux peuples, « qu'on les festoye » à leurs dépens, et qu'on repaît leurs yeux de ce qui de- » vrait repaître leur ventre », mais celle qui consiste en dons faits à des hommes qui les ont vraiment mérités par de grands et honorables services, ou par des talens utiles; 2°. La magnanimité qui consiste à mépriser les injures, au moins celles qui ne sont pas publiques et ne peuvent altérer la vénération des peuples pour celui qui leur commande. Un roi ne doit point s'abaisser à soupçonner, à haïr, à punir comme des crimes, de simples indiscrétions.

Tout ceci appartient pour ainsi dire à la personne du prince. Voici des choses qui sont près et autour de lui, et qui ne doivent pas moins l'intéresser, parce que, sans elles, le gouvernement périclite. 1°. Le prince doit s'entourer de conseillers fidèles, capables d'une liberté courageuse, lorsqu'il s'agit de dire la vérité, constans sans opiniâtreté dans leur opinion. Les vices que les conseillers doivent fuir, sont une confiance présomptueuse, la passion et la précipitation. Le prince doit choisir en général ses conseillers et ses officiers, non sur l'avis de ses courtisans, mais d'après l'opinion publique, et parmi les gens de bien. — 2°. Il lui faut veiller sur les finances. Pour accroître le trésor de l'état, il a les revenus du domaine public, les conquêtes sur l'ennemi, les tributs et impôts, les douanes. S'il lève des impôts, il faut que ce ne soit qu'avec le consentement du peuple; qu'ils se lèvent sur les biens et non sur les têtes (la capitation est odieuse, elle assimile les hommes à un vil bétail); qu'ils se lèvent également sur tous, nobles et plébéiens. Le roi emploiera ses finances à l'entretien, sans faste, de sa maison, à la solde des troupes ; au paiement des pensions, à la réparation des chemins, des villes, des forteresses, à l'établissement de colléges, à la construction d'édifices publics. Le peuple ne murmurera point de ces dépenses : les arts et les artisans y gagneront. Mais il ne faut pas employer en libéralités envers des courtisans, ou en des constructions de bâtimens fastueux et non nécessaires, la dépouille des sujets. — Qu'il ait soin aussi de se faire une *épargne*, afin de n'être pas obligé de recourir, dans la nécessité, à des moyens violens et injustes. — 3°. Après les soins qu'exigent les finances, le prince doit principalement s'occuper des troupes. C'est une erreur de croire qu'un état puisse se passer d'une force armée. Il y a toujours des gens qui remuent, soit en dehors, soit en dedans. Il faut donc des troupes, et pour la garde du prince, et pour le maintien de la paix intérieure, et pour la défense des places frontières. Peut-être même n'est-il pas prudent d'en diminuer le nombre, comme on fait, pendant la paix. — 4°. Enfin, le prince doit former des alliances, sur lesquelles l'état puisse s'appuyer. La meilleure règle dans le choix des alliances, est d'en former avec les états les plus forts, de les éviter avec les puissances faibles. Il y a tout à gagner d'un côté, et rien de l'autre. Les alliances ne doivent pas être perpétuelles, si les contractans ont des intérêts semblables : il vaut mieux les renouveler, lorsque le terme en est arrivé.

Exemples : Cyrus; — Lactance; — Cicéron; — Aristote; — Saint-Basile; — Isidore; — Cicéron; — Salluste; — les empereurs Claude et Marc-Aurèle; — Camille; — Flaminius; — Paul-Emile; — les Scipions; — Lucullus et Cesar; — les Romains; — Darius; — Tibère; — Trajan; — David; — les Perses; — les Grecs; — les Romains.

La premiere chose requise avant toute œuvre, est la cognoissance de l'estat : car la premiere reigle de toute prudence est en la cognoissance, comme a esté dict au livre precedent. Le premier en toutes choses est sçavoir à qui l'on a affaire. Parquoy d'autant que cette prudence regente et moderatrice des estats, qui est une adresse et suffisance de gouverner en public, est chose relative qui se manie et traicte entre les souverains et les subjects : le debvoir et office premier d'icelle, est en la cognoissance des deux parties, sçavoir des peuples et de la souveraineté, c'est à dire de l'estat. Il faut donc premierement bien cognoistre les humeurs et naturels des peuples. Cette cognoissance façonne et donne advis à celuy qui les doibt gouverner. Le naturel du peuple en general a esté depeinct au long au premier livre [2] (leger, inconstant, mutin,

---

[2] Chap. L.

bavard, amateur de vanité et nouveauté, fier et insupportable en la prosperité, couard et abbattu en l'adversité) : mais il faut encores en particulier le cognoistre ; car autant de villes et de personnes, autant de divers humeurs. Il y a des peuples choleres, audacieux, guerriers, timides, adonnés au vin, subjects aux femmes, et les uns plus que les autres, *noscenda natura vulgi est, et quibus modis temperanter habeatur*[3]. Et c'est en ce sens que se doibt entendre le dire des sages ; qui n'a pas obey, ne peust bien commander, *nemo benè imperat, nisi qui ante paruerit imperio*[4]. Ce n'est pas que les souverains se doibvent ou puissent tousjours prendre du nombre des subjects[5] ; car plusieurs sont nés roys et princes, et plusieurs estats sont successifs : mais que celuy qui veust bien commander doibt cognoistre les humeurs et volontés des subjects, comme si luy-mesme estoit de leur rang et en leur place. Faut aussi cognoistre le naturel de l'estat, non-seulement en general tel qu'il a esté descrit[6], mais

---

[3] « Il faut connaître la nature du peuple, et par quels moyens on peut le gouverner ». Tacit. *Annal.* L. IV, ch. XXXIII.

[4] Sén. *De Irâ.* L. II, cap. XV, *in fine*. La traduction précède, dans le texte, la citation. Mais Charron n'a pas rapporté les propres mots de Sénèque, qui dit : *Nemo autem regere potest, nisi qui et regi.*

[5] Il faut lire, sur ce sujet, les réflexions d'Aristote, dans son Traité de la République, L. III, chap. XV.

[6] Dans le chap. XLVII du L. Ier.

en particulier celuy que l'on a en main, sa forme, son establissement, sa portée, c'est à dire s'il est vieil ou nouveau, escheu par succession ou par election, acquis par les loix, ou par les armes, de quelle estendue il est, quel voisins, moyens, puissance il a. Car selon toutes ces circonstances et autres, il faut diversement manier le sceptre, serrer ou lascher les resnes de la domination.

Après cette cognoissance d'estat, qui est comme un prealable, la premiere des choses requises, est la vertu tant necessaire au souverain, non tant pour soy que pour l'estat. Il est premierement bien convenable que celuy qui est par dessus tous soit le meilleur de tous, selon le dire de Cyrus [7]. Et puis il y va de sa reputation ; car le bruit commun recueille tous les faicts et dicts de celuy qui le maistrise ; il est en veue de tous et ne se peust cacher non plus que le soleil. Dont ou en bien ou en mal on parlera beaucoup de luy. Et il importe de beaucoup et pour luy et pour l'estat en quelle opinion il soit. Or non-seulement en soy et en sa vie le souverain doibt estre revestu de vertu : mais il doibt soigner que ses subjects lui ressemblent. Car comme ont dit tous les sages, l'estat, la ville, la compagnie, ne peust durer ny prosperer, dont la vertu est bannie. Et ceux-là equivoquent bien lourdement, qui pensent que les princes sont tant plus

---

[7] Xénophon, *Pædagog.* XIX.

asseurés, que leurs subjects sont plus meschans [8] : à cause, disent-ils, qu'ils en sont plus propres et plus nais à la servitude et au joug, *patientiores servitutis, quos non decet esse nisi servos* [9]; car au rebours les meschans supportent impatiemment le joug : et les bons et debonnaires craignent beaucoup plus qu'ils ne sont à craindre : *Pessimus quisque asperrimè rectorem patitur* [10] :

Contra facile imperium in bonos [11].

qui metuentes magis quàm metuendi [12]. Or le moyen très puissant pour les induire et former à la vertu, c'est l'exemple du prince ; car comme l'experience le monstre, tous se moulent au patron et modele du prince. La raison est que l'exemple presse plus que la loy [13].

---

[8] Sallust. *De Rep. ordinand. ad Cæsar.*; vers le commencement du discours.

[9] « Supportant la servitude plus patiemment qu'il ne convient à des hommes, à moins qu'ils ne soient esclaves ». Pline, *Paneg.* chap. XLV.

[10] « Ce que craint le plus un méchant, c'est d'avoir un maître ». Sallust. *ad. Cæsar. de Rep. ordin.* orat. I. *initio ferè.*

[11] « Il est au contraire bien facile de commander aux bons ». Plaute, *in Milit.* act. III, sc. I, v. 17.

[12] « Qui craignent plus qu'ils ne sont à craindre ». Sallust. *Bellum Jug.* cap. XX.

[13] *Urget efficaciùs quam ipsæ leges.* Just. Lips. *Politic.* L. II, cap. IX.

C'est une loy muette, laquelle a plus de credit, que le commandement, *nec tam imperio nobis opus est quàm exemplo* [14] : — *et mitiùs jubetur exemplo* [15]. Or tousjours les yeux et les pensées des petits sont sur les grands, admirent et croyent tout simplement que tout est bon et excellent ce qu'ils font : et d'autre part ceux qui commandent pensent assez enjoindre et obliger les inferieurs à les imiter en faisant seulement. La vertu est donc honorable et proffitable au souverain, et toute vertu [16].

Mais par preciput et plus specialement la pieté, la justice, la vaillance, la clemence. Ce sont les quatre vertus principesques et princesses *[17] en la principauté. Dont disoit Auguste ce tant grand prince : la pieté et la justice deïfient les princes [18]. Et Seneque dict que la clemence convient mieux au prince qu'à tout autre [19]. La pieté du souverain est au soin qu'il doibt employer à la conservation de la religion, comme son protecteur. Cela faict à son honneur et à sa con-

---

[14] « Nous obéissons beaucoup mieux à l'exemple qu'aux ordres ». Pline, *in Paneg.* cap. XLV.

[15] « La plus douce manière de commander, c'est par l'exemple ». Pacatus, *Paneg.* p. 122. éd. de Henri Estienne.

[16] Juste-Lipse, *Politic.* L. II, cap. X, *initio*.

*[17] Principales et royales dans le gouvernement. — C'est ainsi que l'auteur lui-même appelle ces vertus, quelques pages plus bas.

[18] *August. apud Senecam*, in Ludo.

[19] Sénèque, *de Clement.* L. I, cap. v.

servation propre ; car ceux qui craignent Dieu n'osent attenter ny penser chose contre le prince, qui est son image en terre, ny contre l'estat ; car, comme enseigne souvent Lactance [20], c'est la religion qui maintient la societé humaine, qui ne peust autrement subsister, et se remplira tost de meschancetés, cruautés bestiales, si le respect et la crainte de religion ne tient les hommes en bride. Et au contraire l'estat des Romains s'est accreu et rendu si florissant, plus par la religion, disait Ciceron mesme, que par tous autres moyens [21]. Parquoy le prince doibt soigner que la religion soit conservée en son entier selon les anciennes ceremonies et loix du pays, et empescher toute innovation et brouillis en icelle, chastier rudement ceux qui l'entreprennent ; car certainement le changement en la religion, et l'injure faite à icelle, traine avec soy un changement et empirement en la republique, comme discourt très bien Mecenas à Auguste [22].

Après la pieté vient la justice, sans laquelle les estats ne sont que brigandage, laquelle le prince doibt garder et faire valoir et en soy et aux autres : en soy, car il faut abominer ces paroles tyranniques et barbares, qui dispensent les souverains de toutes loix,

---

[20] *De Irâ Dei*, cap. XII et XIII.

[21] *Nec robore.., nec calliditate..., sed pietate ac religione...., omnes gentes, nationesque superavimus.* Cicer. *oratio de Aruspicum responsis*, n°. 19, *in fine*.

[22] *Apud Dionem Cassium*, L. LII.

raison, equité, obligation; qui les disent n'être tenus à aucun autre debvoir, qu'à leur vouloir et plaisir; qu'il n'y a point de loix pour eux; que tout est bon et juste, qui accommode leurs affaires; que leur equité est la force, leur debvoir est au pouvoir. *Principi leges nemo scripsit* [23] : — *licet, si libet* [24]. — *In summâ fortunâ id aequiùs quod validiùs* [25] : — *nihil injustum quod fructuosum* [26].

> Sanctitas, pietas, fides,
> Privata bona sunt : qua juvat reges eant [27].

Et leur opposer les beaux et saincts advis des sages, que plus doibt estre reiglé et retenu, qui plus a de pouvoir. La plus grande puissance doibt estre la plus estroitte bride. La reigle du pouvoir est le debvoir :

> Minimùm decet libere qui nimiùm licet [28].

---

[23] « Jamais il n'y eut de lois écrites pour les princes ». Pline, *Paneg.* cap. LXV.

[24] « Tout ce qui leur plaît leur est permis ». Spartian. *in Anton. Carac. ferè in fine.*

[25] « Dans une haute fortune, ce qu'il y a de plus juste, est ce qu'il y a de plus avantageux ». Tacit. *Annal.* L. XV, cap. I, *in fine.*

[26] « Rien de ce qui est utile n'est injuste ». Thucyd. L. VI, sect. 14.

[27] « La sainteté, la piété, la foi sont des vertus faites pour des particuliers; que les rois agissent à leur volonté ». Senec. *Th estes*, act. II, sc. 1, v. 216.

[28] « Celui à qui tout est permis, est celui à qui il convient le moins d'agir en toute liberté ». Senec. *Troad.* act. II, sc. IV, v. 334.

Non fas potentes posse, fieri quod nefas [29]. Le prince donc doibt estre le premier juste et equitable, gardant bien et inviolablement sa foy, fondement de justice à tous et un chascun, quel qu'il soit. Puis il doibt faire garder et maintenir la justice aux autres : car c'est sa propre charge, et il est installé pour cela [30]. Il doibt entendre les causes et les parties, rendre et garder à chascun ce qui luy appartient equitablement selon les loix, sans longueur, chicanerie, involution de procez, chassant et abolissant ce vilain et pernicieux mestier de plaiderie, qui est une foire ouverte, un legitime et honorable brigandage, *concessum latrocinium* [31], evitant la multiplicité de loix et ordonnances, tesmoignage de republique malade, *corruptissimae reipublicae plurimae leges* [32], comme force medecines et emplastres, du corps mal disposé, affin que ce qui est estably par bonnes loix ne soit destruit par trop de loix [33]. Mais il est à sçavoir que la justice, vertu, et probité du souverain, chemine un peu autrement que celle des pri-

---

[29] « Les puissans n'ont pas le droit de faire ce qui serait criminel ». Eurip. *in Hecub.* v. 282.

[30] *Hac una reges olim sunt fine creati,*
Dicere jus populis injustaque tollere facta.
HESIOD. Theog. v. 88.

[31] « Un brigandage admis ». Colum. L. I, *in Præfat.*

[32] « Beaucoup de lois sont la preuve d'une grande corruption dans la république ». Tacit. *Annal.* L. III, cap. XXVII.

[33] *Ne legibus fundata civitas legibus evertatur.* Pline, *Paneg.* cap. XXXIV.

vés : elle a ses alleures plus larges et plus libres à cause de la grande, pesante et dangereuse charge qu'il porte et conduit ; dont il luy convient marcher d'un pas qui sembleroit aux autres detraqué et desreiglé, mais qui luy est necessaire, loyal et legitime. Il luy faut quelques fois esquiver et gauchir, mesler la prudence avec la justice, et, comme l'on dict, coudre à la peau de lion, si elle ne suffit, la peau de renard [34]. Ce qui n'est pas tousjours et en tout cas, mais avec ces trois conditions, que ce soit pour la necessité ou evidente et importante de l'utilité publique (c'est-à-dire, de l'estat et du prince, qui sont choses conjoinctes) à laquelle il faut courir ; c'est une obligation naturelle et indispensable, c'est tousjours estre en debvoir que procurer le bien public.

Salus populi suprema lex esto [35].

Que ce soit à la deffensive et non à l'offensive ; à se conserver et non à s'agrandir ; à se garantir et sauver des tromperies et finesses, ou bien meschancetés et entreprinses dommageables, et non à en faire. Il est permis de jouer à fin contre fin, et près du renard le renard contrefaire [36]. Le monde est plein d'artifices et de malices : par fraudes et tromperies ordinai-

---

[34] Ce proverbe se trouve dans Plutarque, *Vie de Lysandre*.

[35] « Que le salut public soit la suprême loi ». Cicer. *de Legibus*, L. III, cap. III.

[36] *Cum vulpe conjunctum pariter vulpinarier.* Adag.

rement les estats sont subvertis, dit Aristote [37]. Pourquoy ne sera-t-il loisible, mais pourquoy ne sera-t-il requis d'empescher et destourner tels maux, et sauver le public par les mesmes moyens que l'on le veust miner et ruiner? Vouloir tousjours et avec telles gens suyvre la simplicité et le droit fil de la vraye raison et equité, ce seroit souvent trahir l'estat et le perdre. Il faut aussi que ce soit avec mesure et discretion, affin que l'on n'en abuse pas, et que les meschans ne prennent d'icy occasion de faire passer et valoir leurs meschancetés ; car il n'est jamais permis de laisser la vertu et l'honneste pour suyvre le vice et le deshonneste. Il n'y a point de composition ou compensation entre ces deux extremités. Parquoy arriere toute injustice, perfidie, trahison et desloyauté ; maudite la doctrine de ceux qui enseignent (comme a esté dict) toutes choses bonnes et permises aux souverains : mais bien est-il quelquesfois requis de mesler l'utile avec l'honneste [38], et entrer en composition et compensation des deux. Il ne faut jamais tourner le dos à l'honneste, mais bien quelquesfois aller à l'entour et le costoyer, y employant l'artifice et la ruse; car il y en a de bonnes, honnestes et louables, dict le grand saint Basile, καλὴν καὶ επαινετὴν πανουργίαν [39], et faisant pour le salut public comme les meres

---

[37] *In Politic.* L. V, cap. IV, *circà finem.*
[38] *Utilia honestis miscere.* Tacit. *Vita Agricolæ.*
[39] « Une ruse belle et louable ». Basil. *in Proverb.* T. I.

et medecins qui amusent et trompent les petits enfans, et les malades pour leur santé.⁴⁰. Bref faisant à couvert ce que l'on ne peust ouvertement, joindre la prudence à la vaillance, apporter l'artifice et l'esprit où la nature et la main ne suffit; estre, comme dict Pindare⁴¹, lyon aux coups et renard au conseil; colombe et serpent, comme dict la verité divine.

Et pour traicter cecy plus distinctement, est requise au souverain la deffiance et se tenir couvert, sans toutesfois s'esloigner de la vertu et l'equité. La deffiance, qui est la premiere, est du tout necessaire; comme sa contraire, la credulité et lasche fiance *⁴² est vicieuse et très dangereuse au souverain. Il veille et doibt respondre pour tous; ses fautes ne sont pas legeres: parquoy il y doibt bien adviser. S'il se fie beaucoup, il se descouvre et s'expose à la honte et à beaucoup de dangers, *opportunus fit injuriae* ⁴³, voire il convie les perfides et les trompeurs qui pourroient avec peu de danger et beaucoup de recompense, commettre de grandes meschancetés,

Aditum nocendi perfido præstat fides ⁴⁴.

---

⁴⁰ Just. Lips. *Politic.* L. IV, cap. XIII.

⁴¹ Pind. *Isthm.* od. IV, v. 79.

*⁴² Confiance.

⁴³ « L'injure peut facilement l'atteindre ». Sallust. *Bell. Jugurth.*

⁴⁴ « La bonne foi donne au perfide toute facilité pour nuire ». Senec. *in OEdip.* act. III, v. 686.

Il faut donc qu'il se couvre de ce bouclier de deffiance, que les sages ont estimé une grande partie de prudence et les nerfs de sagesse [45], c'est à dire veiller, ne rien croire, de tout se garder [46] : et à cela l'induict le naturel du monde tout confit en menteries, feint, fardé et dangereux, nommement près de luy en la cour et maisons des grands. Il faut donc qu'il se fie à fort peu de gens, et iceux cognus de longue main et essayés souvent [47] : et encores ne faut-il qu'il leur lasche et abandonne tellement toute la corde, qu'il ne la tienne tousjours par un bout, et n'y aye l'œil. Mais il faut qu'il couvre et desguise sa deffiance, voire qu'en se deffiant il face mine et visage de se fier fort ; car la deffiance ouverte injurie et convie aussi bien à tromperie, que la trop lasche fiance ; et plusieurs monstrant crainte d'estre trompés, ont enseigné à l'estre : *multi fallere docuerunt, dùm timent falli*[48] : comme au contraire la fiance declarée a faict perdre l'envie de tromper, a obligé à loyauté, et engendré fidelité : *vult quisque sibi credi, et habita fides ipsam plerumque obligat fidem* [49].

---

[45] *Vigila et memores nequid credas : nervi hi sunt prudentiæ.* Epicharme.

[46] *Nihil credendo, atque omnia cavendo.* Cicer. orat. post. redit. in Senat.

[47] Just. Lips. *Politic.* L. IV, cap. XIV.

[48] Senec. *epist.* III. La traduction précède la citation.

[49] « Il n'est personne qui ne veuille qu'on croie à sa bonne foi, et la confiance qu'on témoigne, oblige souvent à la fidélité ». Tit.-Liv. L. XXII, cap. XXII.

De la deffiance vient la dissimulation, son engeance; car si celle-là n'estoit, et qu'il y eust par-tout fiance et fidelité, la dissimulation qui ouvre le front et couvre la pensée [50], n'auroit lieu. Or la dissimulation, qui est vicieuse aux particuliers, est très necessaire aux princes, lesquels ne sçauroyent autrement regner ne bien commander [51]. Et faut qu'ils se feignent souvent non-seulement en guerre aux estrangers et ennemis, mais encores en paix et à leurs subjects, combien que plus chichement. Les simples et ouverts, et qui portent, comme on dict, le cueur au front, ne sont aucunement propres à ce mestier de commander, et trahissent souvent et eux et leur estat; mais il faut qu'ils jouent ce roolle dextrement et bien à poinct, sans excez et ineptie. « A quel propos vous cachez et » couvrez-vous, si l'on vous voit au travers? [52] » finesses et mines ne sont plus finesses ny mines, quand elles sont cognues et esventées. Il faut donc que le prince, pour couvrir son art, fasse profession d'aymer la simplicité, qu'il caresse les francs, libres et ouverts, comme ennemis de dissimulation, qu'aux petites cho-

---

[50] *Quæ frontes aperit, mentes tegit.* Cicer. orat. pro Cn. Plancio, n°. 16.

[51] *Necessaria sane principi adeò ut veteranus imperator dixerit :*
  Nescit regnare qui nescit dissimulare.
Just. Lips. L. IV, *Politic.* cap. XIV.

[52] C'est une réflexion de Juste Lipse. *ibid.*

ses il procede tout ouvertement, afin que l'on le tienne pour tel.

Tout cecy est plus en omission à se retenir, et non agir ; mais il luy est quelques fois requis de passer oultre et venir à l'action : icelle est double. L'une est à faire et à dresser practiques et intelligences secrettes, attirer finement les cueurs et les services des officiers, serviteurs et confidents des autres princes et seigneurs estrangers, ou de ses subjects. C'est une ruse qui est fort en vogue et toute commune entre les princes, et un grand traict de prudence, dit Ciceron [53]. Cecy se faict aucunement par persuasion, mais principalement par presens et pensions, moyens si puissans, que non-seulement les secretaires, les premiers du conseil, les amis, les mignons sont induicts par-là à donner advis et destourner les desseins de leur maistre, les grands capitaines à prester leurs mains en la guerre, mais encores les propres espouses sont gaignées à descouvrir les secrets de leurs maris [54]. Or cette ruse est allouée et approuvée de plusieurs sans difficulté et sans scrupule. A la verité si c'est contre son ennemi, contre son subject, qu'on tient pour suspect, et encores contre tout estranger avec lequel on n'a point d'alliance ni de convention de fidelité et amitié, il n'y a point de doute ; mais contre ses alliés,

---

[53] Cicer. *de Offic.* L. II, cap. v, n°. 17.
[54] Aristote, *Polit.* L. V, cap. xi.

amis et confederés, il ne peust estre bon, et est une espece de perfidie qui n'est jamais permise.

L'autre est gaigner quelque advantage et parvenir à son dessein par moyens couverts, par equivoques et subtilités, affiner par belles paroles et promesses, lettres, ambassades, faisant et obtenant par subtils moyens ce que la difficulté du tems et des affaires empesche de faire autrement, et à couvert ce que l'on ne peust à descouvert. Plusieurs grands et sages disent cela estre permis et loisible [55], *crebro mendacio et fraude uti imperantes debent ad commodum subditorum* [56]. — *Decipere pro moribus temporum, prudentia est* [57]. Il est bien hardy de tout simplement dire qu'il est permis. Mais bien pourroit-on dire qu'en cas de necessité grande, temps trouble et confus, et que ce soit non seulement pour promouvoir le bien, mais pour destourner un grand mal de l'estat, et contre les meschans, ce n'est pas grande faute, si c'est faute [58].

---

[55] *Quod licitum probumque in principe esse, volunt probi auctores.* Just. Lips. *loc. cit.*

[56] « Souvent ceux qui gouvernent doivent employer le mensonge et la fraude pour l'avantage de leurs sujets ». Platon, *de la Rép.* L. V. Charron a cité ce passage d'après la traduction qu'en a donnée Juste-Lipse.

[57] « Tromper, selon les circonstances, c'est sagesse ». Plin. L. VIII, epist. XVIII.

[58] Voyez à ce sujet Juste-Lipse, *loc. cit.*, qui s'appuie sur Saint-Augustin, etc.

Mais il y a bien plus grande doubte et difficulté en d'autres choses, pource qu'elles sentent et tiennent beaucoup de l'injustice : je dis beaucoup et non du tout ; car avec leur injustice, il se trouve quelque grain meslé de justice. Ce qui est du tout et manifestement injuste est reprouvé de tous, mesme des meschans, pour le moins de parole et de mine, sinon de faict. Mais de ces faicts mal meslés, il y a tant de raisons et d'authorités de part et d'autre, que l'on ne sçait pas bien à quoy se resouldre. Je les reduiray icy à certains chefs. Se despescher et faire mourir secretement ou autrement sans forme de justice, certain qui trouble et est pernicieux à l'estat et qui merite bien la mort, mais l'on ne peust sans trouble et sans danger l'entreprendre, et le reprimer par voye ordinaire, en cela il n'y a que la forme violée [59]. Et le prince n'est-il pas sur les formes et plus ?

---

[59] Juste-Lipse conseille la même chose à son prince, mais moins hardiment que Charron : il emploie un détour, et fait parler ainsi ceux de l'organe desquels il se sert pour faire connaître ses sentimens : *Quid enim, inquiunt, si unus alterve regnum meum turbant, nec legibus in eos facilè vindicem, sine majore turba ? Nonne fas clàm tollere ? — Videtur*, répond Juste-Lipse. N. — Ces principes me paraissent on ne peut plus dangereux. Qui est-ce qui décidera que les lois auraient été impuissantes contre le perturbateur du repos public ? Celui même qui est intéressé à n'y pas recourir. Juste-Lipse et Charron autorisent ici les coups-d'état ; mais leurs raisonnemens ont été victorieusement réfutés par d'autres publicistes.

Rongner les aisles et racourcir les grands moyens de quelqu'un qui s'esleve et se fortifie trop en l'estat, et se rend redoutable au souverain, sans attendre qu'il soit invincible et en sa puissance, si la volonté luy advenoit d'attenter quelque chose contre l'estat et la teste du souverain [60].

Prendre d'authorité et par force des plus riches en une grande necessité et povreté de l'estat.

Affoiblir et casser quelques droicts et privileges, dont jouyssent quelques subjects, au prejudice et diminution de l'authorité du souverain [61].

Preoccuper et se saisir d'une place, ville, ou province fort commode à l'estat, plustost que la laisser prendre et occuper à un autre puissant et redoutable, au grand dommage, subjection et perpetuelle allarme dudit estat [62].

Toutes ces choses sont approuvées comme justes et licites par plusieurs grands et sages, pourveu qu'elles succedent bien et heureusement, desquels voicy les mots et les sentences. Pour garder justice aux choses grandes, il faut quelques fois s'en destourner aux choses petites [63]; et pour faire droict en gros,

---

[60] Aristote, *Politic.* L. V, cap. XI.
[61] Juste-Lipse, *loc. citat.*
[62] *Id. ibid.*
[63] Plutarque: *Instruction pour ceux qui les manient affaires d'état.*

il est permis de faire tort en detail : qu'ordinairement les plus grands faicts et exemples ont quelque injustice, qui satisfaict aux particuliers par le proffit qui en revient à tout le public : *omne magnum exemplum habet aliquid ex iniquo, quod adversus singulos utilitate publicâ rependitur* [64]. Que le prudent et sage prince non seulement doibt sçavoir commander les loix, mais encores aux loix mesmes, si la necessité le requiert [65] : et faut faire vouloir aux loix quand elles ne peuvent ce qu'elles veulent. Aux affaires confuses et deplorées le prince doibt suyvre non ce qui est beau à dire, mais ce qui est necessaire d'estre executé [66]. La necessité grand support et excuse à la fragilité humaine, enfreint toute loy [67] ; dont celuy-là n'est gueres meschant qui faict mal par contrainte : *necessitas, magnum imbecillitatis humanae patrocinium, omnem legem frangit* [68] : —

---

[64] « Toute grande punition a quelque chose d'inique ; mais l'utilité publique lui sert d'excuse ». Tacit. *Annal.* L. XIV, cap. XLIV, *in fine.*

[65] Plutarque, *Vie de Philopœmen.*

[66] Quinte-Curce, L. V, cap. I.

[67] *Necessitas, cujus cursus transversi impetum*
Voluerunt multi effugere, pauci potuerunt.
LABERIUS, apud Macrob. *Saturn.* L. II, cap. VII.

[68] « La nécessité (et c'est sur elle que s'appuie la faiblesse humaine) ne reconnaît aucune loi ». Senec. *Controvers.* L. IX, controv. IV.

Non est nocens quicunque non sponte est nocens[69].

Si le prince ne peust estre du tout bon, suffit qu'il le soit à demy, mais qu'il ne soit point du tout meschant[70] : qu'il ne se peust faire que les bons princes ne commettent quelque injustice[71]. A tout cela je voudrois adjouster pour leur justification ou diminution de leurs fautes, que se trouvant les princes en telles extremités, ils ne doibvent proceder à tels faicts qu'à regret et en souspirant, recognoissant que c'est un malheur et un coup disgracié du ciel, et s'y porter comme le pere quand il faut cauterizer ou couper un membre à son enfant pour luy sauver la vie, ou s'arracher une dent pour avoir du repos. Quant aux autres mots plus hardis qui rapportent tout au proffit, lequel ils egalent ou preferent à l'honneste, l'homme de bien les abhorre.

Nous avons demeuré long-temps sur ce poinct de

---

[69] « Il n'est pas coupable, celui qui ne l'est pas de son plein gré ». Senec. *Hercul. OEtœus*, act. III, sc. II, v. 886.

Toutes ces maximes sont celles de la tyrannie, malgré les grands noms dont l'auteur veut les appuyer. Ce n'est pas sans doute à ces deux pages que le cardinal Duperron faisait allusion, quand il disait que le *Traité de la Sagesse* était le bréviaire des hommes d'état ; j'aime mieux croire qu'il avait en vue les pages suivantes (jusqu'à la fin du chapitre IV), lesquelles sont en effet dignes des méditations de tout homme chargé de l'administration des affaires publiques.

[70] Aristot. *Politic.* L. V, cap. XI.

[71] Démocrite, *apud Stobœum*, Serm. XLIV, *de Magistratu*.

la vertu de justice, à cause des doubtes et difficultés qui proviennent des accidens et necessités des estats, et qui empeschent souvent les plus resolus et advisés.

Après la justice vient la vaillance. J'entens la vertu militaire, la prudence, le courage et la suffisance de bien guerroyer, necessaire du tout au prince, pour la defense et seureté de soy, de l'estat, de ses subjects, du repos et de la liberté publique, et sans laquelle à peine merite-t-il le nom de prince.

Venons à la quatriesme vertu principesque, qui est la clemence; vertu qui faict incliner le prince à la douceur, remettre et lascher de la rigueur de la justice avec jugement et discretion [72]. Elle modere et manie doucement toutes choses, delivre les coulpables, releve les tombés, sauve ceux qui s'en vont perdre. Elle est au prince ce que au commun est l'humanité : elle est contraire à la cruauté et trop grande rigueur, non à la justice, de laquelle elle ne s'esloigne pas beaucoup, mais elle l'adoucit, la manie; elle est très necessaire à cause de l'infirmité humaine, de la frequence des fautes, facilité de faillir : une grande et continuelle rigueur et severité ruine tout, rend les chastimens contemptibles, *severitas amittit assiduitate authoritatem* [73]; irrite la malice; par despit l'on se fait

---

[72] C'est la définition qu'en donne Sénèque, *De Clement.* L. II, cap. III.

[73] « La sévérité, trop continue, perd sa puissance ». Senec. *De Clement.* L. I, cap. XXII.

meschant, suscite les rebellions. Car la crainte qui retient en debvoir doibt estre temperée et douce : si elle est trop aspre et continuelle, se change en rage et vengeance : *temperatus timor est qui cohibet, assiduus et acer in vindictam excitat* [74]. Elle est aussi très utile au prince et à l'estat, elle acquiert la bienveillance des subjects, et par ainsi asseure et affermit l'estat, *firmissimum id imperium quo obedientes gaudent* [75] (comme sera dict après [76]); aussi très honorable au souverain : car les subjects l'honoreront et adoreront comme un Dieu, leur tuteur, leur pere : et au lieu de le craindre, ils craindront tous pour luy, auront peur qu'il ne luy mesadvienne. Ce sera donc la leçon du prince, sçavoir tout ce qui se passe, ne relever pas tout, voire dissimuler souvent, aymant mieux estre estimé avoir trouvé de bons subjects que les avoir rendus tels, accommoder le pardon aux legeres fautes, la rigueur aux grandes, ne chercher pas tousjours les supplices (qui sont aussi honteux et infames au prince, qu'au medecin plusieurs morts de maladies [77]), se contenter souvent de la repentance, comme suffisant chastiment [78].

---

[74] Senec. *ibid.* cap. XII. La traduction est dans la phrase qui précède.

[75] « Le gouvernement le plus affermi est là où ceux qui obéissent sont heureux ». Tit.-Liv. L. VIII, cap. XIII.

[76] Dans le chap. III, au commencement.

[77] Tacit. *Vita Agricolæ*, cap. XIX.

[78] Senec. *De Clement.* L. I, cap. XXIV.

> . . . . Ignoscere pulchrum
> Jam misero, pœnæque genus vidisse precantem [79].

Et ne faut point craindre ce qu'aucuns objectent très mal, qu'elle relasche, avilit et enerve l'authorité du souverain et de l'estat : car au rebours elle la fortifie à un très grand credit et vigueur : et le prince aymé fera plus par icelle, que par une grande crainte, qui faict craindre et trembler, et non bien obeir; et comme discourt Salluste à Cesar, ces estats menés par crainte ne sont pas durables. Nul ne peust estre craint de plusieurs, qu'il ne craigne aussi plusieurs. La crainte qu'il veust verser sur tous luy retombe sur la teste. Une telle vie est doubteuse, en laquelle l'on n'est jamais couvert ny par devant, ny par derriere, ny à costé : mais tousjours en bransle, en danger et en crainte [80]. Il est vray, comme a esté dict au commencement, qu'elle doibt estre avec jugement ; car comme temperée et bien conduite est très venerable, aussi trop lasche et molle, est très pernicieuse.

Après ces quatre principales et royales vertus, il y en a d'autres, bien que moins illustres et necessaires, toutesfois en second lieu bien utiles et requises au

---

[79] « Il est beau de pardonner au malheureux, qui déjà n'adressait de prière que sur le genre de son supplice ». Claudian. *de Bello Getico*, v. 91.

[80] Sallust. *de Republ. ordinanda*, orat. 1, un peu après le commencement.

souverain, sçavoir la liberalité tant convenable au prince, qu'il luy est moins messeant d'estre vaincu par armes, que par magnificence. Mais en cecy est requise une très grande discretion, autrement elle seroit plus nuisible qu'utile [81].

Il y a double liberalité, l'une est en despense et en monstre : cette-cy ne sert à gueres. C'est chose mal à propos aux souverains vouloir se faire valoir et paroistre par grandes et excessives despenses mesmement parmy leurs subjects, où ils peuvent tout. C'est tesmoignage de pusillanimité et de ne sentir pas assez ce que l'on est, outre qu'il semble aux subjects spectateurs de ces triomphes, qu'on leur fait monstre de leurs despouilles, qu'on les festoye à leurs despens, qu'on repaist leurs yeux de ce qui debvroit paistre leur ventre. Et puis le prince doibt penser qu'il n'a rien proprement sien : il se doibt soy mesme à autruy. L'autre liberalité est en dons faicts à autruy : cette-cy est beaucoup plus utile et louable : mais si doibt-elle estre bien reiglée ; et faut adviser à qui, combien et comment l'on donne [82]. Il faut donner à ceux qui le meritent, qui ont faict service au public, qui ont couru fortune et travaillé en guerre. Personne ne leur envyra, s'il n'est bien meschant. Au contraire grande largesse

---

[81] C'est ce que dit Tacite. *Liberalitas...., nisi adsit modus, in exitium vertitur.* Histor. L. III, cap. LXXXVI.

[82] C'est ce que dit Bodin, *de la Rép.* L. V, cap. IV.

employée sans respect et merite faict honte, et apporte envie à qui la reçoit, et se reçoit sans grace, recognoissance. Des tyrans ont esté sacrifiés à la hayne du peuple par ceux mesmes qu'ils avoient avancés, se rallians par-là avec le commun, et asseurans leurs biens en monstrant avoir à mespris et à hayne celuy duquel ils les avoient reçeus. Et avec mesure; autrement la liberalité viendra en ruine de l'estat et du souverain; si elle n'est réiglée, et que l'on donne à tous et à tous propos, c'est jouer à tout perdre [83]. Car les particuliers ne seront jamais saouls, et se rendront excessifs en demandes selon que le prince le sera en dons, et se tailleront non à la raison, mais à l'exemple : le public defaudra, et sera-t-on contraint de mettre les mains sur les biens d'autruy, et remplacer par iniquité ce que l'ambition et prodigalité aura dissipé, *quod ambitione exhaustum, per scelera supplendum* [84]. Or il vaut beaucoup mieux ne donner rien du tout, que d'oster pour donner; car l'on ne sera jamais si avant en la bonne volonté de ceux qu'on aura vestus, qu'en la malveillance de ceux qu'on aura despouillés. Et à sa ruine propre, car la fontaine se tarit

---

[83] Voyez le passage de Tacite, que nous avons cité dans l'avant-dernière note, et que Charron n'a fait que traduire ici mot pour mot.

[84] « A ce qui a été dissipé par l'ambition, on est forcé de suppléer par le crime ». Tacit. *Annal.* L. II, cap. XXXVIII.

si l'on y puise trop : *liberalitate liberalitas perit* [85]. Il faut aussi faire filer tout doucement la liberalité, et non donner tout à coup. Car ce qui se faict si vistement, tant grand soit-il, est quasi insensible et s'oublie bien tost. Les choses plaisantes se doibvent exercer à l'ayse et tout doucement pour avoir loisir de les gouster; les rudes et cruelles (s'il en faut faire) au rebours se doibvent vistement avaller. Il y a donc de l'art et de la prudence à bien donner et exercer liberalité. *Falluntur quibus luxuria specie liberalitatis imponit : perdere multi sciunt, donare nesciunt* [86]. Et pour en dire la verité, la liberalité n'est pas proprement des vertus royales : elle se porte bien avec la tyrannie mesme. Et les gouverneurs de la jeunesse des princes ont tort d'imprimer si fort à leur esprit et volonté cette vertu de largesse, de ne rien refuser, et ne penser rien bien employé que ce qu'ils donnent (c'est leur jargon). Mais ils le font à leur proffit, ou n'advisent pas à qui ils parlent. Car il est trop dangereux d'imprimer la liberalité en celuy qui a de quoy fournir autant qu'il veust aux despens d'autruy. Un prince prodigue ou liberal sans discretion et sans mesure, est encores pire que l'avare : et l'immoderée largesse re-

---

[85] « La libéralité périt par la libéralité ». S. Jérôme, *ad Paulinam.*

[86] « Ils se trompent ceux qui prennent la prodigalité pour la libéralité. Bien des gens savent dissiper, perdre leurs trésors; ils ne savent pas donner ». Tacit. *Hist.* L. I, cap. XXX.

bute plus de gens qu'elle n'en practique. Mais si elle est bien reiglée, comme dict est, elle est très bien seante au prince, et très utile à luy et à l'estat.

La magnanimité et grandeur de courage à mespriser les injures et mauvais propos, et moderer sa cholere : jamais ne se despiter pour les outrages et indiscretions d'autruy : *magnam fortunam magnus animus decet : injurias et offensiones supernè despicere,*

Indignus Cæsaris irâ [87].

S'en fascher c'est s'en confesser coulpable; n'en tenant compte, cela s'esvanouit : *convitia, si irascare, agnita videntur : spreta exolescunt* [88]. Que s'il y a lieu, et se faut courroucer, que ce soit tout ouvertement et sans dissimuler, sans donner occasion de soupçonner que l'on couve un mal-talent*[89]; ce qui est à faire à gens de neant, de mauvais naturel et incurable : *obscuri et irrevocabiles — reponunt odia : — saevae cogitationis indicium secreto suo satiari* [90]. Il est moins messeant à un

---

[87] « Un grand cœur convient à une grande fortune; et c'est le propre d'un grand cœur de dédaigner les offenses, les injures, dont l'auteur n'est pas digné de la colère de César ». Senec. *de Clement.* L. I, cap. V.

[88] « S'irriter des injures, c'est reconnaître qu'elles ont quelque fondement; les dédaigner, c'est les condamner à l'oubli ». Tacit. *Annal.* L. IV, cap. XXXIV, *in fine.*

*[89] Une mauvaise volonté, de la malveillance.

[90] « Sachant se taire, mais implacables, — ils suspendent les effets de leur haine.— Chercher la solitude pour se nourrir de

grand d'offenser que de hayr : les autres vertus sont moins royales et plus communes.

Après la vertu viennent les mœurs, façon et contenances qui servent et appartiennent à la majesté très requise au prince. Je ne m'arreste point icy : seulement, comme en passant, je dis que la nature faict beaucoup à cecy; mais aussi l'art et l'estude. A cecy appartient la bonne et belle composition de son visage, son port, son pas, son parler, ses habillemens. La reigle generale en tous ces poincts est une douce, moderée et venerable gravité, cheminant entre la crainte et l'amour, digne de tout honneur et reverence. Il y a aussi sa demeure et sa hantise : la demeure soit en lieu magnifique et fort apparent, et tant près que se pourra du milieu de tout l'estat, afin d'avoir l'œil sur tout, comme un soleil qui, tousjours du milieu du ciel, esclaire par-tout; car se tenant en un bout, il donne occasion au plus loin de plus hardiment se remuer, comme se tenant sur un bout d'une grande peau, le reste se leve. Sa hantise *91 soit rare, car beaucoup se monstrer et communiquer, ravalle la majesté : *continuus aspectus minus verendos magnos ho-*

---

ses pensées, c'est une preuve qu'elles sont de nature sanguinaire ». Tacit. *Vita Agricolæ*, ch. XXXII, — ch. XXXIX, — *Iterum*, chap. XXXIX.

*91. Que sa fréquentation soit rare.

mines ipsâ satietate facit [92]. — *Majestatis major ex longinquo reverentia, quia omne ignotum pro magnifico est* [93].

Après ces trois choses, cognoissance de l'estat, vertu et mœurs, qui sont en la personne du prince, viennent les choses qui sont près et autour de luy; savoir : en quatriesme lieu conseil, le grand et principal poinct de cette doctrine politique, et si important que c'est quasi tout : c'est l'ame de l'estat, et l'esprit qui donne vie, mouvement et action à toutes les autres parties : et à cause d'icelle il est dict que le maniment des affaires consiste en prudence. Or il seroit à desirer que le prince eust de soy-mesme assez de conseil et de prudence, pour gouverner et pourvoir à tout; c'est le premier et plus haut degré de sagesse, comme a esté dict : en tel cas les affaires iront beaucoup mieux : mais c'est chose qui ne se voit pas, soit à faute de bon naturel ou de bonne institution. Et il est quasi impossible qu'une seule teste puisse fournir à tant de choses : *nequit princeps suâ scientiâ cuncta complecti,* — *nec unius mens tantae molis est capax* [94]. Un seul ne voit

---

[92] « L'aspect continuel des grands hommes rassasie bientôt le vulgaire, et lui inspire moins de respect pour eux ». Tit.-Liv. L. XXXV, cap. X.

[93] « De loin la majesté est bien plus imposante, parce que tout ce qu'on ne connaît pas bien, on le croit magnifique ». Tacit. *Annal.* L. I, cap. XXXVII.

[94] « Un prince ne peut, de sa propre science, tout embrasser. — Pour un seul esprit, la charge est trop pesante ». Tacit. *Annal.* L. III, cap. XII; — *ibid.* L. I, cap. XI.

et n'oyt que bien peu. Or les rois ont besoin de beaucoup d'yeux et de beaucoup d'oreilles [95]. Les grands fardeaux et les grandes affaires ont besoin de grandes aydes. Parquoy il luy est requis de se pourvoir et garnir de bon conseil et de gens qui le luy sçachent donner : et celuy, quel qu'il soit, qui veust tout faire de soy, est tenu pour superbe plustost que pour sage [96]. Le prince a donc besoin d'amis fideles et serviteurs qui soient ses aydes, *quos assumat in partem curarum* [97] : ce sont ses vrais thresors, et les instrumens très utiles de l'estat : à quoy sur-tout il doibt travailler de les choisir et les avoir bons, et y employer tout son jugement. Il y en a de deux sortes : les uns luy aydent de leur esprit, conseil et langue, et sont dicts conseillers ; les autres le servent de leurs mains et leurs faicts, et peuvent estre dicts officiers. Les premiers sont beaucoup plus honorables ; car, ce-disent [*98] les deux plus grands philosophes [99], c'est une chose sa-

---

[95] Cette pensée est prise dans Xénophon, *Pædagog.* L. VII.

[96] *Si, de suá unius sapientiá, omnia geret, superbum hunc judicabo, magis quàm sapientem.* Tit.-Liv. L. XLIV, cap. XXII.

[97] « Qu'il prenne pour partager avec eux les soins du gouvernement ». Tacit. *Annal.* L. I, cap. XI.

[*98] L'édition de Dijon écrit *se disent*, ce qui ne fait aucun sens, et n'est pas même du vieux français.

[99] Voyez Platon, dans le *Théage*, ou de la Sagesse ; et Aristote, dans sa *Rhétorique*, chap. I.

crée et divine que bien deliberer et donner bon conseil.

Or les conseillers doibvent estre premierement fideles, c'est à dire en un mot gens de bien, *optimum quemque fidelissimum puto*[100]. Secondement suffisans en cette part, c'est à dire cognoissans bien l'estat, diversement experimentés et essayés *[101] (car les difficultés et afflictions sont de belles leçons et instructions; *mihi fortuna multis rebus ereptis usum dedit bene suadendi* [102]); et en un mot sages et prudens, moyennement vifs et non point trop poinctus ; car ceux-cy sont trop remuans : *novandis quàm gerendis rebus aptiora ingenia illa ignea* [103]. Et pour estre tels faut qu'ils soient aagés et meurs, outre que les jeunes gens, pour la tendreur et mollesse de leur aage, sont aysement trompés, facilement croient et reçoivent impression. Il est bon qu'autour des princes il y en aye des sages et des fins : mais beaucoup plus les sages, qui sont requis pour l'honneur et pour tousjours; les fins

---

[100] « Je regarde comme le plus fidèle, celui qui est le plus homme de bien ». Tacit. *Vita Agricolæ*, cap. XIX.

*[101] Et éprouvés.

[102] « La fortune, par les revers qu'elle m'a fait éprouver, m'a appris à donner de bons conseils ». *Mithrid.* dans Salluste, aux fragmens. *Histor.* L. IV.

[103] « Ces esprits ardens sont bien plus propres à tenter des innovations dans les affaires publiques, qu'à les bien diriger ». Q. Curt. L. IV, cap. I.

pour la necessité quelques fois. Tiercement qu'en proposant et donnant bons et salutaires conseils ils s'y portent librement et courageusement sans flatterie ou ambiguité et desguisement, n'accommodant point leur langage à la fortune presente du prince : *ne cum fortunâ potiùs principis loquantur quàm cum ipso.* [104]. Mais sans espargner la verité ils disent ce qu'il convient. Car combien que la liberté, rondeur et fidelité heurte et offense pour l'heure ceux ausquels elle s'oppose; après, elle est reverée et estimée, *in praesentiâ quibus resistis, offendis; deinde ipsis suspicitur laudaturque* [105]; et constamment sans ployer, varier et changer à tous propos pour plaire et suyvre l'humeur, le plaisir et la passion d'autruy, mais sans opiniastreté et esprit de contradiction, qui trouble et empesche toute bonne deliberation, voire quelques fois faict tourner son opinion, ce qui n'est inconstance mais prudence. Car le sage ne marche pas tousjours d'un mesme pas, encores qu'il suyve mesme chemin, il ne change point, il s'accommode : *non semper it uno gradu sed unâ viâ; — non se mutat, sed aptat* [106]. Comme le bon marinier faict des voiles se-

---

[104] Tacit. *Histor.* L. I, cap. XV. Le passage est interprété dans la phrase qui précède la citation.

[105] « Vous blessez, pour le moment, ceux à qui vous résistez ; mais ensuite, ils louent, admirent votre fermeté ». Plin. L. III, *Epist.* IX.

[106] « Le sage ne marche point toujours du même pas, ni

lon le temps et le vent, il convient souvent tourner et obliquement arriver où l'on ne peust à droict fil; c'est habilité. Religieux à tenir secrettes les deliberations, chose extremement necessaire au maniment des affaires, *res magnae sustineri nequeunt ab eo cui tacere grave est* [107]. Et ne suffit d'estre secret, mais ne faut fureter ny crocheter les secrets du prince : c'est chose mauvaise et dangereuse, *exquirere abditos principis sensus illicitum et anceps* [108] : voire je diray qu'il faut esviter de les sçavoir. Voylà les principales bonnes conditions et qualités de conseillers, comme les mauvaises dont ils se doibvent bien garder, sont confiance presomptueuse, qui faict deliberer et opiner audacieusement ; car le sage en deliberant pense et repense, redoublant tout ce que peust advenir *[109], pour puis estre hardy à executer : *nam*

Animus vereri qui scit, scit tutò aggredi [110].

Au contraire le fol est hardy et chaud à deliberer : et

par le même chemin. — Il ne change pas, il s'accommode au tems ». Senec. *Epist.* xx.

[107] « Celui à qui il paraît difficile de se taire, doit s'abstenir des affaires publiques ». Q. Curt.

[108] Tacit. *Annal.* L. VI, cap. VIII. La traduction précède.

[109] L'édition de Dijon écrit *tout ce qui peut advenir* : j'ai suivi celles de Bordeaux et de Paris : c'est le langage du tems.

[110] « Car celui qui sait balancer et craindre, n'entreprend qu'avec la certitude du succès ». Publius Syrus, *in comic. Lat. Sentent.*

quand il faut joindre, le nez luy seigne : *consilia calida et audacia primâ specie laeta sunt, tractatu dura, eventu tristia* [111]. Puis toute passion de cholere, envie, despit, hayne, avarice, cupidité, et toute affection particuliere, la poison mortelle du jugement et tout bon sentiment, *privatae res semper offecere officientque publicis consiliis, — pessimum veri affectus et judicii venenum sua cuique utilitas* [112]; et precipitation ennemie de tout bon conseil, et seulement propre à mal faire [113]. Voylà que doibvent estre les bons conseillers.

Or le prince les doibt choisir tels ou par sa propre science et jugement, ou s'il ne le peust, par la reputation, laquelle ne trompe gueres ; dont disoit un d'entre eux à son prince : tenez-nous pour tels que nous sommes estimés : *Nam singuli decipere et decipi possunt : nemo omnes, neminem omnes fefellerunt* [114]. Et se bien garder des mignons, courtisans, flatteurs, esclaves, qui font honte à leur maistre et le trahissent,

---

[111] « Les conseils précipités et audacieux, se présentent d'abord sous un aspect favorable ; mais l'exécution en démontre la difficulté, et l'issue en est triste. ». Tit.-Liv. L. XXXV, cap. XXXII.

[112] Tacit. *Histor.* L. I, cap. XV ; Tit.-Liv. L. XXXII. La traduction, ou du moins le sens de ces deux passages, les précède.

[113] Voyez sur la précipitation, ce que l'auteur en dit, L. II, chap. X.

[114] « Car les particuliers peuvent tromper ou être trompés

n'y ayant rien plus pernicieux que le conseil du cabi-
net. Et les ayant choisis et trouvés, il s'en doibt servir prudemment en prenant conseil d'eux à temps et
heure, sans attendre au poinct de l'execution et perdre le temps en les escoutant; et avec jugement sans
se laisser aller laschement à leur advis, comme ce sot
d'empereur Claude, et avec douceur aussi sans roidir
trop, estant plus raisonnable, comme disoit le sage
Marc-Antonin, de suyvre le conseil d'un bon nombre de ses amis, qu'eux soient contraints de fleschir
soubs sa volonté [115]. Et s'en servant avec une authorité indifferente, sans les payer par presens pour
leurs bons conseils, affin de n'attirer les mauvais
soubs espoir de recompense, ny aussi les rudoyer
pour leurs mauvais conseils; car il ne se trouveroit
plus qui voulust donner conseil, s'il y avoit danger
à le donner [116]. Et puis souvent les mauvais reussis-
sent bien et mieux que les bons, ainsi disposant la
souveraine pourvoyance. Et ceux qui donnent les bons
conseils, c'est à dire heureux et asseurés, ne sont pas
pour cela toujours les meilleurs et plus fideles serviteurs, ny pour leur liberté à parler, laquelle il doibt
plustost agréer, et regarder obscurement les craintifs

---

eux-mêmes; mais jamais personne n'a trompé tout le monde,
jamais tout le monde n'a trompé personne ». Plin. *Paneg.*
cap. LXII.

[115] Voy. Jul. Capitolin. *in M. Antonin. Philosoph.*

[116] Q. Curt. L. III.

et flatteurs; car miserable est le prince chez qui l'on cache ou l'on desguise la verité, *cujus aures ita formatae sunt, ut aspera quae utilia, et nil nisi jucundum et laesurum accipiant* [117]; et enfin celer son advis et sa resolution, estant le secret l'ame du conseil, *nulla meliora consilia, quam quae ignoraverit adversarius, antequam fierent* [118].

Quant aux officiers, qui viennent après, et qui servent le prince et l'estat en quelque charge, il les faut choisir gens de bien, de bonne et honneste famille. Il est à croire qu'ils n'en seront que meilleurs : et n'est beau que des gens de peu s'approchent du prince, et commandent aux autres, sauf qu'une grande et insigne vertu les releve, et supplée le defaut de noblesse : mais non gens infames, doubles, dangereux, et de quelque odieuse condition. Aussi doibvent-ils estre gens d'entendement, et employés selon leur naturel; car les uns sont propres aux affaires de la guerre, les autres aux affaires de la paix. Aucuns sont d'advis de les choisir d'une douce et mediocre vertu; car ces outrés et invincibles, qui se tiennent

---

[117] « Dont les oreilles sont faites de telle sorte, qu'elles trouvent désagréable ce qui est utile, et qu'elles ne veulent entendre que ce qui les flatte ». Tacit. *Histor.* L. III, cap. LV, *in fine.*

[118] « Il n'y a point de meilleurs conseils que ceux que l'adversaire ignore avant leur exécution ». Veget. L. III.

tousjours sur la poincte, et ne veulent rien quitter *119, ne sont communement propres aux affaires, *ut pares negotiis, neque supra : — sint recti non erecti* [120].

Après le conseil nous mettrons les finances, grand et puissant moyen; ce sont les nerfs, les pieds, les mains de l'estat. Il n'y a glaive si tranchant et penetrant que celuy d'argent, ny maistre si imperieux, ny orateur si gaignant les cueurs et volontés, ny conquerant, tant preneur de places, comme les richesses. Parquoy le sage prince doibt pourvoir que les finances ne faillent ny ne tarissent jamais. Cette science consiste en trois poincts, fonder les finances, les bien employer, et avoir tousjours en reserve et espargne une bonne partie pour le besoin. En tous les trois le prince doibt esviter deux choses; l'injustice et la sordidité, en conservant le droict envers tous, et l'honneur pour soy.

Pour le premier, qui est faire fonds et accroistre les finances, il y a plusieurs moyens, et les sources sont diverses, qui ne sont pas toutes perpetuelles, ny esgalement asseurées, sçavoir le domaine et revenu public de l'estat, qu'il faut mesnager et faire valoir, sans jamais l'aliener en aucune façon, comme aussi

---

*119 Céder.

[120] « Qu'ils soient au niveau et non au-dessus des affaires ; — égaux et non plus élevés ». Tacit. *Annal.* L. VI, cap. XXXVI, *in fine;* — Just.-Lips. *Politic.* L. III, cap. X.

est-il de sa nature sacré et inaliénable [121]. Les conquestes faites sur les ennemis, qu'il faut approfiter et non prodiguer ny dissiper, comme le practiquoient bien les anciens Romains [122], rapportans à l'espargne de très grandes sommes et thresors des villes et pays vaincus, comme Tite-Live [123] raconte de Camillus, Flaminius, Paul Æmile, des Scipions, Luculle, Cesar; et puis tirant des pays conquestés, soyt des naturels y laissés, ou des colonies y envoyées, certain revenu annuel [124]. Les presens, dons gratuits, pensions, octrois, tributs des amis alliés et subjects, par testamens, donations entre vifs, ou autrement; les entrées, sorties et passages de marchandises aux havres, ports et portes, tant sur les estrangers que sur les subjects, moyen ancien, general, juste et legitime, et très utile avec ces conditions [125] : ne permettre la traitte *[126] des choses necessaires à la vie, que les subjects n'en soyent pourveus, ny des matieres crues, affin que le subject les mette en œuvre, et gaigne le

---

[121] Voyez Bodin, *de la Rép.* L. VI, chap. II.

[122] Voyez là-dessus *Grotius*, L. III, chap. VI, et les auteurs qu'il cite.

[123] L. XXXIV, cap. III.

[124] *Id. ibid.* L. XLV, cap. XL.

[125] Dans tout ceci, Charron suit Bodin, et quelquefois, jusqu'à la fin du paragraphe, le copie textuellement. Voy. *de la Rép.* L. VI, chap. II.

*[126] L'exportation.

profit de la main ; mais bien permettre la traitte *127 des ouvrées : et au contraire permettre l'apport *128 des crues et non des ouvrées : et en toutes choses charger beaucoup plus l'estranger que le subject : car l'imposition foraine *129 grande accroist les finances et soulage le subject : moderer toutesfois les imposts sur les choses necessaires à la vie que l'on apporte 130. Ces quatre moyens sont non seulement permis, mais justes, legitimes, et honnestes. Le cinquiesme, qui n'est gueres honneste, est le traffic que le souverain faict par ses facteurs ; et s'exerce en diverses manieres plus ou moins laides, mais le plus vilain et pernicieux est des honneurs, estats, offices, benefices 131. Il y a bien un moyen qui approche du traffic ; et pour ce peust-il estre mis en ce rang, qui n'est pas fort deshonneste, et a esté practiqué par de très grands et sages princes 132, qui est de mettre les deniers de l'espargne et de reserve à quelque petit proffit, comme à cinq pour cent, et les bien asseurer soubs bons gages, ou caution suffisante et solvable.

---

*127 L'exportation des matières ouvrées ou travaillées.
*128 L'importation.
*129 Une grande imposition sur le commerce étranger.
130 Bodin, L. VI, chap. II.
131 Ceci est pris dans Bodin, *de la Rép.*, *loco citat.*
132 Tels qu'Antonin-le-Pieux, Alexandre Sévère, etc. Voyez Spartien, *in Antonino Pio*, et Lampride, *in Alexandro Severo.*

Cela sert à trois choses, à accroistre et faire proffiter les finances, à donner moyen aux particuliers de traffiquer et gaigner, et qui est bien le meilleur, à sauver les deniers publics des griffes des larrons de cour, importunes demandes, et flatteries des mignons, et facilité trop grande du prince. Et pour cette seule raison aucuns princes ont presté l'argent public sans aucun proffit ny interest, mais seulement à peine du double à faulte de payer au jour [133]. Le sixiesme et dernier est aux emprunts et subsides des subjects, auquel il ne faut venir qu'à regret et lorsque les autres moyens defaillent, et que la nécessité presse l'estat. Car en ce cas il est juste, selon la reigle, que tout est juste qui est necessaire. Mais il est requis que ces conditions y soyent, après cette première de la necessité [134] : 1. Lever par emprunt (aussi se trouvera-t-il plustost argent à cause de l'esperance de recouvrer le sien, et que l'on n'y perdra rien, outre la grace d'avoir secouru le public) et puis rendre, la necessité passée et la guerre finie, comme firent les Romains, mis à l'extremité par Annibal [135]. 2. Que si le public

---

[133] Tacite nous dit que Tibère prêta pour trois ans, sans intérêt, cent mille grandes sesterces, à condition que ceux qui viendraient à l'emprunt, donnassent au peuple, assurance du double en héritage; et, par ce moyen, ajoute-t-il, le commerce fut rétabli. Tacit. *Annal.* L. VI, cap. XVII. — N.

[134] Charron continue de copier Bodin. L. VI, cap. II.

[135] Voy. Tite-Live, L. XXXI.

est si povre, qu'il ne puisse rendre, et qu'il faille proceder par imposition, il faut que ce soit avec le consentement des subjects [136], leur representant et faisant comprendre la povreté et necessité, et preschant le mot du bon roy des roys, *Dominus his opus habet* [137]. Jusques à leur faire voir, si besoin est, la recepte et la despense. La persuasion y peust estre employée sans venir à la contraincte, comme disoit Themistocles, *impetrare melius quàm imperare* [138]. Il est vray que les prieres des souverains sont commandemens : *satis imperat qui rogat potentiâ : armatae sunt preces regum* [139]. Mais que ce soit par forme d'octroy et don gratuit; au moins que ce soient deniers extraordinaires, pour certain temps prefix, et non ordinaire, et ne prescrire jamais ce droict sur les subjects, si ce n'est de leur consentement. 3. Et que telles impositions se levent sur les biens et non sur les testes (es-

---

[136] C'est ce qui fut arrêté aux états de France, en présence de Philippe de Valois, l'an 1338. « Charles VII, dit Commines, fut le premier qui gagna et commença ce point, qui est d'imposition de tailles à son plaisir, sans le consentement des états de son royaume ». *Mém.* L. VI, chap. VII.

[137] « Le seigneur en a besoin ». Saint-Mathieu, ch. XXI, v. 3.

[138] « Il vaut mieux demander qu'user de contrainte ». Just. Lips. *Politic.* L. IV, cap. XI.

[139] « La puissance qui demande, ordonne : les prières des rois sont armées ». J'ignore d'où cela est tiré ; mais on trouve une pensée semblable dans Macrobe, *Saturnal.* L. II, cap. VIII.

tant la capitation odieuse à tous gens de bien [140]) soient reelles, et non personnelles (estant injuste que les riches, les grands, les nobles, ne payent point, et les povres gens du plat pays payent tout [141]). 4. Et esgalement sur tous. L'inequalité afflige fort, et à ces fins les respandre sur les choses dont tout le monde a besoin, comme sel, vin, affin que tous trempent et contribuent à la necessité publique. Bien peust et doibt-on mettre imposts ordinaires et gros sur les marchandises et autres choses vicieuses, et qui ne servent qu'à corrompre les subjects, comme tout ce qui faict au luxe, à la desbauche, curiosité, superfluité en vivres, en habillemens, volupté, mœurs, et maniere de vivre licentieuse, sans autrement deffendre ces choses. Car la deffense aiguise l'appetit [142].

Le second poinct de cette science est de bien employer les finances. Voicy par ordre les articles de cette emploicte *[143] et despense; entretenement de la maison du prince, payement de la gendarmerie, gages des officiers, loyers *[144] justes de ceux qui ont bien merité du public, pensions et secours charitables aux personnes recommandables. Ces cinq sont necessaires : après

---

[140] Voy. le Code, L. XI, tit. XLVIII, *de capitatione civium eximenda*.

[141] Bodin, *de la Rép.* L. VI, chap. II.

[142] *Prævalent illicita*, dit Tacite, *Annal.* L. XIII, cap. XII.

*[143] Emploi.

*[144] Récompenses.

lesquels viennent ceux-cy très utiles; reparer les villes, fortifier et munir les frontieres, refaire et racoustrer les chemins, ponts et passages, establir les colleges d'honneur, de vertu et de sçavoir, esdifier maisons publiques. De ces cinq sortes de reparations, fortifications et fondations, en viennent de très grands proffits, outre le bien public; les arts et artisans sont entretenus; l'envie et despit du peuple à cause de la levée des deniers cesse quand il les voyt bien employés : et deux pestes des republiques sont chassées, sçavoir l'oisiveté et la povreté [145]. Au contraire les grandes liberalités et donations desmesurées envers quelques particuliers mignons, les grands bastimens superbes et non necessaires, les despenses superflues et vaines sont odieuses aux subjects, qui murmurent qu'on en despouille mille pour en vestir un [146], que l'on piaffe de leur substance, l'on bastist de leur sang et de leur sueur.

Le troisiesme poinct est en la reserve, qu'on doibt faire pour la necessité, affin que l'on ne soit contrainct au besoin de recourir aux moyens et remedes

---

[145] Tout cela est pris dans Bodin, *loc. citat.*

[146] Un ancien Panégyriste dit que « la dernière ressource qu'ont les méchans princes pour justifier leurs extorsions, c'est que s'ils ôtent à l'un, c'est pour donner à l'autre; de sorte qu'ils font sonner haut la grandeur de leurs présens, pour rendre leurs rapines moins odieuses ». Lat. Pacati. *Panegyr.* cap. XXVII, n°. 1. — N.

prompts, injustes et violens [147]; c'est ce que l'on appelle l'espargne. Or comme d'assembler de fort grands thresors et faire si grand amas d'or et d'argent, encores que ce soit par moyens justes et honnestes, ce n'est pas tousjours le meilleur [148]; c'est une occasion de guerre active, ou passive, car ou il faict venir l'envie de la faire mal à propos, se voyant abondance de moyens, ou c'est une amorce à l'ennemy de venir; et seroit plus honorable de les employer comme a esté dict. Aussi despendre tout et n'avoir rien en reserve est encores bien pire, c'est jouer à tout perdre. Les sages souverains s'en gardent bien. Les plus grands thresors qui ont anciennement esté, sont celuy de Darius dernier roy des Perses, chez lequel Alexandre trouva quatre-vingts millions d'or [149]. Celuy de Tybere soixante-sept millions [150]; Trajan cinquante-cinq millions gardés en Egypte. Mais celuy de David passe

---

[147] Bodin, *loc. cit.*

[148] Il faut écouter là-dessus Montesquieu. « Ces trésors amassés par des princes, dit-il, n'ont presque jamais que des effets funestes: ils corrompent le successeur, qui en est ébloui, et s'ils ne gâtent pas son cœur, ils gâtent son esprit. Il forme d'abord de grandes entreprises avec une puissance qui est d'accident, qui ne peut pas durer, qui n'est pas naturelle, et qui est plutôt enflée qu'agrandie ». *Considérations sur les causes de la grandeur des Romains*, chap. XVI. — N.

[149] Voy. Diodore de Sicile, L. XVI, ch. LVII.

[150] Suét. *in Caligula*, cap. XXVII.

de beaucoup tous ceux-là (chose incroyable en un si petit et si chetif estat) qui estoit de six vingts millions [151].

Or pour garder que ces grands thresors ne se despendent*[152] point, ou ne soient violés ou desrobés, les anciens les faisoient fondre et reduire en grandes masses et boules [153] comme les Perses et Romains, ou les mettoyent dedans les temples des dieux, comme lieu de toute seureté, comme les Grecs au temple d'Apollon, qui toutesfois a esté souvent pillé et volé; les Romains au temple de Saturne [154]. Mais le meilleur et plus asseuré et plus utile est, comme a esté dict, le prester avec quelque petit proffit aux particuliers, sous bons gages ou caution suffisante. Aussi faudroit-il pour garder les finances des larrons, non pas vendre à gens de basse et mechanique condition, mais donner à gentils hommes et gens d'honneur le

---

[151] Paralip. L. I, cap. XXII et XXIX, v. 14, 4 et 7. — Charron a pris cela dans Bodin, qui n'a pas été exact. En faisant l'addition des sommes indiquées dans les chap. XXII et XXIX des Paralipomènes, on trouve que David laissa à Salomon, la valeur de onze milliards six cent soixante-neuf millions six cent soixante-huit mille trois cent cinquante-neuf livres, pour le bâtiment du Temple; ce qui excède immensément la somme rapportée par Bodin. — N.

*[152] Ne se dépensent point.
[153] Bodin cite ce fait, mais il ne dit point d'où il l'a tiré.
[154] Voy. Tite-Live, L. V, cap. XXI.

maniement des finances et les offices financiers, comme les anciens Romains, qui en estrenoyent les jeunes hommes des plus nobles et grandes maisons, et qui aspiroyent aux plus grands honneurs et charges de la republique.

Après le conseil et les finances, je pense bien mettre les armes, qui ne peuvent subsister ny estre bien et heureusement levées et conduictes sans ces deux [155]. Or la force armée est bien necessaire au prince pour garder sa personne et son estat : car c'est abus de penser gouverner un estat long-temps sans armes. Il n'y a jamais de seureté entre les foibles et les forts : et y a toujours gens qui se remuent dedans ou dehors l'estat. Or cette force est ou ordinaire en tout temps, ou extraordinaire au temps de guerre. L'ordinaire est aux personnes et aux places. Les personnes sont de deux sortes ; il y a les gardes du corps et de la personne du souverain, qui servent non-seulement à sa seureté et conservation, mais aussi pour son honneur et ornement : car le beau et bon dire d'Agesilaus [156] n'est pas

---

[155] C'est ce que dit Tacite : *Neque quies gentium sine armis; neque arma sine stipendiis; neque stipendia sine tributis haberi queunt.* Hist. L. IV, cap. LXXIV. Voilà en peu de mots trois grands axiômes politiques. Reste à savoir s'ils sont aussi justes, dans l'état actuel des sociétés, qu'ils l'étaient lorsque les états étaient autrement organisés.

[156] Charron, en citant de mémoire, s'est trompé. Ce n'est point Agésilas qui fit la réponse qu'il lui attribue ; mais Aga-

perpetuellement vray, et y auroit trop de danger de l'essayer et s'y fier, que le prince vivra bien asseuré sans gardes, s'il commande à ses subjects comme un bon pere à ses enfans; (car la malice humaine ne s'arreste pas en si beau chemin). Et les compagnies certaines entretenues et tousjours prestes pour les promptes necessités et soudaines occurrences qui peuvent survenir : car attendre au besoin à lever gens, c'est grande imprudence. Quant aux places, ce sont les forteresses et citadelles aux frontieres, au lieu desquelles aucuns et les anciens approuvent plus les colonies et nouvelles peuplades. L'extraordinaire est aux armes, qu'il luy convient lever et dresser en temps de guerre : comment il s'y doibt gouverner, c'est à dire entreprendre et faire la guerre ; c'est pour la seconde partie, qui est de l'action [157] : cette premiere est de la provision *[158]. Seulement je dis icy que le prince sage doibt, outre les gardes de son corps, avoir certaines gens tous prests et experimentés aux armes en nombre plus grand ou plus petit, selon l'estendue de son estat, pour reprimer une soudaine rebellion ou esmotion qui pourroit advenir dedans ou dehors son estat, reservant à faire plus grande levée lors qu'il faudra faire la guerre à bon escient et de propos deli-

---

siclès, roi de Lacédémone. Voy. Plutarque, *Apophth. Lacédémon.*

[157] C'est le sujet d'un très-long article du chapitre suivant.
[158] Prévoyance.

beré, offensive ou deffensive, et cependant tenir les arsenats et magasins bien garnis et pourveus de toutes sortes d'armes offensives et deffensives pour esquiper gens de pied et de cheval; plus des munitions de guerre, d'engins *159, d'outils. Un tel appareil non-seulement est necessaire pour faire la guerre, car ces choses ne se trouvent ny ne s'apprestent en peu de temps, mais encores il empesche la guerre. Car l'on n'est pas si hardy d'attaquer un estat que l'on sçait bien prest et bien garny. Il se faut apprester à la guerre pour ne l'avoir point, *qui cupit pacem ; paret bellum* 160.

Après toutes ces provisions necessaires et essentielles, nous mettrons finalement les alliances, qui n'est pas un petit appuy et soustien de l'estat ; mais il faut de la prudence à les choisir et bien bastir, regarder avec qui on s'allie, et comment. Il faut s'allier avec des puissans et voisins ; car s'ils sont foibles et eslongnés, de quoy pourront-ils ayder, si ce n'est que tel soit assailli de la ruyne duquel doibve venir la nostre 161 ? Car lors il doibt le secourir et se joindre à luy, quel

---

*159 De machines de guerre; c'est d'*engin*, pris dans ce sens, que nous avons fait *ingénieur*.

160 « Que celui qui désire la paix se prépare à la guerre ». Voy. Dion Chrisostôme, *orat.* 1ª. *de Regno.*

Charron, dans tout ce paragraphe, n'a guère fait que traduire Juste-Lipse, *Politic.* L. V, cap. VI,

161 Juste-Lipse, *Politic.* L. IV, cap. IX.

qu'il soit : et s'il y a du danger à le faire ouvertement, que ce soit par alliance secrette ; car c'est un tour de maistre de traicter alliance avec l'un au veu et sçeu de tous, et avec l'autre par practique secrette ; mais que ce soit sans perfidie et meschanceté, qui est deffendue : mais non pas la prudence, mesmement pour la deffensive et pour la seureté de son estat.

Au reste il y a plusieurs sortes et degrés d'alliances : la moindre et plus simple est pour le commerce et traffic seulement : mais ordinairement elle comprend amitié, commerce et hospitalité : elle est ou deffensive seulement, ou deffensive et offensive ensemble, et avec exception de certains princes et estats, ou sans exception. La plus estroitte et parfaicte est celle qui est offensive et deffensive envers tous et contre tous, pour estre amy des amis, et ennemy des ennemis ; et telle est bon de faire avec des puissans et par egale alliance. Aussi l'alliance est ou perpetuelle ou limitée à certain temps : ordinairement elle se faict perpetuelle, mais le meilleur et plus asseuré est de la limiter à certain temps : affin d'avoir moyen de reformer, oster ou adjouster aux articles, ou s'en departir du tout s'il est besoin, selon que l'on jugera estre expedient. Et quand bien on les jugeroit telles qu'elles deussent estre perpetuelles, si est-ce qu'il vaut mieux les renouveler (ce que l'on peust et doibt-on faire avant que le temps expire) et renouer, que les faire perpetuelles. Car elles s'allanguissent et se relaschent.

et qui se sentira grevé la rompra plustost, si elle est perpetuelle, que si elle est limitée ; auquel cas il attendra le terme. Voylà nos sept provisions necessaires.

CHAPITRE III.

Seconde partie de la prudence-politique et du gouvernement d'estat, qui est de l'action et gouvernement du prince.

SOMMAIRE. L'art de gouverner est l'art d'acquérir la bienveillance des sujets, et de prendre de l'autorité sur les esprits. La bienveillance s'obtient par la douceur et la bienfaisance ; l'autorité par la sévérité, la constance dans les projets, la fermeté dans le maniement des rênes de l'état. Mais il faut que l'autorité ne soit ni injuste, ni tyrannique ; que le prince sache se préserver de la haine comme du mépris ; qu'il ne montre ni cruauté, ni avarice ; que la forme de son gouvernement ne soit ni incertaine, ni variable, et qu'il s'observe sur ses mœurs.

Le souverain exerce deux actions différentes ; l'une en tems de paix, la *pacifique*, ou ordinaire; l'autre en tems de guerre, la *militaire*. Pour bien exercer la première, il lui faut de bons conseils : il doit être averti de tout, tenir un *mémorial* des affaires, afin que rien ne reste imparfait ou mal exécuté ; distribuer avec sagesse des récompenses et des peines. — L'action militaire se réduit à entreprendre, faire et finir la guerre. Pour l'entreprendre, il faut de la justice et de la prudence. Pour qu'une guerre soit juste, il faut qu'elle soit déclarée par le vrai souverain ; que la cause en soit juste, et à bonne fin, c'est-à-dire pour arriver à la paix. La prudence exige que l'on considère les forces de l'ennemi, le hasard des événemens, les grands maux qu'entraîne l'état de guerre. Pour faire la guerre, quand elle est déclarée, trois choses sont nécessaires : des munitions, des hommes, une bonne tactique. Les munitions consistent en argent, en armes et en vivres : quant aux hommes, on doit préférer l'infanterie à la cavalerie, les nationaux aux étrangers qui ont toujours pour maxime : *ibi fas, ubi maxima merces*. Les premiers sont plus loyaux, plus courageux, plus affectionnés au bien du pays, et coûtent moins ; les seconds font plus de bruit que de service, sont onéreux et odieux à la patrie, cruels aux citoyens qu'ils fourragent comme ennemis. Ces derniers ne sont employés que par les tyrans qui sont haïs de leurs sujets, et qui les redoutent. — Les troupes se divisent en troupes ordinaires et en troupes subsidiaires. Il faut des deux, mais peu des premières, qui sont toujours tenues sur pied et en armes. Le choix des soldats exige de l'attention : les succès résultent moins du grand nombre que de la valeur. Il faut considérer dans le choix des soldats, le pays, l'âge, le corps, l'esprit, la condition et profession, surtout avoir soin de les bien discipliner. Une bonne discipline doit tendre à deux fins, à les rendre vaillans et gens de bien. On les rend vaillans par l'exercice, (et c'est de là qu'est venu le mot latin *exercitus*, armée), par le travail et par l'ordre. Pour en faire des gens de bien, il faut les accoutumer à la continence, à la modestie en paroles, à l'horreur de toute violence ou pillage. — Après le choix et la discipline des soldats, on s'occupera des chefs. Il y en a de deux sortes : le général et les officiers. Il ne doit y avoir qu'un général, sans quoi l'on s'expose à tout perdre, et il faut qu'il soit expérimenté, prévoyant, rassis, vigilant, actif et heureux. — Quant aux règles à observer pour faire la guerre, les unes sont nécessaires pendant toute sa durée, les autres ne sont relatives qu'à certains cas particuliers. Les premières consistent à guetter les occasions, à faire son profit des bruits qui courent, à se garder de trop de confiance, à s'enquérir de la situation de l'ennemi. S'agit-il de combattre ? Il faut aviser quand, où, contre qui, et comment le combat doit avoir lieu. Pour les batailles rangées quatre choses sont requises : une belle ordonnance, arriver et se ranger les premiers sur le champ de bataille, tenir ferme quand on est aux mains. Les ruses de guerre sont permises. — Pour parvenir au seul but que doit avoir toute guerre, la paix, il faut que les vaincus restent armés et se montrent résolus, pleins d'assurance ; que les vainqueurs, auxquels la paix ne sera pas moins utile, ne se montrent pas trop difficiles sur les conditions.

Exemples : César ; Aristote ; un roi de Thrace ; Pertinax ; Héliogabale ; Alexandre Sévère ; Alexandre-le-Grand ; Auguste ; Tibère ; Vespasien ; Trajan ; Adrien ; les Antonins ; — Saint Ambroise ; Saint Augustin ; — Auguste encore ; Homère ; — encore Alexandre-le-Grand ; les Romains ; Lycurgue.

Ayant traicté de la provision, et instruit le souverain de quoy et comment il doibt garnir et munir soy et son estat, venons à l'action, et voyons comment il se doibt employer et se prevaloir de ces choses, c'est à dire en un mot, bien commander et gouverner. Avant traicter cecy distinctement selon le partage que nous en avons faict, nous pouvons dire en gros, que bien gouverner et se bien maintenir en son estat, gist à s'acquerir deux choses, bienveillance et authorité. La bienveillance est une bonne volonté et affection envers le souverain et son estat ; l'authorité est une bonne et grande opinion, une estime honorable du souverain et de son estat¹. Par le premier le souverain et l'estat est aymé : par le second il est craint et redoubté. Ce ne sont pas choses contraires, mais bien differentes, comme l'amour et la crainte. Toutes deux regardent les subjects et les etrangers : mais il semble que plus proprement la bienveillance regarde les subjects, et l'authorité, les estrangers : *amorem apud populares, metum apud hostes quaerat* ². A parler tout simplement et absolument, l'authorité est plus forte et vigoureuse, plus auguste et plus durable. Le temperament et l'harmonie des deux est chose parfaicte ; mais selon la diversité des estats, des peuples, leurs naturels et humeurs, l'une est plus aysée et aussi plus requise en aucuns lieux qu'en autres. Les moyens d'acquerir tous les deux sont touchés et comprins en ce qui a esté dict cy-dessus, specialement de la vertu et des mœurs du souverain ; nonobstant nous en parlerons de chascune un peu.

---

¹ La phrase qui contient ces définitions, est traduite de Juste-Lipse. *Politic.* L. IV, cap. VIII.

² « Qu'il désire d'inspirer de l'amour à ses compatriotes, de la crainte aux ennemis ». Tacit. *Annal.* L. XI, cap. X.

3. La bienveillance (chose très utile et quasi du tout necessaire, tellement que seule vaut beaucoup, sans elle tout le reste est peu asseuré) s'acquiert par trois moyens: douceur non-seulement en paroles et en faicts, mais encores plus aux commandemens et en l'administration, ainsi le requiert le naturel des hommes qui sont impatiens et de servir du tout, et se maintenir en une entiere liberté *4, *nec totam servitutem pati, nec totam libertatem* 5. Ils obeissent bien volontiers en subjects, mais non en esclaves, *domiti ut pareant, non ut serviant* 6. Et à la verité l'on obeit plus volontiers à celuy qui commande doucement: *remissiùs imperanti meliùs paretur* 7:

Qui vult amari languidâ regnet manu 8.

---

3 Dans ce paragraphe, Charron suit pas à pas Juste-Lipse. Voy. *Politic.* L. IV, cap. VIII.

*4 C'est-à-dire : « qui ne peuvent supporter ni une entière servitude, ni une entière liberté ». *Impatient* est pris ici dans le sens du latin *impatiens*, qui ne peut souffrir, qui ne peut supporter : c'est le sens que nous lui donnons encore en poésie. Charron traduit donc lui-même le passage latin de Tacite, avant de le citer.

5 Tacit. *Histor.* L. I, cap. XVI.

6 Tacit. *Vie d'Agricola*, ch. XVI. La traduction est dans les mots qui précèdent.

7 Senec. L. I, *de Clement.* cap. XXIV. La traduction précède.

8 « Qui veut être aimé, n'a qu'à tenir les rênes de l'état, d'une main languissante ». Sénèq. *Thébaïd*, act. IV, scen. I, v. 659.

La puissance, disoit Cesar [9], grand docteur en cette matiere, mediocrement exercée conserve tout : mais qui commande indifferemment et eshontement n'est ny aymé ny asseuré. Il ne faut pas toutesfois une douceur trop lasche, molle ny abandonnée, affin que l'on ne vienne en mespris, qui est encores pire que la crainte, *sed incorrupto ducis honore* [10]. C'est le tour de prudence de temperer cecy, ne rechercher d'estre redoubté en faisant du terrible, ny aymé en trop s'abbaissant.

Le second moyen d'acquerir la bienveillance est beneficence *[11], j'entens premierement envers tous, mesmement le petit peuple, par une providence et bonne police, par laquelle le bled et toutes choses necessaires au soustien de cette vie ne manquent [12], mais soient à bonne raison, voire abondent s'il est possible ; que la cherté ne travaille point les subjects : car le menu peuple n'a soin du public que pour ce regard *[13] *vulgo una ex republicâ annonae cura* [14].

---

[9] Voy. Dion, Lib. XLIII.

[10] « Mais sans que l'honneur de celui qui commande en soit altéré ». Tacit. *Histor.* L. V, cap. I.

*[11] La bienfaisance.

[12] *Omnes qui rempublicam gubernant*, dit Cicéron, *consulere debent, ut earum rerum copia sit quæ sunt necessariæ.* De Offic. L. II.

*[13] Ne se mêle de l'intérêt public que pour cet objet.

[14] « Le vulgaire ne prend intérêt à la chose publique, que

Le troisiesme moyen est la liberalité (beneficence plus speciale), qui est une amorce, voire un enchantement pour attirer, gaigner et captiver les volontés : tant est chose douce que de prendre, honorable de donner. Tellement qu'un sage a dict qu'un estat se gardoit mieux par bienfaicts que par armes [15]. Elle a principalement lieu à l'entrée et en un estat nouveau. A qui, combien et comment il faut exercer la liberalité a esté dict cy-dessus [16]. Les moyens de bienveillance ont esté sagement practiqués par Auguste, *qui militem donis, populum annonâ, cunctos dulcedine otii pellexit* [17].

L'authorité est l'autre appuy des estats, *majestas imperii, salutis tutela* [18]; la forteresse invincible du prince, par laquelle il sçait avoir raison de ceux qui osent le mespriser et luy faire teste. Aussi à cause d'icelle l'on ne l'ose attaquer, et tous recherchent d'estre bien avec luy. Elle est composée de crainte et

---

pour ce qui concerne les subsistances ». Tacit. *Histor.* L. IV, cap. XXXVIII.

[15] *Melius beneficiis imperium custoditur quam armis.* Senec. *de Brevit. vitæ.*

[16] Au chap. II.

[17] « Qui s'attachait le soldat par des dons, le peuple par des distributions de vivres, tout le monde par la douceur que procure un paisible loisir ». Tacit. *Annal.* L. I, cap. II.

[18] « De la majesté du prince dépend le salut de l'empire ». Quint. Curt. L. VIII, cap. V.

de respect. Par ces deux le prince et son estat est redoutable à tous et asseuré. Pour acquerir cette authorité, outre la provision des choses susdites, il y a trois moyens qui se doibvent soigneusement garder en la forme de commander. Le premier est la severité, qui est meilleure, plus salutaire, asseurée et durable que l'ordinaire douceur et grande facilité. Ce qui vient premierement du naturel du peuple, lequel, comme dict Aristote [19], n'est pas si bien nay, qu'il se range au debvoir par amour, ny par honte, mais par force et crainte des supplices, puis de la corruption generale, des mœurs et desbauche contagieuse du monde, à laquelle ne faut pas penser pourvoir par douceur, qui ayde plustost à mal faire. Elle engendre mespris et esperance d'impunité, qui est la peste des republiques et des estats, *illecebra peccandi maxima spes impunitatis* [20]. C'est une grace envers plusieurs, et tout le public, de quelques fois en chastier bien quelqu'un. Et faut par fois couper un doigt pour empescher la gangrene de se prendre à tout le bras, selon la belle response d'un roy de Thrace [21], à qui l'on disoit qu'il faisoit l'enragé et non le roy; que sa rage rendoit ses subjects sains et sages. La severité maintient les officiers et magistrats en debvoir, chasse les

---

[19] Aristot. *Ethic.* L. X, cap. x.
[20] Cicer. Orat. *pro Milone*, N°. 43. La traduction précède.
[21] C'était Cotys.—Voyez Stobée, *sermo* XLVI, *de Regno*, où il cite une lettre de Plutarque.

flatteurs, courtiers, meschans, impudens demandeurs et petits tyranneaux. Au contraire la trop grande facilité ouvre la porte à tous ces gens-là, dont il advient un espuisement des finances, impunité des meschans, apovrissement du peuple, comme les catarres et fluxions en un corps flouet *22 et maladif tombent sur les parties plus foibles. La bonté de Pertinax, la licence d'Heliogabale penserent perdre et ruiner l'empire : la severité de Severe et puis d'Alexandre le restablit et remit en bon estat. Il faut toutesfois que cette severité soit avec quelque retenue, par intermission et à propos [23] : affin que la rigueur envers peu de gens tienne tout le monde en crainte, *ut pœna ad paucos metus ad omnes* [24]. Et les rares supplices servent plus à la reformation de l'estat, a dict un ancien [25], que les frequens: Cela s'entend, si les vices ne se renforcent, et ne s'opiniastrent pas : car lors il ne faut pas espargner le fer et le feu,

Crudelem medicum intemperans aeger facit [26].

---

*22 Fluet.

[23] *Tamen tempestivè, et cum intermissione.* Juste-Lipse, loc. cit.

[24] « Cicer. Orat. pro Cluentio, N°. 128. — La traduction précède.

[25] *Civitatis autem mores magis corrigit parcitas animadversionum.* — Senec. de Clement. L. I, cap. XXII.

[26] « L'intempérance du malade force le médecin à devenir cruel ». — Publius Syrus, *in comicor. Sentent.*

Le second est la constance, qui est une fermeté et resolution, par laquelle le prince marchant tousjours de mesme pied, sans varier ny changer, maintient tousjours et presse l'observation des loix et coustumes anciennes. Le changer et r'adviser, outre que c'est argument d'inconstance et irresolution, apporte et aux loix et au souverain, et à l'estat, du mespris et mauvaise opinion. Dont les sages deffendent tant de rien remuer et rechanger aux loix et coustumes, fust-ce en mieux [27] : car le remuement apporte tousjours plus de mal et d'incommodité, outre l'incertitude et le danger, que ne peust apporter de bien la nouveauté. Parquoy tous novateurs sont suspects, dangereux, et à chasser. Et n'y peust avoir assez forte et suffisante cause ou occasion de changer, si ce n'est une très grande, évidente, et certaine utilité ou necessité publique [28]. En ce cas encores faudroit-il y proceder comme d'aguet *[29], doucement et lentement, peu à peu, et quasi insensiblement, *leniter et lentè* [30].

Le troisiesme est à tenir tousjours ferme en main le timon de l'estat, les resnes du gouvernement, c'est

---

[27] August. *Apud Dion.* L. LII.
[28] Just.-Lips. L. IV.
*[29] En guettant le moment opportun.
[30] « Doucement et lentement ». *Sed tunc quoque fiat leniter itemque lentè, ut per gradus nec omnia simul.* Juste-Lipse, *loc. cit.*

à dire l'honneur et la force de commander et ordonner, et ne s'en fier ny remettre point à d'autre, et renvoyer toutes choses au conseil, affin que tous aient l'œil sur luy, et sçachent que tout dépend de luy. Le souverain qui quitte tant peu que ce soit de son authorité, gaste tout. Parquoy il ne doibt eslever ny agrandir par trop personne, *communis custodia principatûs, neminem unum magnum facere* [31]. Que s'il y en a desja quelqu'un tel, il le faut ravaller et reculer, mais doucement; et ne faire point les grandes et hautes charges perpetuelles ny à longues années : affin que l'on n'aye moyen de se fortifier à l'encontre du maistre, comme il est souvent advenu : *nil tam utile, quam brevem potestatem esse, quae magna sit* [32].

Voylà les moyens justes et honnestes au souverain, pour maintenir avec la bienveillance l'authorité; et se faire aymer, craindre, et redoubter tout ensemble : car l'un sans l'autre n'est ny asseuré ny raisonnable. Parquoy nous abominons une authorité tyrannique, et une crainte ennemie de bienveillance, qui est avec la haine publique, *oderint quem metuunt* [33], que les

---

[31] « Ne faites jamais un citoyen trop grand : c'est un principe général pour la sûreté de tout gouvernement ». Aristote, *Politique*, L. V, chap. VIII.

[32] « Rien de plus utile, que de donner peu de durée à la puissance, lorsqu'elle est grande ». Sénèq. *Controvers.* L. V.

[33] « On hait celui qu'on craint ». Voy. Cicéron, qui cite Ennius, *in Offic.* L. II, cap. VII.

meschans acquierent abusans de leur puissance. Les conditions d'un bon prince et d'un tyran sont toutes notoirement dissemblables, et aysées à distinguer. Elles reviennent toutes à ces deux poincts : l'un garder les loix de Dieu et de nature, ou les fouler aux pieds : l'autre, faire tout pour le bien public et proffit des subjects, ou faire tout servir à son proffit et plaisir particulier. Or le prince, pour estre tel qu'il doibt, faut qu'il se souvienne tousjours que comme la felicité est de pouvoir tout ce que l'on veust, aussi est-ce vraye grandeur de vouloir tout ce que l'on doibt; *Caesari cùm omnia licent, propter hoc minùs licet* [34] : — *ut felicitatis est posse quantùm velis, sic magnitudinis velle quantùm possis; vel potiùs quantum debeas* [35]. Le plus grand malheur qui puisse arriver à un prince, c'est de croire qu'il luy est loisible tout ce qu'il peust et luy plaist. Si tost qu'il a consenti à ce pensement, de bon il devient meschant. Or cette opinion leur vient des flatteurs qui ne manquent jamais à leur prescher tousjours la grandeur de leur pouvoir; et bien peu y a de fideles serviteurs qui leur osent dire l'obligation de leur debvoir. Mais il n'y a au monde plus dangereuse flatterie que celle qui se faict à soy mesme : quand c'est un mesme le flatteur

---

34 « L'empereur doit d'autant moins se permettre, que tout lui est permis ». Sénèq. *Consolat. ad Polyb.* cap. XXVI.

35 Pline, *Panégyr. de Trajan.* — La traduction du passage est dans la phrase du texte, qui précède.

et le flatté, il n'y a plus de remede à ce mal. Neantmoins il arrive quelques fois par consideration des temps, personnes, lieux, occasions, qu'il faut qu'un bon roy face des choses qui par apparence peuvent sembler tyranniques, comme quand il est question de reprimer une autre tyrannie, sçavoir d'un peuple forcené, duquel la licence est une vraye tyrannie, ou bien des nobles et riches qui tyrannisent les povres et le menu peuple, ou bien quand le roy est povre et necessiteux, qui ne sçait où prendre argent, et faict des emprunts sur les riches. Et ne faut pas estimer tousjours estre tyrannie la severité d'un prince, ou bien les gardes et forteresses, ou bien la majesté des commandemens imperieux, qui sont quelques fois utiles, voire necessaires : et sont plus à souhaiter que les douces prieres des tyrans.

Voylà les deux vrays soustiens du prince et de l'estat, si en iceux aussi le prince se sçait maintenir, et se preserver des deux contraires, qui sont les meurtriers du prince et de l'estat, sçavoir hayne et mespris [36] : desquels il faut dire un mot, pour mieux y pourvoir et s'en garder. La hayne contraire à la bienveillance est une mauvaise et obstinée affection des subjects contre le prince et son estat : elle procede ordinairement de crainte pour l'advenir, ou de desir de vengeance pour le passé, ou de tous les deux.

---

[36] Voyez Aristote, *Politic.* L. V, ch. x.

Cette hayne, quand elle est grande et est de plusieurs, à grande peine le prince peust-il eschapper, *multorum odiis nullae opes possunt resistere* [37]. Il est exposé à tous, et n'en faut qu'un pour y mettre fin. *Multae illis manus, illi una cervix* [38]. Il faut donc qu'il s'en preserve : ce qu'il fera en fuyant les choses qui l'engendrent, sçavoir cruauté et avarice, les contraires aux instrumens susdits de bienveillance.

Il faut qu'il se garde pur et net de cruauté vilaine, indigne de grandeur, très infame au prince : mais au contraire qu'il s'arme de clemence, comme a esté dict cy-dessus [39] aux vertus requises au prince. Mais pource que les supplices, bien qu'ils soient justes et necessaires en un estat, ont quelque image de cruauté, il doibt prendre garde de s'y porter dextrement *[40] : et pour ce, luy en voulons donner advis : 1. par exprès il ne doibt mettre la main au glaive de justice que bien tard et comme à regret : *libenter damnat, qui citò : — ergo illi parcimonia etiam vilissimi sanguinis* [41] ; 2. forcé pour le bien public, et plustost pour

---

[37] « Nul pouvoir ne peut résister à la haine publique ». Cicer. *de Offic.* L. II, cap. VII.

[38] « La multitude a des milliers de mains qui se dirigent contre une seule tête ». J'ignore d'où cela est tiré.

[39] Dans le chap. II.

*[40] Avec dextérité, adresse.

[41] « On met trop de promptitude à condamner : — il faut être avare, même du sang le plus vil ». Sénèq. *de Clement.* cap. XIV, et cap. I.

exemple, et empescher que l'on y retourne, que pour punir le coulpable; 3. sans cholere ny joye ou autre passion; que s'il en falloit monstrer aucune, ce seroit compassion : 4. à la maniere accoustumée du pays et non par nouveaux supplices, tesmoignages de cruauté : 5. sans assister ny se trouver à l'execution [42] : 6. s'il en faut punir plusieurs, il les faut despescher vistement et tout en un coup; car les faire longuement traisner les uns après les autres, semble que l'on s'y plaist et s'en paist.

Il faut aussi qu'il se garde d'avarice bien messeante en un grand [43]. Elle se monstre ou à trop exiger et tirer, ou à trop peu donner. Le premier desplaist fort au peuple avare de nature, et à qui le bien, c'est le sang et la vie [44] : c'est dequoy plus volontiers il se despite : le second aux hommes de service et de merite, qui ont travaillé pour le public, et pensent qu'il leur est deu quelque entretien. Or comment le prince se doibt gouverner en tout cela, et en matiere de finance, tant à faire fonds et imposer, qu'à despendre *[45] et reserver, il a esté bien au long discouru au

---

[42] Comme François Ier., qui assistait aux supplices des Huguenots.

[43] Cicer. *de Offic.* L. II, cap. XXII, n°. 77.

[44] Juste-Lipse, L. IV. — Il y a dans ce chapitre de Charron, un grand nombre de pensées traduites de Juste-Lipse. Il serait trop long de les indiquer toutes.

*[45] Qu'à dépenser et tenir en réserve.

chapitre precedent. Seulement diray icy, que le prince se doibt soigneusement garder de trois choses : l'une, de ressembler par trop grandes et excessives impositions, ces tyrans ronge-subjects, mange-peuples, *qui devorant plebem sicut escam panis* [46]; — δημόβοροι [47], *quorum aerarium spoliarium civium, cruentarumque praedarum receptaculum* [48], car il y a danger de tumultes, tesmoin tant d'exemples et vilains accidens : secondement de sordidité tant à amasser (*indignum lucrum ex omni occasione odorari* [49] : — *et, ut dicitur, etiam à mortuo auferre* [50] : parquoy ne se doibt servir à cela d'accusations, confiscations, despouilles injustes) qu'à ne rien donner, ou donner trop peu et mercenairement, et se laisser par trop importuner par requestes et longue poursuitte : tiercement de violence en la levée, de fourrage, pillerie; et que s'il est possible l'on ne vienne à saisir les meubles, les outils du labourage. Cecy regarde principalement les receveurs et exacteurs

---

[46] « Qui dévorent le peuple comme du pain ». *Psaum.* XIII.

[47] Dévorateurs du peuple, ou, si l'on veut, sangsues publiques.

[48] « Dont le trésor se grossit continuellement des dépouilles des citoyens, et de sanglantes proies ». Pline, *Panegyr. Traj.* cap. XXXVI, *in principio*.

[49] « Flairer en toute occasion, d'indignes gains ». Ammien Marcellin, L. II, cap. XXV.

[50] « Et, comme on dit, dépouiller même un mort ». Aristot. *Rhét.* L. II.

qui par leurs rigueurs exposent le prince à la hayne du peuple, et le diffament; gens fins, cruels, à six mains et trois testes, dict quelqu'un.[51] : à quoy le prince doibt pourvoir, qu'ils soient preud'hommes : puis, s'ils faillent, les chasser rudement avec rude chastiment, et grosses amendes, pour leur faire rendre et regorger comme esponges, ce qu'ils ont succé et tiré induement du peuple.

Venons à l'autre pire ennemy, mespris, qui est une sinistre, vile et abjecte opinion du prince et de l'estat [52] : c'est la mort des estats, comme l'authorité est l'ame et la vie. Qui maintient un homme seul, voire vieil et cassé sur tant de milliers d'hommes, sinon l'authorité et la grande estime? Si elle s'en va et se perd par mespris, il faut que le prince et l'estat donne du nés en terre. Et tout ainsi que comme a esté dict [53], l'hautorité est plus forte et auguste, que la bienveillance; aussi le mespris est plus contraire et dangereux que la hayne, laquelle n'ose rien estant retenue par la crainte, si le mespris, qui secoue la crainte, ne l'arme et ne donne le courage d'executer. Il est vray que le mespris vient rarement, mesmement

---

[51] Ce quelqu'un est Plaute. Voici le vers de l'*Aululaire*, auquel Charron fait allusion :

Homines cum senis manibus, genere Geryonaceo.

[52] C'est la définition qu'en donne Juste-Lipse, *Polit.* L. IV.

[53] Dans ce même chapitre.

s'il est vray et legitime prince, sinon qu'il soit du tout faineant, et qu'il se degrade et prostitue soy-mesme, *et videatur exire de imperio*[54]. Toutesfois il faut voir d'où il peust venir pour s'en garder. Il vient de choses contraires aux moyens d'acquerir authorité, et specialement de trois, sçavoir :

De la forme de gouverner trop lasche, effeminée, molle, languissante et nonchalante, ou bien legere et volage sans aucune tenue, c'est estat sans estat. Soubs tels princes les subjects se rendent hardis, insolens, pensent que tout est permis, que le prince ne se soucie de rien. *Malum, principem habere sub quo nihil ulli liceat : pejùs, eum sub quo omnia omnibus* [55].

Secondement du malheur du prince, soit en ses affaires, qui ne succedent pas bien, ou en lignée, s'il est sans enfans, qui servent d'un grand appuy au prince, ou au moins certitude de successeurs, dont se plaignoit Alexandre le grand, *orbitas mea, quod*

---

[54] « Et qu'il paraisse abandonner le commandement ». Tacit. *Histor.* L. III, cap. LXVIII. — Tout ce paragraphe est pris de Juste-Lipse.

[55] C'est un apophthegme de Marcus Cornelius Fronton, qui enseigna la rhétorique à Marc-Aurèle. « C'est un malheur, disait-il, de vivre sous un empereur qui ne permet à personne de rien faire; mais c'est encore un plus grand malheur d'être sous un prince qui permet à tous, de faire tout ce qui leur plaît ». Voyez Xiphilin, *in Nervá.*

sine liberis sum, spernitur [56]. — *Munimen aulae regii liberi* [57].

Tiercement des mœurs, specialement dissolues, lasches, et voluptueuses, yvrongnerie, gourmandise, aussi de lourdise, ineptie, laideur [58].

Voylà en gros parlé de l'action du souverain. Pour la traicter plus distinctement et particulierement, il se faut souvenir, comme a esté dict au commencement, qu'elle est double, pacifique et militaire, j'entens icy l'action pacifique l'ordinaire, qui se faict tous les jours, et en tous temps, de paix ou de guerre, la militaire qui ne s'exerce qu'en temps de guerre.

La pacifique et ordinaire du souverain ne se peust du tout prescrire, c'est chose infinie, et consiste autant à se garder de faire, comme à faire. Nous en donnerons icy des advis principaux et necessaires. Pour un premier, le prince doibt pourvoir à ce qu'il soit fidelement et diligemment adverti de toutes choses. Ces toutes choses reviennent à deux chefs, dont y a deux sortes d'advertissemens et d'advertisseurs qui tous doibvent estre bien confidens et asseurés, prudens et secrets : bien qu'aux uns est requise une plus grande liberté, fermeté et franchise, qu'aux autres.

---

[56] « On me méprise, peut-être, parce que je n'ai pas d'enfans » Quint.-Curt. L. VI, cap. IX.

[57] « Des princes du sang royal, sont la vraie sauve-garde d'une cour ». Euripide.

[58] Juste-Lipse, L. IV.

Les uns sont pour l'advertir de son honneur et debvoir, de ses defauts, et lui dire ses verités. Il n'y a gens au monde qui ayent tant de besoin de tels amis comme les princes, qui ne voyent et n'entendent que par les yeux et par les oreilles d'autruy. Ils soustiennent une vie publique, ont à satisfaire à tant de gens, on leur cele tant de choses que, sans le sentir ils se trouvent engagés en la hayne et detestation de leurs peuples, pour des choses fort remediables et fort aysées à esviter, s'ils en eussent esté advertis d'heure *⁵⁹. D'autre part les advertissemens libres, qui sont les meilleurs officiers de la vraye amitié, sont perilleux à l'endroit des souverains : combien qu'ils soyent bien delicats et bien foibles, si pour leur bien et proffit ils ne peuvent souffrir un libre advertissement, qui ne leur pince que l'ouye, estant le reste de l'operation en leur main. Les autres sont pour l'advertir de tout ce qui se passe et remue non-seulement parmy ses subjects et dedans l'enclos de son estat, mais encores chez ses voisins ; de tout, dis-je, qui touche de loin ou près l'estat sien et de ses voisins. Ces deux sortes de gens respondent aucunement à ces deux amis d'Alexandre, Ephestion et Craterus, dont l'un aimoit le roy, et l'autre Alexandre, c'est à dire l'un l'estat, et l'autre la personne ⁶⁰.

---

*⁵⁹ A tems.
⁶⁰ Voy. Plutarque, *in Alexandro*.

⁶¹. En second lieu le prince doibt tousjours avoir en main un petit memorial et livret contenant trois choses, principalement un registre abregé des affaires d'estat, affin qu'il sache ce qu'il faut faire, ce qui est commencé de faire, et qu'il ne demeure rien imparfaict et mal executé; une liste des plus dignes personnages qui ont bien merité, ou sont capables de bien meriter du public; un memoire des dons qu'il a faicts, à qui, et pourquoy : autrement et sans ces trois, il lui adviendra de faire de grandes fautes. Les grands princes et sages politiques l'ont ainsi bien practiqué, Auguste, Tibere, Vespasian, Trajan, Adrian, les Antonins.

En tiers lieu, d'autant que de l'un des principaux debvoirs du prince est à discerner et ordonner des loyers *⁶² et des peines, et pource que l'un est favorable, et l'autre odieux, le prince doibt retenir à soy la distribution des loyers et bienfaicts, qui sont estats, honneurs, offices, benefices, privileges, pensions, exemptions, immunités, restitutions, graces et faveurs, et renvoyer à ses officiers à faire et prononcer condamnations, amendes, confiscations, privations, supplices, et autres peines ⁶³.

---

⁶¹ Tout le paragraphe qui suit est pris dans *la Rép.* de Bodin, L. VI., chap. II.

*⁶² Des récompenses.

⁶³ Tiré de Bodin, L. IV. chap. VI.

En distribution des loyers, dons et bienfaicts, il s'y doibt porter prompt et volontaire, les donner avant qu'ils soyent demandés, s'il se peust, et n'attendre pas qu'il luy faille les refuser ; et les donner luy-mesme s'il peust, ou les faire donner en sa presence. Par ce moyen les dons et bienfaicts seront beaucoup mieux reçeus, auront plus d'efficace : et l'on esvitera deux grands inconveniens ordinaires, qui privent les gens d'honneur et de merite des loyers qui leur sont deus ; l'un est une longue poursuitte, difficile et pleine de despense, qu'il convient faire pour obtenir ce que l'on veust et l'on pense avoir merité ; ce qui est grief à gens d'honneur et de cueur : l'autre, qu'après avoir obtenu du prince le don avant qu'en pouvoir jouir, il couste la moitié et plus de ce que vaut le bienfaict, et encores quelques fois viendra à rien.

Venons à l'action militaire du tout necessaire à la tuition *[64] et defense du prince, des subjects et de tout l'estat, traictons-la briefvement. Toute cette matiere revient à trois chefs, entreprendre, faire, finir la guerre. A l'entreprinse faut deux choses ; justice et prudence, et fuir du tout les contraires, l'injustice et la temerité. Il faut premierement que la guerre soit juste : la justice doibt marcher devant la vaillance, comme le deliberer va devant l'executer. Il faut abo-

---

*[64] A la conservation, à la garde. Du latin *tuitio*.

miner ces propos, que le droict est en la force, que l'issue en decidera; que le plus fort l'emportera. Il faut regarder à la cause, au fonds et au merite, et non à l'issue : la guerre a ses droicts et loix, comme la paix [65]. Dieu favorise les justes guerres, donne les victoires à qui il lui plaist, et s'en faut rendre capable, premierement par la juste entreprinse. Il ne faut donc pas pour toute cause ou occasion commencer la guerre, *non ex omni occasione quaerere triumphum* [66]. Et se bien garder que l'ambition, l'avarice, la cholere ne nous y fourrent : qui sont toutes fois à vray dire les plus ordinaires motifs des guerres : *una et ea vetus causa bellandi est profunda cupido imperii et divitiarum ; — maximam gloriam in maximo imperio putant* [67].

> Rupere fœdus impius lucri furor,
> Et ira praeceps.... [68]

Pour rendre la guerre de tous poincts juste, il faut trois choses, 1. qu'elle soit indicte *[69] et entreprinse par celui qui peust, qui est le seul souverain.

---

[65] *Sunt et belli, sicut pacis jura.* Tit.-Liv. L. V, cap. XXVII.

[66] « Ne pas chercher toutes les occasions de triompher ». Plin. *Paneg.* cap. XVI.

[67] « La seule et ancienne cause des guerres, c'est une violente passion pour le commandement et pour les richesses ; — ils regardent comme une très-grande gloire de commander en souverain ». Sallust. *in fragment. Bellum Catilin.* cap. II.

[68] « C'est l'ardeur impie du gain, et l'aveugle colère qui rompent les traités ». Sénèq. *Hippolit.* act. II, v. 538.

*[69] Déclarée. Du latin *indictus*.

2. Pour cause juste, telle est absolument la defensive justifiée par toute raison aux sages, par necessité aux barbares, par la coustume à toutes gens, par la nature aux bestes [70] : defensive, dis-je de soy, où je comprens sa vie, sa liberté, ses parens et sa patrie : de ses alliés et confederés, c'est pour la foy donnée, pour les injustement oppressés : *qui non defendit, nec obsistit, si potest, injuriae, tam est in vitio, quam si parentes, aut patriam aut socios deserat* [71]. Ces trois chefs de defense sont comprins en la justice par sainct Ambroise, *fortitudo quae per bella tuetur à barbaris patriam, vel defendit infirmos, vel à latronibus socios, plena justitiae est* [72]. Un autre plus court la met en deux, foy et salut, *nullum bellum à civitate optimâ suscipitur, nisi aut pro fide aut pro salute* [73], et l'offensive avec deux conditions; qu'il y aye eu offense precedente, comme

---

[70] Cicér. *pro Milone*, N°s. 9 et 30.

[71] « Celui qui ne s'oppose pas, quand il le peut, à l'injustice qu'il voit commettre, est aussi condamnable que s'il abandonnait ses amis, ses parens, sa patrie ». Cicér. *de Offic.* L. I, cap. VII, n°. 23.

[72] « C'est une action pleine de justice, que d'employer son courage à défendre sa patrie contre les barbares, à protéger les faibles, à garantir ses compatriotes des brigands ». Ambrois. *de Offic.*

[73] « Dans une cité amie de la justice, on ne soutient jamais de guerre, que pour la foi promise, ou le salut des citoyens ». Cicér. *de Rep.* L. III, dans St. Augustin. *de Civit. Dei*, L. XXII, cap. VI.

outrage ou usurpation, et après avoir redemandé clairement par heraut exprès ce qui a esté prins (*post clarigatum* [74]) et recherché la voye de la justice, qui doibt tousjours aller la premiere. Car si l'on y veust entendre, et se soubmestre à la raison, faut s'arrester : sinon, le dernier et par ainsi necessaire est juste et permis, *justum bellum, quibus necessarium ; pia arma quibus nulla nisi in armis relinquitur spes* [75].

3. A une bonne fin, sçavoir la paix et le repos [76], *sapientes pacis causâ bellum gerunt, et laborem spe otii sustentant : ut in pace sine injuriâ vivant* [77].

Après la justice, vient la prudence, qui fait meurement deliberer avant que corner la guerre. Dont pour ne s'y eschauffer pas tant, et se garder de temerité, il est bon de penser à ces poincts : 1. Aux

---

[74] « Après déclaration ». Pline, L. XXII, c. II. Voy. sur le mot *Clarigatus*, Servius sur l'Énéide, L. IX, et Grotius, L. III, c. III, note 2. Ce mot est rendu, dix lignes plus bas, par *corner la guerre* ; il signifie littéralement la déclarer à son de trompe, de *clairon*.

[75] « Toute guerre nécessaire est juste ; et les dieux approuvent qu'on prenne les armes, quand il n'y a d'autre espoir de salut que dans la guerre ». Tit-Liv. L. IX., cap. I.

[76] Plutarque appelle la paix et le repos, le but de tout sage gouvernement. Voy. *Vie de Phocion*.

[77] « Les sages ne font la guerre que pour obtenir la paix, ne supportent les fatigues que dans l'espoir du repos, que pour vivre dans un honorable loisir ». Sallust. *ad Cæsar.* orat. I.

forces et moyens, tant siens que de son ennemi.
2. Au hazard et dangereuse revolution des choses humaines, specialement des armes, qui sont journalieres [78], et ausquelles la fortune a plus de credit, et exerce plus son empire, qu'en toute autre chose, dont l'issue peust estre telle, qu'en une heure elle emportera tout, *simul parta ac sperata decora unius horae fortuna evertere potest* [79].

3. Aux grands maux, malheurs, et miseres publiques et particulieres qu'apporte necessairement la guerre, qui sont telles, que la seule imagination est lamentable. 4. Aux calomnies, maledictions et reproches, que l'on jette et verse sur les autheurs de la guerre, à cause des maux qui en arrivent; car il n'y a rien plus subject aux langues et jugemens que la guerre. Mais tout tombe sur le chef, *iniquissima bellorum conditio haec est, prospera omnes sibi vendicant, adversa uni imputantur* [80]. Toutes ces choses font que

---

[78] Souvenez-vous que les revers de la fortune ne sont nulle part si communs qu'à la guerre, disait Nicias à un général vainqueur. Voy. Plut. *Vie de Nicias*.

Tout ce paragraphe de Charron est pris dans Juste-Lipse.

[79] « La fortune peut, dans une heure seulement, renverser la gloire la mieux acquise, les espérances les mieux fondées ». Tit-Liv. L. XXX, cap. XXX.

[80] « Telle est l'extrême injustice qui règne dans les armées. Chacun s'approprie les succès; un seul est responsable des malheurs ». Tacite, *Vie d'Agricola*, chap. XXVII.

la plus juste guerre est detestable, dit S. Augustin [81], et que le souverain n'y doibt entrer que par grande necessité, comme il est dict d'Auguste [82] : et ne se laisser gaigner à ces boutefeux et flambeaux de guerre, qui par quelque passion particuliere l'y veulent eschauffer [83] : *quibus in pace durius servitium est* [84] ; — *in id nati, ut nec ipsi quiescant, neque alios sinant* [85]. Et sont souvent ceux, à qui le nez saigne quand il faut venir au faict : *dulce bellum inexpertis* [86]. Le sage souverain se contiendra paisible, sans provoquer ny aussi craindre la guerre, sans remuer son estat et celuy d'autruy entre esperance et crainte, et venir à ces extremités de perir ou faire perir les autres.

Le second chef de l'action militaire est à faire la guerre [87]. A quoy sont requises trois choses, munitions, hommes, reigles de guerre. La premiere est la provision et munition de toutes choses necessaires à

---

[81] Div. Augustin. *de Civit. Dei*, L. XIX, cap. VII.

[82] Voy. Suétone, *in August.* cap. XXI.

[83] Tit.-Liv. L. XXI, cap. X.

[84] « Pour qui la paix est une fatigue insupportable ». Tacit. Annal. L. XI, cap. X.

[85] « Qui semblent nés pour ne jamais se reposer, ni permettre que les autres se reposent ». Thucyd. L. I, c. XI.

[86] « La guerre ne plaît qu'à ceux qui n'ont point fait la guerre ». Pindar. *apud Stobæum*, Sermo XLVIII, *de Bello*.

[87] Charron suit toujours Juste-Lipse. Voy. L. V, *Politic.* cap. VI.

la guerre, qui doibt estre faicte de bonne heure : car ce seroit grande imprudence d'attendre au besoin à chercher ce qu'il faut avoir tout prest,

Diù apparandum est, ut vincas celeriùs [88].

Or de la provision requise pour le bien du prince et de l'estat, ordinaire et perpetuelle en tout temps, a esté parlé en la premiere partie de ce chapitre qui est toute de ce subject. Les principales provisions et munitions de guerre, sont trois ; 1. deniers, qui sont l'esprit vital et les nerfs de la guerre, dont a esté parlé. 2. Armes, tant offensives que defensives, desquelles a esté aussi parlé [89] ; ces deux sont ordinaires et en tout temps. 3. Vivres, sans lesquels l'on ne peust vaincre ni vivre, et est-on defaict, sans coup ferir, le soldat se desbauche, et n'en peust-on venir à bout, *disciplinam non servat jejunus exercitus* [90] : mais c'est une provision extraordinaire et non perpetuelle, qui ne se faict que pour la guerre, dont n'en a esté parlé cy-dessus. Il faut donc en deliberant de la guerre faire de grands magazins de vivres, bleds, chairs salées, tant pour l'armée qui est en campagne, que pour

---

[88] « Il faut lentement s'apprêter, pour vaincre plus promptement ». Publius Syrus.

[89] Dans le précédent chapitre.

[90] « Une armée à jeun n'observe point la discipline ». Cassiod. *Var.* L. IV, cap. XIII.

les garnisons des frontieres qui peuvent estre assiegées.

La seconde chose requise à faire la guerre, sont les hommes propres à assaillir et à defendre. Il les faut distinguer. La premiere distinction est en soldats ou gendarmes, et chefs ou capitaines. Il en faut de tous les deux. Les soldats sont le corps, les chefs sont l'ame, la vie de l'armée, qui donnent mouvement et action. Or nous parlerons icy premierement des gendarmes et soldats, qui font le gros. Il y en a de diverses sortes ; il y a les pietons et les gens de cheval, les naturels du pays et les estrangers, les ordinaires et les subsidiaires. Il les faut premierement tous comparer ensemble, pour sçavoir qui sont meilleurs et à preferer : et puis nous verrons comment il les faut bien choisir, et après les gouverner et discipliner.

En cette comparaison tous ne sont d'accord. Les uns, mesme les rudes et barbares, preferent les gens de cheval aux pietons, les autres au contraire. On peust dire que les pietons tout simplement et absolument sont meilleurs [91] ; car ils servent et tout du long de la guerre, et en tous lieux, et en tous affaires ; là où aux lieux montueux, scabreux et estrois et

---

[91] Charron suit ici l'opinion de Juste-Lipse (voy. *Politic.* L. V); mais ce n'était pas celle de Polybe, qui, comme le reconnaît Juste-Lipse lui-même, semble préférer la cavalerie. Voy. Polyb. L. III.

à assieger places, la cavalerie est presque inutile. Ils sont aussi plustost prests et coustent beaucoup moins [92] : et s'ils sont bien conduicts et armés comme il faut, ils soustiennent le choc de la cavalerie. Aussi sont-ils preferés par ceux qui sont docteurs en cette besongne [93]. On peust dire que la cavalerie est meilleure au combat, et pour avoir plustost faict, *equestrium virium proprium, cito parare, cito cedere victoriam* [94]; car les pietons n'ont pas sitost faict : mais ils agissent bien plus seurement.

Quant aux naturels et estrangers, aussi ne sont-ils tous d'accord sur la preference : mais sans doubte les naturels sont beaucoup meilleurs [95]; car ils sont plus loyaux que les estrangers mercenaires,

Venalesque manus, ibi fas, ubi maxima merces [96],

plus patiens et obeissans, se portant avec plus d'honneur et de respect envers les chefs, de courage aux combats, d'affection à la victoire et au bien du pays,

---

[92] Juste-Lipse s'appuie ici sur Végèce. Voyez ce dernier, L. II, cap. I.

[93] Voy. Aristot. *Polit.* L. V.

[94] « Le propre de la cavalerie est de préparer promptement, mais aussi de céder promptement la victoire ». Tacit. *de morib. German.* cap. XXX.

[95] C'est ce que soutenait aussi Xénophon. Voyez son Discours *sur la manière d'augmenter les revenus d'Athènes.*

[96] « Ces mains vénales pour qui, plus le butin est grand, plus il est licite ». Lucain, L. X, v. 408.

et coustent moins, et sont plus prests que les estrangers [97] souvent mutins, mesme au besoing, et faisant plus de bruict que de service, et la pluspart importuns et onereux au public, cruels à ceux du pays [98], qu'ils fourragent comme ennemis, qui coustent à les faire venir et retourner; et les faut attendre souvent avec dommage grand. Que si en une necessité extresme il en faut, soit : mais qu'ils soient en beaucoup plus petit nombre que les naturels, et ne facent qu'un membre et partie de l'armée, non le corps [99]. Car il y a danger que s'ils se voyent autant ou plus forts que les naturels, ils se rendent maistres de ceux qui les ont appellés, comme il est advenu souvent ; car celuy est maistre de l'estat, qui est maistre de la force : et aussi qu'ils soient, s'il se peust, tirés des alliés et confédérés, qui apportent plus de fidelité et service que les simples estrangers : mais de se servir plus d'estrangers, que de naturels, est à faire aux tyrans, qui craignent leurs subjects, parce qu'ils les traictent comme ennemis, se font hayr d'eux, dont ils les redoutent et ne les osent armer ny aguerrir.

Quant aux ordinaires et subsidiaires, il en faut de tous les deux : mais la difference entre eux est que les ordinaires sont en petit nombre, sont tousjours,

---

[97] Quint. Curt. L. X, cap. III.
[98] Tacit. *Histor*. L. II, cap. XII.
[99] Juste-Lipse, *loc. citat.*

en paix et en guerre, sur pieds et en armes, et d'eux a esté parlé en la provision.¹⁰⁰ ; gens du tout destinés et confinés en la guerre, formés à tout exercice des armes, resolus. C'est la force ordinaire du prince, son honneur en paix, sa sauve-garde en guerre ; telles estoient les legions romaines. Ceux-cy doibvent estre separés par troupes en temps de paix, affin qu'ils ne puissent rien remuer. Les subsidiaires sont en beaucoup plus grand nombre ; mais ils ne sont pas perpetuels, ny du tout destinés à la guerre : ils ont d'autres vacations : au besoing et en temps de guerre ils sont appellés au son du tambour, renroollés *¹⁰¹, duicts *¹⁰² et instruicts à la guerre ; et venant la paix se retirent et retournent à leurs vacations.

Nous avons entendu leurs distinctions et differences, maintenant faut adviser à les bien choisir, c'est à quoy il faut diligemment adviser, non pas à en amasser tant et en si grand nombre, lequel n'emporte pas la victoire, mais la vaillance : et ordinairement peu sont qui font la desroute. Une effrenée multitude nuist plus qu'elle ne proffite : *non vires habet sed pondus* ¹⁰³, *potius impedimentum, quàm auxilium* ¹⁰⁴. Ce

---

¹⁰⁰ Au chapitre II.

*¹⁰¹ Réenrollés.

*¹⁰² Aptes.

¹⁰³ « Elle n'a pas de force, mais du poids ». Senec. *de Benefic.*

¹⁰⁴ « C'est plutôt un embarras, qu'un surcroît de forces ».

n'est donc pas au nombre, mais en la force et vaillance, *manibus opus est bello, non multis nominibus* [105]. Il faut bien donc les choisir (non les acheter indifferemment [106], avec quelque somme legere par mois), qu'ils ne soient avanturiers, ignorant la guerre; racaille de ville, corrompus, vicieux, dissolus en toutes façons, piaffeurs, hardis à la picorée, et loin des coups, cerfs et lievres aux dangers, *assueti latrociniis bellorum, insolentes, — galeati lepores, — purgamenta urbium, — quibus ob egestatem et flagitia maxima peccandi necessitudo* [107].

Pour les bien choisir, il faut du jugement, de l'attention et de l'adresse : et à ces fins il faut considerer ces cinq choses [108] : 1. le pays; c'est à dire, le lieu de leur naissance et nourriture. Il les faut prendre des

---

[105] « Ce n'est pas d'un grand nombre de noms, mais c'est de bras que l'on a besoin à la guerre ». Synesius, *Epist.* 78, *in fine.*

[106] *Legi a se militem, non emi*, disait Galba, suivant Tacit. *Historiar.* L. I, cap. v, *in fine.*

[107] « Habitués au pillages, si communs dans les guerres, insolens, — lièvres en casque, — immondices des villes, — que leur pauvreté et des crimes déjà commis mettent dans l'obligation de commettre de nouveaux crimes ». Egésippe, L. IV, cap. IV, — *Cornificii dictum de suis militibus*, — Quint. Curt. L. VIII, cap. v; — Tacit. *Annal.* L. III, cap. XL.

[108] En tout ceci, Charron suit toujours Juste-Lipse, *loc. citat.*

champs, des montagnes, lieux steriles, raboteux, ou voisins de la mer, nourris à toute sorte de peine: *ex agris supplendum praecipuè robur exercitûs, aptior armis rustica plebs, sub dio et in laboribus enutrita,* — *ipso terrae suae solo et caelo acriùs animantur.* — *Et minùs mortem timet, qui minùs deliciarum novit in vitâ* [109]. Car ceux des villes nourris à l'ombre, aux delices, au gain, sont plus lasches, insolens, effeminés, *vernacula multitudo, lasciviae sueta, laborum intolerans* [110]. 2. L'aage, qu'ils soyent prins jeunes, à 18 ans, ils en sont plus souples et obeyssans : les viels ont des vices, et ne se plient pas si bien à la discipline. 3. Le corps, duquel la stature grande est requise d'aucuns, comme de Marius et de Pyrrhus [111] : mais encores qu'elle ne soit que mediocre, moyennant que le corps soit fort, sec, vigoureux, nerveux, d'un regard fier,

---

[109] « Il faut chercher dans les champs, les hommes destinés à devenir la principale force des armées ; les habitans des campagnes accoutumés aux injures de l'air, et aux plus rudes travaux, sont plus propres aux armes. — On dirait que le sol, le ciel même excitent leur courage. — Il craint moins la mort, celui qui n'a pas connu les délices de la vie »: Végèce, L. I, cap. III, — Tacite, *de morib. Germ.* cap. XXIX, — Végèce, *loc. cital.*

[110] « Ramas d'esclaves nourris dans la mollesse, et qui ne peuvent supporter le travail »: Tacit. *Annal.* L. I, cap. XXXI.

[111] Voy. Végèce, L. I, cap. V, et Frontin, *Stratag.* L. IV, cap. I.

c'est tout un, *dura corpora, stricti artus, minax vultus, major animi vigor* [112]. Les gros, gras, fluides n'y valent rien. 4. L'esprit, qui soit vif, resolu, hardi, glorieux, ne craignant rien tant que le deshonneur et le reproche. 5. Condition, qu'importe de beaucoup : car ceux qui sont de vilaine et infame condition, de qualité deshonneste, ou bien qui se sont meslés de mestiers sedentaires, servans à delices et aux femmes, sont mal propres à cette profession [113].

Après le choix et l'election vient la discipline : car ce n'est pas assez de les avoir choisis capables d'estre bons soldats, si l'on ne les faict; et s'ils sont faicts, si l'on ne les garde et entretient tels. Nature faict peu de gens vaillans : c'est la bonne institution et discipline [114]. Or l'on ne sçauroit assez dire combien vaut et est utile la bonne discipline en la guerre : c'est tout, c'est elle qui a rendu Rome si florissante, et luy a acquis la seigneurie du monde : aussi l'avoient-ils en plus grande recommandation que l'amour de leurs enfans. Or le principal poinct de la discipline est l'obeyssance, à laquelle sert cet ancien precepte,

---

[112] « Un corps robuste, des membres nerveux, un visage sévère, annoncent une plus grande force d'ame ». Tacit. *de morib. German.* cap. XXX.

[113] Voyez Thomas Morus dans son *Utopie.*

[114] *Paucos viros fortes natura procreat, bonâ institutione plures reddit industria.* Veget. L. III, cap XXVI.

que le soldat doibt plus craindre son chef, que l'ennemy [115].

Or cette discipline doibt tendre à deux fins : à rendre les soldats vaillans et gens de bien : et ainsi elle a deux parties, la vaillance et les mœurs. A la vaillance trois choses servent; l'exercice assidu aux armes, auquel il les faut contenir sans relasche; c'est d'où est venu le mot latin *exercitus,* qui signifie armée. Cet exercice des armes est une instruction à les bien manier et s'en servir, se dresser aux combats, tirer bien des armes, dextrement s'ayder du bouclier, discourir et se representer tout ce qui peust advenir aux combats, et venir à l'essay, comme en bataille rangée : proposer prix aux plus adroits pour les eschauffer. Le travail qui est tant pour les endurcir à la peine, à la sueur, à la poussiere, *exercitus labore proficit, otio consenescit* [116], que pour le bien et service de l'armée et fortification du camp, dont les faut apprendre à bien fossoyer, planter une palissade, dresser une barricade, courir, porter fardeaux pesans; ce sont choses necessaires tant pour se defendre, que pour presser et enclorre l'ennemy. L'ordre, qui est de grand usage, et doibt estre en plusieurs façons gardé en la guerre : premierement en la distribution des

---

[115] *A militibus imperatorem potiùs, quàm hostem metui debere.* Val. Maxim. L. II, cap. II.

[116] « Une armée acquiert de la force par le travail; elle s'affaiblit par l'oisiveté ». Veget. L. III, cap. XXVI.

troupes en bataillons, regimens, enseignes, camerades. Secondement en l'assiette du camp, qu'elle soit en quartiers disposés avec proportions, ayant ses places, entrées, issues, logis à propos pour ceux de cheval et de pied, dont il soit aysé à chacun de trouver son quartier, son compagnon. Tiercement au marcher par campagne et contre les ennemis, que chascun tienne son rang; qu'ils soyent egalement distans les uns des autres sans trop se presser, ny s'eslongner. Tout cet ordre est bien necessaire et sert à plusieurs choses. Il est fort beau à voir, resjouit les amis, estonne les ennemis, asseure l'armée, facilite tous ses remuemens et les commandemens des chefs : tellement que sans bruict, sans confusion, le general commande, et de main en main son intention parvient jusques aux plus petits : *imperium ducis simul omnes copiae sentiunt, et ad nutum regentis sine tumultu respondent* [117]. Bref, cet ordre bien gardé rend l'armée presque invincible. Et au contraire plusieurs se sont veues perdre à faute d'ordre et de bonne intelligence.

La seconde partie de la discipline militaire regarde les mœurs, qui sont volontiers bien desbauchées et difficilement se reiglent parmy les armes, *assiduè dimicantibus difficile morum custodire mensuram* [118]. Tou-

---

[117] Sénèque, *Epist.* LIX. La traduction précède la citation.
[118] « Il est difficile à des guerriers de conserver toujours de bonnes mœurs ». Cassiodor. *Var.* I, *Epist.* IX.

tesfois il y faut mettre peine, et specialement y installer, s'il se peûst, trois vertus, continence, par laquelle toute gourmandise, yvrongnerie, paillardise, et toute volupté infame soit chassée, laquelle apoltronit et relasche le soldat, *degenerat à robore ac virtute miles assuetudine voluptatum* [119]; tesmoin Annibal, qui fust amolli par delices en un hyver, et fust vaincu par les vices, luy qui estoit invincible, et vainquoit tout par armes. Modestie en paroles, chassant toute vanité, vanterie, braverie de paroles: la vaillance ne remue point la langue, mais les mains: n'est point harangueuse, mais execute, *viri nati militiae factis magni, ad verborum linguaeque certamina rudes: — discrimen ipsum certaminis differt: — viri fortes, in opere acres, ante id placidi* [120]. Et au contraire les grands parleurs ne valent rien, *nimii verbis, linguâ feroces* [121]. Or la langue est pour le conseil, la main pour le combat, dict Homere; en faict (c'est une simple et prompte obeyssance sans marchander ou contrerooller les com-

---

[119] « Par l'habitude des voluptés, le soldat dégénère en courage, comme en vigueur ». Tacit. *Histor.* L. II, cap. LXII.

[120] « Les hommes nés pour la guerre, et grands par de hauts faits, sont très-inhabiles aux combats de la parole; — tant ces genres de combats se ressemblent peu: — ces braves si violens dans l'action, sont hors de là calmes et pacifiques ». Tit.-Liv. L. IX, — id. L. VII, — Aristot. *Ethic.*

[121] « Les trop grands parleurs, ne sont redoutables que par la langue ». Tacit. *Histor.* L. I, cap. XXXV.

mandemens des chefs), *haec sunt bonae militiae, velle, vereri, obedire* [122]. Abstinence, par laquelle les soldats gardent leurs mains nettes de toute violence, fourrage, larcin. Voylà en somme la discipline militaire, laquelle le general fera valoir par loyer et recompenses d'honneur envers les bons et vaillans, et punitions severes contre les defaillans; car l'indulgence perd les soldats [123].

C'est assez parlé des soldats, disons maintenant deux mots des chefs, sans lesquels les soldats ne valent rien; c'est un corps sans ame, un navire avec des vogueurs sans maistre qui tient le gouvernail. Il y en a de deux sortes: il y a le general et premier; et puis les subalternes, maistre de camp, colonels: mais le general (qui ne doibt jamais estre qu'un, sous peine de perdre tout) c'est tout. C'est pourquoy a esté dict que l'armée vaut autant que vaut son general. Et faut faire plus d'estat de luy, que de tout le reste, *plus in duce repones, quàm in exercitu* [124]. Or

---

[122] « Tout l'art de la guerre est en ceci: vouloir, craindre, obéir ». Thucyd. *Hist.* L. V.

[123] Tout ce que Charron donne, comme préceptes de l'art militaire, dans ce paragraphe et le précédent, il l'a puisé dans Jules-César, Végèce, Frontin et autres auteurs anciens; dans Juste-Lipse et autres auteurs modernes. Dans le paragraphe suivant, il ne fait guère que traduire Juste-Lipse, dans son cinquième Livre.

[124] Tacit. *de morib. German.* cap. XXX. La traduction précède.

ce general c'est le prince mesme et souverain, ou celuy qu'il aura commis et bien choisi. La presence du prince est de très grand poids et efficace pour obtenir la victoire; redouble la force et le courage des siens, et semble estre requise, quand il y va du salut de son estat, ou d'une province. Aux guerres de moindre consequence, il s'en peust deporter : *dubiis praeliorum exemptus summae rerum et imperii seipsum reservet* [125]. Au reste un general doibt avoir ces qualités, sçavant et experimenté en l'art militaire, ayant veu et senty toutes les deux fortunes, *secundarum ambiguarumque rerum sciens eoque interritus* [126]. 2. Provident et bien advisé, et par ainsi rassis, froid et posé, eslongné de toute temerité et precipitation, laquelle non seulement est folle mais malheureuse. Or les fautes en la guerre ne se peuvent rhabiller : *non licet in bello bis peccare* [127] parquoy il doibt plustost regarder derriere soy que devant : *ducem oportet potius respicere quàm prospicere* [128]. 3. Vigilant et actif, et par son exemple menant et faisant faire à ses soldats tout ce

---

[125] « Que, ne s'exposant point aux hasards des combats, il se réserve seulement le commandement et les affaires les plus importantes ». Tacit. *Histor.* L. II, cap. XXXIII.

[126] Tacit. *Annal.* L. I, cap. LXIV. La traduction précède.

[127] « A la guerre, il n'est pas permis de faire mal une seconde fois ». Plutarque, *Apopht.*

[128] Le même, dans la *Vie de Sertorius*. — La traduction précède.

qu'il veust. 4. Heureux : le bonheur vient du ciel ; mais volontiers il suit et accompagne ces trois premieres qualités.

Après les munitions et les hommes de guerre, venons aux reigles et advis generaux pour bien faire la guerre. Ce troisiesme poinct est un très grand et necessaire instrument de guerre, sans lequel et les munitions et les hommes ne sont que phantosmes, *plura consilio quàm vi perficiuntur* [129]. Or de les prescrire certains et perpetuels, il est impossible. Car ils despendent de tant de choses, qu'il faut considerer, et ausquelles il se faut accommoder, dont a esté bien dict que les hommes ne donnent pas conseil aux affaires, mais les affaires le donnent aux hommes ; qu'il faut faire la guerre à l'œil. Il faut prendre advis sur le champ, *consilium in arenâ* [130] : car les choses, qui surviennent, donnent advis nouveaux. Il y en a toutesfois de si generaux et certains, que l'on ne peust faillir de les dire et les observer. Nous en déduirons icy brefvement quelques uns, ausquels l'on pourra tousjours adjouster. Les uns sont à observer tout du long de la guerre, que nous dirons en premier lieu, les autres sont pour certains endroits et affaires.

Le premier est de guetter soigneusement et empoi-

---

[129] « On fait plus par le jugement que par la force ». Tacit. *Annal.* L. II, cap. XXVI.

[130] Senec. epist. XXII. La traduction précède.

gner les occasions, n'en perdre pas une, et ne permettre, s'il se peust, que l'ennemy prenne les siennes, l'occasion a grand cours en toutes affaires humaines, specialement en la guerre, où elle ayde plus que la force. 2. Faire son proffit des bruicts qui courent : car vrays ou faux peuvent beaucoup, mesme au commencement. *Famâ bella constant, — fama bellum conficit, in spem metumve impellit animos* [131].

3. Mais quand l'on est en train, il ne s'en faut plus donner peine : les considerer bien, mais ne laisser à faire ce qu'on doibt et peust, ce que la raison conseille, et demeurer là ferme.

4. Sur tout se garder de trop grande confiance et asseurance, par laquelle on mesprise l'ennemy, et se rend-on nonchalant et paresseux, c'est le plus dangereux mal qui soit en guerre. Qui mesprise son ennemy se descouvre, et se trahit soy-mesme, *frequentissimum initium calamitati securitas. — Nemo celerius opprimitur quàm qui non timet. — Nil tutò in hoste despicitur : quem spreveris, valentiorem negligentiâ facies* [132]. Il ne faut rien mespriser en guerre, car il n'y a rien de petit : et souvent de ce que l'on pense bien petit,

---

[131] « Les bruits qui se répandent ont beaucoup d'influence dans les guerres : — c'est la renommée qui fait le sort des combats ; elle jette dans les esprits, ou l'espérance, ou la terreur ». Quint. Curt. L. VIII, cap. VIII. — Tit.-Liv. L. XXVII, cap. XLV.

[132] Velleius Patercul. L. II. — Quint. Curt. L. VI. Tous ces passages sont expliqués par le texte.

il en advient de grands effets. *Saepè parvis momentis magni casus : — ut nihil timendi, sic nihil contemnendi* [133].

5. S'enquerir fort soigneusement et sçavoir l'estat et affaires de l'ennemy, specialement ces poincts cy : 1. le naturel, la portée et les desseins du chef : 2. le naturel, les mœurs et maniere de vivre des ennemys : 3. la situation des lieux, et le naturel du pays où l'on est. Annibal estoit excellent en cela [134].

6. Pour le faict du combat, il faut adviser plusieurs choses, quand, où, contre qui, et comment : affin que ce ne soit mal à propos. Et ne faut venir à cette extremité qu'avec grande deliberation : choisir plustost tout autre moyen, et chercher à rompre son ennemy par patience, et le laisser battre au temps, au lieu, au deffaut de plusieurs choses, que venir à ce hazard. Car l'issue des batailles est très incertaine et dangereuse : *incerti exitus pugnarum. Mars communis, qui saepè spoliantem et jam exultantem evertit, et perculit ab abjecto* [135].

---

[133] « De grands événemens proviennent souvent de petites causes : — de même qu'il ne faut rien craindre, il ne faut rien dédaigner ». César, *de Bello civil.* L. I. — Tit.-Liv. L. VI, c. VI.

[134] Voy. Tite-Live, L. XXII, c. XLI.

[135] « L'issue des combats est incertaine. L'inconstant dieu de la guerre, renverse souvent le vainqueur qui, déjà triomphant, s'emparait des dépouilles de l'ennemi, et le frappe par la main du vaincu ». Cicéron, *pro Milone*, n°. 46.

* 8. Il ne faut donc venir à cela que rarement, c'est à dire en la necessité, ou pour quelque grande occasion [136] : necessité comme si les difficultés croissent de vostre part ; les vivres, les finances defaillent ; les hommes se desgoutent, et s'en vont, l'on ne peust plus gueres subsister, *capienda rebus in malis praeceps via est* [137]. Occasion, comme si vostre party est tout clairement plus fort ; que la victoire semble vous tendre la main ; que l'ennemy est à present foible, et sera bientost plus fort, et presentera le combat ; qu'il ne s'en doubte pas, et pense que l'on soit bien loin. Il est las et recreu, il repaist, les chevaux sont en la lictiere.

9. Faut considerer le lieu ; car il est de grande consequence aux batailles. En general ne faut point attendre, s'il se peust, que l'ennemy entre dedans vos terres. Il faut aller au devant, au moins l'arrester à la porte ; et s'il y est entré, ne hazarder point la bataille, si ce n'est que l'on aye une autre armée preste : autrement c'est jouer et mestre son estat au hazard : particulierement considerer le champ de bataille, s'il est

---

* Ce devait être ici le n°. 7 des *avis* que donne Charron. Mais cette faute, si c'en est une, est dans la première comme dans la seconde édition. Je l'ai laissée.

[136] *Nisi summa necessitudo aut summa occasio data est.* Aul.-Gell. L. XIII, c. III.

[137] « Dans les circonstances difficiles, il faut prendre la voie la plus rapide ». Sénèque.

propre pour soy ou pour l'ennemy. Le champ donne quelquefois un très grand advantage. La pleine campagne est bonne pour la cavalerie : les lieux estroits, garnis de marests, fossés, arbres, favorisent l'infanterie.

Regarder avec qui, non avec les plus forts, j'entens plus forts, non d'hommes, mais de courage. Or il n'y a chose qui donne tant de courage que la necessité, ennemy invincible. Parquoy je dis qu'il ne faut jamais se battre avec des desesperés. Cecy s'accorde avec le precedent, qui est de ne hazarder bataille dedans son propre pays ; car l'ennemy entré y combat comme desesperé, sçachant que s'il est vaincu, il ne peust eschapper la mort, n'ayant forteresse ny retraitte ou secours aucun, *undè necessitas in loco, spes in virtute, salus ex victoria* [138].

La maniere plus advantageuse, quelle qu'elle soit, est la meilleure ; surprinse, ruse, à couvert, feignant d'avoir peur pour attirer l'ennemy, et le prendre au piege, *spe victoriae inducere, ut vincantur* [139] ; guetter et marquer ses fautes, pour s'en prévaloir et le charger de ce pas.

---

[138] « C'est donc du lieu où l'on combat que naît la nécessité de combattre à outrance ; et alors, l'espoir est dans le courage, le salut dans la victoire ». Tacit. *Annal.* L. II, *in fine*. J'ai paraphrasé la citation, pour l'adapter au sujet.

[139] « L'attirer par l'espoir de vaincre, pour qu'il soit vaincu ». Tacit. *Annal.* L. II, c. LII.

Pour les batailles rangées sont requises ces choses : la premiere et principale est une belle et bonne ordonnance de ses gens. 2. Un renfort et secours tout prest, mais couvert et caché, affin qu'inopinement survenant il estonne l'ennemy : car toutes choses subites, encores que vaines et ridicules, donnent l'espouvante.

Primi in omnibus præliis oculi vincuntur et aures [140].

3. Arriver le premier au camp et estre rangé en bataille; l'on faict ainsi tout plus à son ayse, et sert à croistre le courage des siens et abbattre celuy de son ennemy : car c'est estre assaillant, qui a tousjours plus de cueur que le soustenant. 4. Belle, brave, hardie, resolue contenance du general et autres chefs. 5. Harangue pour encourager les soldats et leur remonstrer l'honneur, le proffit et seureté qu'il y a en la vaillance. Le deshonneur, le danger, la mort sont pour les couards ; *minùs timoris minùs periculi, — audaciam pro muro esse, — effugere mortem, qui eam contemnit.* [141].

---

[140] « Dans tous les combats, ce sont les yeux qui sont les premiers vaincus, ainsi que les oreilles ». Tacit. *de morib. German.* cap. XLIII. Le mot *aures* ne se trouve point dans ce bout de phrase de Tacite.

[141] « Moins de crainte, moins de danger ; — l'audace sert de forteresse ; — c'est fuir la mort, que de la dédaigner ». Tit.-Liv. L. XXII, chap. V. — Sallust. *Bellum Jugurth.* c. LVIII. — Quint. Curt. L. IV, c. XIV.

Estant venu aux mains, si l'armée bransle, faut que le general tienne ferme, fasse tout debvoir d'un chef resolu et brave gendarme, courir au devant des estonnés, arrester les reculans [142], se jetter en la presse, faire cognoistre à tous, siens et ennemys, que la teste, la main, la langue ne luy tremblent point.

Si elle a du meilleur et le dessus, la retenir, qu'elle ne s'espande et se desbande par trop à poursuyvre obstinement les vaincus. Il est à craindre ce qui est advenu souvent [143], qu'en reprenant cueur ils jouent au desespoir, fassent un effort, et desfassent les vainqueurs : c'est une violente maistresse d'eschole que la necessité : *clausis ex desperatione crescit audacia : et cum spei nihil est, sumit arma formido* [144]. Leur faut plustost donner passage et faciliter leur fuitte : encores moins permettre s'amuser au butin, si vous estes vainqueur. Il faut user de la victoire prudemment, affin qu'elle ne tourne en mal. Parquoy ne la faut salir de cruauté en ostant à l'ennemy tout espoir : car il y auroit du danger : *ignaviam necessitas acuit; saepè desperatio spei causa est, — gravissimi sunt morsus irri-*

---

[142] *Occursa paventibus, retine cedentes*, etc. — Tacit. *Hist.* L. III, cap. XVII.

[143] Voy. Végèce, L. III, c. XXI.

[144] Dans ceux qui se voient enveloppés de toutes parts, l'audace croît par le désespoir : à qui n'a plus nulle espérance, la peur fournit des armes ». Veget. L. III, c. XXI.

talae necessitatis [145] : au contraire faut luy laisser occasion d'esperer, et ouverture de paix, ne fouler ny ravager le pays conquis, la fureur et la rage sont dangereuses bestes; ny d'insolence, mais s'y comporter modestement, et se souvenir tousjours du perpetuel flus et reflus de ce monde et revolution alternative, par laquelle de l'adversité naist la prosperité : et au contraire. Il y en a qui se noyent à deux doigts d'eau, et ne peuvent digerer une bonne fortune, *magnam felicitatem concoquere non possunt* [146] :

> Fortuna vitrea est, tunc cùm splendet frangitur :
> O infidam fiduciam! et saepe victor victus [147].

Si vous estes vaincu, faut de la sagesse à bien cognoistre et peser sa perte, c'est sottise de se faire accroire que ce n'est rien, et se paistre de belles esperances, supprimer les nouvelles de la deffaite. Il la faut considerer toute de son long, autrement comment y remediera-t-on? Et puis du courage à mieux

---

[145] La nécessité est l'aiguillon de la lâcheté; et souvent l'excès du désespoir produit l'espérance. — L'extrême nécessité, dans sa rage, fait de très-graves blessures ». Quint. Curt. l. V, c. IV. — Sénèq. *Controvers.*

[146] Pindare. *Olymp.* od. I, v. 92. La traduction précède.

[147] « La fortune est de verre :

> Et, comme elle a l'éclat du verre,
> Elle en a la fragilité.

O confiance perfide ! le vainqueur est souvent vaincu ». Publius Syrus, *in comicor. Sentent.*

esperer, à restaurer ses forces, faire nouvelles levées, chercher nouveaux secours, mettre bonnes et fortes garnisons dedans les places fortes. Et quand le ciel seroit si contraire, comme il semble quelquefois s'opposer aux armes sainctes et justes, il n'est toutesfois jamais deffendu de mourir au lict d'honneur qui est meilleur que vivre en deshonneur [148].

Voilà le second chef de cette matière achevé, qui est de faire la guerre, sauf un scrupule qui reste : sçavoir s'il est permis d'user de ruses, finesses, stratagemes. Il y en a qui tiennent que non, qu'il est indigne de gens d'honneur et de vertu, rejettant ce beau dire,

Dolus an virtus quis in hoste requirat [149] ?

Alexandre ne voulust se prevaloir de l'obscurité de la nuict, disant ne vouloir des victoires desrobées [150], *malo me fortunae pigeat, quam victoriae pudeat* [151]. Ainsi les premiers Romains renvoyant aux Phalisques leur maistre d'eschole, à Pyrrhus son traistre medecin [152],

---

[148] Toute cette fin de paragraphe est prise dans Juste-Lipse, qui lui-même a puisé ses idées dans Tacite, Végèce, etc.

[149] « Contre un ennemi, qu'importe d'employer la ruse ou la valeur »? Virgil. *Énéid.* L. II, v. 390.

[150] Voy. Plutarque, dans *Alexandre*.

[151] « J'aime mieux avoir à me plaindre de la fortune, que de rougir de la victoire ». Quint. Curt. L. IV, chap. XIII, n°. 9.

[152] Voyez Plutarque, dans *Pyrrhus*.

faisans profession de la vertu, desadvouant ceux des leurs qui en faisoient autrement, resprouvans la subtilité grecque, l'astuce africaine, et enseignans que la victoire vraye est avec la vertu, *quae salvâ fide et integrâ dignitate paratur* [153], celle qui est acquise par finesse n'est genereuse ny honorable, ny asseurée. Les vaincus ne se tiennent pour bien vaincus : *non virtute, sed occasione et arte ducis se victos rati : — ergo non fraude neque occultè, sed palam et armatum hostes suos oportet ulcisci* [154]. Or tout cela est bien dict vray, et s'entend en deux cas, aux querelles particulieres et contre les ennemys privés, ou bien quand il y va de la foy donnée, ou alliance traictée. Mais hors ces deux cas, c'est à dire en guerre et sans prejudice de la foy, il est permis de quelque façon que ce soit desfaire son ennemy qui est desja condamné : et est loisible l'exterminer. C'est après l'advis des plus grands guerriers (qui au contraire ont tous preferé la victoire acquise par occasion et finesse, à celle de la vive force ouverte [155], dont à celle-là ordonnent un bœuf pour

---

[153] « Qui s'acquiert par une entière bonne-foi et par la grandeur d'ame ». Florus, L. I, c. XII, n°. 6.

[154] « Ils pensent qu'ils ont été vaincus, non par la valeur, mais par le hasard, et par les ruses du général. — Il faut donc combattre ses ennemis, non par des ruses ou de secrètes manœuvres, mais par les armes et à découvert ». Tacit. *Vie d'Agricol.* c. XXVII, — *Annal.* L. II, c. LXXXVI.

[155] Voyez à ce sujet Bayle, *nouv. lettres sur l'Hist. du Calvinisme*, L. VIII. Il soutient le contraire. — N.

sacrifice, et à celle-cy un coq seulement [156]) la decision de ce grand docteur chrestien : *cùm justum bellum suscipitur, ut apertè pugnet quis, aut ex insidiis, nihil ad justitiam interest* [157]. La guerre a naturellement des privileges raisonnables au prejudice de la raison. En temps et lieu est permis de se prevaloir de la sottise des ennemys, aussi bien que de leur lascheté.

Venons au troisiesme chef de cette matiere militaire, plus court et plus joyeux de tous, qui est de finir la guerre par la paix : le mot est doux, la chose plaisante, très bonne en toutes façons [158],

> Pax optima rerum,
> Quas homini novisse datum est, pax una triumphis
> Innumeris potior [159],

et très utile à tous partis vainqueurs et vaincus. Mais premierement aux vaincus plus foibles : auxquels premiers je donne advis de demeurer armés, se monstrer asseurés et resolus. Car qui veust la paix, faut qu'il

---

[156] Voyez Plutarque, *Vie de Marcellus*.

[157] « Quand la cause de la guerre est juste, il importe peu que l'on combatte avec franchise et loyauté, ou que l'on recoure à la ruse et aux embuches ». Augustin. *Question. sup. Josue. Quest.* X.

[158] *Nomen dulce est, res verò ipsa cùm jucunda, tùm salutaris.* Cicer. *Philippica* XIII, n°. 1.

[159] « La paix est le plus grand des biens qu'il soit donné à l'homme de connaître : une seule paix est préférable à de nombreux triomphes ». Silius Italic. L. XI, v. 594.

se tienne tout prest à la guerre : dont a esté bien dict que la paix se traicte bien et heureusement soubs le bouclier [160]. Mais il faut qu'elle soit honneste et avec conditions raisonnables : autrement, combien qu'il soit dict qu'une paix fourrée *[161] est plus utile qu'une juste guerre [162], si est-ce qu'il vaut mieux mourir librement et avec honneur, que servir honteusement [163]. Et aussi pure et franche, sans fraude et feintise ; laquelle finisse la guerre, non la differe, *pace suspectâ tutius bellum* [164] : toutesfois en la nécessité il se faut accommoder comme l'on peust. Quand le pilote craint le naufrage, il fait ject pour se sauver, et souvent il succede bien de se commettre à discretion de l'adversaire genereux : *victores, qui sunt alto animo, — secundae res in miserationem ex irâ vertunt* [165]. Aux vain-

---

[160] *Sub clypeo meliùs succedere pacis negotium.* Guillaume Neubriges, *Hist. Angl.* L. II, c. XII.

*[161] Une paix feinte et faite à dessein de se tromper mutuellement, de se porter des coups *fourrés*.

[162] *Ad pacem hortari ne desine, quæ, vel injusta, utilior est quàm justissimum bellum.* Cicer. L. VII, ép. *ad Atticum.* ép. XIV, *in fine.*

[163] *Cum dignitate potiùs cadendum, quàm cum ignominiâ serviendum.* Cicer. *Philippic.* III, n°. 35.

[164] « La guerre est plus avantageuse qu'une paix suspecte ». Tacit. *Histor.* L. IV, c. XLIX.

[165] « Dans la victoire, l'ame s'élève : — les succès changent la colère en pitié ». Juste-Lipse. *Politic.* L. V, c. XIX, — Sallust. *Orat. Lepidi.* Hist. L. I.

queurs, je conseille ne se rendre fort difficiles à la paix; car bien qu'elle soit peust-estre moins utile qu'aux vaincus, si l'est-elle : car la continuation de la guerre est ennuyeuse. Et Lycurgue deffend de faire la guerre souvent à mesmes ennemys, car ils apprennent à se deffendre, et enfin à assaillir [166]. Les morsures des bestes mourantes sont mortelles :

.. Fractis rebus violentior ultima virtus [167].

Et puis l'issue est tousjours incertaine, *melior tutiorque certa pax speratâ victoriâ, illa in tuâ, haec in deorum manu est* [168]. Et souvent à la queue gist le venin, plus la fortune a esté favorable, plus la faut-il redouter :

... Nemo se tutò diù
Periculis offerre tam crebris potest [169];

Mais elle est vrayment honorable, c'est gloire ayant victoire en main de se rendre facile à la paix : c'est monstrer que l'on entreprend justement, et sagement l'on finit la guerre [170]. Et au rebours la refuser, et

---

[166] Plutarque, *Vie de Lycurgue*.

[167] « Dans un extrême désastre, la valeur devient extrême ». Silius Italic. L. I, v. 560.

[168] « Une paix certaine vaut mieux que la victoire en espérance. L'une est dans ta main ; l'autre dans celle des dieux ». Tit.-Liv. L. XXX, c. xxx.

[169] « On ne peut impunément s'exposer sans cesse à de si fréquens dangers ». Senec. *Hercul. fur.* act. II, sc. 1, v. 326.

[170] Tit.-Liv. L. XXX, c. xvi.

qu'il arrive un mauvais succès, c'est honte. L'on dict la gloire l'a perdu : il refusoit la paix et vouloit l'honneur; et il a perdu tous les deux [171]. Mais faut octroyer une paix gracieuse et debonnaire, affin qu'elle soit durable : car si elle est trop rude et cruelle, à la premiere commodité les vaincus se revolteront : *si bonam dederitis, fidam et perpetuam; si malam, haud diuturnam* [172]. C'est grandeur de monstrer autant de douceur envers les vaincus supplians, comme de vaillance contre l'ennemy [173]. Les Romains ont très bien practiqué cecy, et s'en sont bien trouvés.

---

[171] *Pacem contemnentes et gloriam appetentes, pacem perdunt et gloriam*, dit Saint-Bernard, *in Epistolis.* Ep. CXXVI.

[172] « Si la paix que vous donnez est généreuse, elle sera observée de bonne foi et perpétuelle; si elle est rigoureuse, elle ne sera pas de longue durée ». Tit.-Liv. L. VIII, cap. XXI.

[173] *Quântâ pervicaciâ in hostem, tantâ beneficentiâ adversus supplices utendum.* Tacit. *Annal.* L. XII, cap. XX, *in fine.*

CHAPITRE IV.

De la prudence requise aux affaires difficiles et mauvais accidens publics et privés.

Sommaire. L'objet de ce chapitre est d'offrir des conseils, tant aux souverains qu'aux particuliers, sur la conduite qu'ils ont à tenir dans les affaires difficiles, ou accidens qui troublent le cours ordinaire des choses, dans la société. — D'abord, il est de la prudence de mettre tout en œuvre pour détourner ces accidens. Sont-ils arrivés? il faut ou les supporter patiemment, ou travailler à les adoucir. Lorsqu'une passion nous agite fortement, la résistance serait souvent sans succès, il vaut mieux tâcher d'en distraire notre attention; substituons-lui une passion moins dangereuse. Dans les grands périls, il faut baisser la tête et céder à la nécessité : il faut aussi chercher s'il n'y a point une voie sûre pour échapper. Cette fuite n'a rien d'injuste, ni de honteux. Mais user de trop de précautions, pour se garantir des accidens qui peuvent survenir, c'est par la crainte du malheur, se rendre malheureux, sans compter que le plus souvent de tels efforts sont inutiles : comment espère-t-on se soustraire au sort qui régit l'univers, et qui arrange tous les événemens? Il est bon, sans doute, de prévoir les dangers, mais il ne faut pas que notre imagination les augmente, les exagère : peut-être vaudrait-il mieux avoir confiance dans sa force, et se flatter de pouvoir les surmonter. Une crainte perpétuelle conduit au désespoir, et rend incapable de trouver des expédiens, des remèdes dans les circonstances calamiteuses. — Voyons quels peuvent être les plus grands, les plus importans accidens qui viennent troubler la vie. Ce qui va suivre regarde particulièrement les princes, les chefs des gouvernemens. La *conjuration* est une entreprise d'une ou de plusieurs personnes contre le prince. Comment se sauver d'un ennemi qu'on ne connaît pas? D'ailleurs l'homme qui ne craint point la mort, et tel est presque toujours un conjuré, est maître, quoiqu'on fasse, de la vie de celui contre qui il conspire. C'est par des intelligences secrètes, par l'odieux emploi des espions qu'on découvre les conjurations. Il y a des princes qui les ont étouffées dès leur naissance, en publiant qu'elles n'avaient jamais existé; d'autres en les bravant, en les défiant pour ainsi dire. Lorsqu'une conjuration est découverte, il faut en punir sévèrement les auteurs. La liberté, la tranquillité publique semblent réclamer leur supplice. Et cependant, combien de princes ont plus politiquement agi, en pardonnant aux conjurés! « Il y a cette différence entre la trahison et la conspiration, que la première a toujours pour auteurs des gens lâches, méprisables, et l'autre des hommes courageux, grands même, s'il pouvait y avoir de la grandeur dans une entreprise qui est fondée sur un crime (1) ». Les *émotions populaires* sont causées par les factions, les ligues, la tyrannie, et produisent les séditions et les guerres civiles. Pour calmer le peuple soulevé, il ne faut souvent qu'un homme intrépide qui se présente avec un front ouvert et une mâle assurance. Vouloir raisonner avec le peuple, c'est tenter d'adoucir un tigre en fureur. On peut quelquefois le distraire par des fêtes, des amusemens, mais le plus sûr est de le faire trembler. C'est la haine, quelquefois l'ambition qui forme les factions, lesquelles arment les sujets, les uns contre les autres. On a dit qu'elles étaient utiles au souverain, dont elles assuraient le pouvoir : c'est une idée fausse. Le souverain ne doit se dé-

---

(1) Analyse raisonnée de la Sagesse. Paris, 1763, p. 111.

clarer pour aucun parti; il doit les comprimer tous. S'il faut du sang, que les chefs seuls périssent. « Les séditions viennent ordinairement d'oppression et de crainte. On les appaise en désunissant les séditieux par des promesses secrètes... Si les séditieux rentrent dans l'ordre, contentez-vous de leur obéissance, et ignorez tout ce que vous pouvez ignorer sans avilir l'autorité; et surtout ne leur laissez aucun doute sur leur grâce, et sur la sécurité que vous leur promettez (2) ». La tyrannie s'exerce ou par quelques hommes puissans, ou par le prince. Les tyrans sont cruels, inquiets, redoutent les gens de bien. On ne peut trop s'opposer à leurs injustes prétentions. Mais si le tyran est sur un trône, il faut obéir. La révolte le rendrait encore plus terrible, tandis que la soumission le désarme, le calme. Il est bon alors, parce qu'il ne peut pas être mauvais. Les *guerres civiles* sont une mer de malheurs. Là la victoire est affreuse : ce sont des parens, des amis, des concitoyens que le vainqueur a égorgés. Quiconque excite une guerre civile est bien coupable; il doit être rayé du nombre des hommes. — Dans toutes ces circonstances, au milieu de ces malheurs, quelle doit être la conduite des particuliers? Prendront-ils part à ces troubles, ou resteront-ils neutres? On croirait d'abord que le sage doit regarder de loin la tempête, sans s'exposer au danger. Peut-être, en effet, le particulier obscur, qui ne peut être d'aucun secours à la chose publique, ferait-il bien de se retirer dans quelque lieu paisible où il attendrait le retour du calme. Mais les hommes capables ne doivent pas abandonner, dans la tourmente, le gouvernail du vaisseau. Il serait honteux, pour ceux-ci, de rester neutres. Par une telle conduite, d'ailleurs, on se rendrait odieux aux deux partis, et l'on finirait par être la victime de l'un ou de l'autre.

---

(2) Analyse raisonnée de la Sagesse, Paris, 1763, p. 113.

Exemples : Hippomène et Atalante; Caton ; Philopœmen. — Denys, tyran de Sicile; les Carthaginois et Hannon ; Auguste.—César Auguste ; Périclès ; Ménénius Agrippa ; Appius ; Coriolan ; Caton ; Phocion. — Caton ; les factions de l'Hippodrome à Constantinople; Alexandre le Grand, Archidamus. — Alexandre. — Antipater. — Asinius Pollion; Solon ; Caton ; Atticus ; les Thébains ; Jabes Galaad ; César et Pompée.

PREFACE.

APRÈS avoir parlé de la prudence politique requise au souverain pour bien agir et gouverner, nous voulons icy separement parler de la prudence requise à se garder, et remedier aux affaires et accidens difficiles et dangereux, qui surviennent tant au souverain qu'aux subjects et particuliers. Premierement ces affaires et accidens sont en grande diversité : ils sont publics ou particuliers, sont à venir et nous menacent, ou jà presens et pressans ; les uns sont seulement doubteux et ambigus, les autres sont dangereux et importans à cause de la violence. Et ceux-cy, qui sont les plus grands et difficiles, sont ou secrets et cachés; et sont deux, sçavoir conjuration contre la personne du prince ou l'estat, et trahison contre les places et compagnies : ou manifestes et ouverts, et ceux-cy sont de plusieurs sortes. Car ou ils sont sans forme de guerre et ordre certain, comme les emotions populaires pour quelque prompte et legere occasion, factions et ligues entre les subjects des uns contre les autres, en petit et grand nombre, grands ou petits; seditions du peuple contre le prince ou le magistrat, rebellion contre l'authorité et la teste du prince : ou sont meuris et formés en guerre, et s'appellent guerres civiles; qui sont en autant de sortes, que les susdicts troubles et remuemens, car c'en sont les causes, fondemens et semences; mais ont creu et sont venus en consequence et durée. De tous nous dirons distinctement et donnerons advis et conseil, pour s'y conduire sagement, tant aux souverains qu'aux particuliers, grands et petits.

§. 1er. *Des maux et accidens qui nous menacent.*

Aux accidens contraires auxquels nous sommes subjects, il y a deux manieres de se porter diverses; et peuvent estre toutes deux bonnes, selon le naturel divers, et des accidens, et de ceux à qui ils arrivent. L'une est de contester fort et s'opposer à l'accident, remuer toutes choses pour le conjurer et destourner, au moins emousser sa poincte et amortir son coup, luy eschapper ou le forcer. Cecy requiert une ame forte et opiniastre, et a besoin d'un soin aspre et penible. L'autre est de prendre les choses incontinent au pire, et se resouldre à les porter doucement et patiemment, et cependant attendre paisiblement ce qu'il adviendra, sans se tourmenter à l'empescher. Celuy-là estudie à ranger les evenemens, cettuy-cy soy mesme : celuy-là semble plus courageux, cettuy-cy joue au seur : celuy-là est suspens, agité entre la crainte et l'esperance, cettuy-cy se met à l'abry, et se loge si bas, qu'il ne peust plus tomber de plus haut. La plus basse marche est la plus ferme et le siege de constance. Celuy-là travaille d'en eschapper, cettuy-cy de souffrir, et souvent cettuy-cy en a meilleur marché. Il y a souvent plus de mal et de perte à plaider, qu'à perdre, à fuyr et se donner garde, qu'à souffrir. L'avaricieux se tourmente plus que le povre, le jaloux que le cocu. En celuy-là est plus requise la prudence, car il agit : en cettuy-cy la patience. Mais qui empesche que l'on ne faict tous les deux par ordre, et que là où la prudence et vigilance ne peut rien, y succede la patience ? Certes aux maux publics il faut essayer le premier, et y sont tenus ceux qui en ont la charge et le peuvent ; aux particuliers chascun choisisse son meilleur.

§. 2. *Maux et accidens presens, pressans, et extremes.*

LE moyen propre pour alleger les maux et adoucir les passions, ce n'est pas s'y opposer, car l'opposition les pique et despite davantage. On aigrit et irrite le mal par la jalousie du debat et du contraste : mais c'est, ou les destournant et divertissant ailleurs, ainsi que les medecins qui ne pouvant bien purger et exterminer du tout le mal, le divertissent, et le font deriver en une autre partie moins dangereuse. Ce qui se doibt faire tout doucement et insensiblement : c'est un excellent remede à tous maux, et qui se practique en toutes choses, si l'on y regarde bien, par lequel l'on nous faict avaler les plus rudes morceaux, et la mort mesme insensiblement : *abducendus animus est ad alia studia, curas, negotia, loci denique mutatione, tamquam aegroti non convalescentes, saepe curandus est* [1]. Comme à ceux qui passent une profondeur effroyable, l'on conseille de clorre ou destourner les yeux. On amuse les enfans lors que l'on leur veut donner le coup de la lancette. Faut practiquer l'expedient et la ruse d'Hippomenes, lequel ayant à courir avec Atalante, fille d'excellente beauté, pour y perdre la vie s'il estoit devancé, ou avoir la fille en mariage s'il gaignoit en la course, se garnit de trois belles pommes d'or, lesquelles il laissa tomber à diverses fois, pour amuser la fille à les cueillir, et ainsi la divertissant, gaigner l'advantage et elle [2] : ainsi si la consideration d'un malheur ou rude accident present, ou la me-

---

[1] « Il faut distraire l'esprit par d'autres études, d'autres soins, d'autres affaires, et souvent enfin le traiter, comme font les médecins qui ne pouvant guérir certains malades, leur ordonnent de changer de lieu ». Cic. *Tuscul. Quæst.* L. IV, c. XXXV, n°. 74.

[2] Voyez Ovide, *Metamorphoseon* L. X, fab. XI.

moire d'un passé nous poise *³ fort, ou quelque violente passion nous agite et tourmente, que l'on ne puisse dompter, il faut changer et jetter sa pensée ailleurs, luy substituer un autre accident et passion moins dangereuse. Si l'on ne la peut combattre, il luy faut eschapper, fourvoyer, ruser, ou bien l'affoiblir, la dissoudre et destremper avec d'autres amusemens et pensées, la rompre en plusieurs pieces : et tout cela par destours et divertissemens.

L'autre advis aux dernieres et très dangereuses extremités, où n'y a plus que tenir, est de baisser un peu la teste, prester au coup, ceder à la necessité, car il y a grand danger qu'en s'opiniastrant par trop à ne rien relascher, l'on donne occasion à la violence de fouler tout aux pieds. Il vaut mieux faire vouloir aux loix ce qu'elles peuvent, puis qu'elles ne peuvent ce qu'elles veulent. Il a esté reproché à Caton d'avoir esté trop roide aux guerres civiles de son temps, et plustost avoir laissé la republique encourir toutes extremités, que la secourir un peu aux despens des loix ⁴. Au rebours Epaminondas au besoin continua sa charge outre le terme, bien que la loy luy prohibast sur la vie : et Philopœmen est loué qu'estant nay pour commander, il sçavoit non seulement gouverner selon les loix, mais encores commander aux loix

---

*³ Pèse.
⁴ Voyez Cicér. *ad Atticum.* L. II, ép. I.

mesmes quand la necessité publique le requeroit [5]. Il faut au besoin biaiser, ployer un peu, tourner le tableau de la loy, sinon l'oster, eschiver *[6] et gauchir pour ne perdre tout : tour de prudence qui n'est contraire à raison et justice.

§. 3. *Affaires douteux et ambigus.*

Aux choses ambigus, où les raisons sont fortes de toutes parts, et l'impuissance de voir et choisir ce qui est le plus commode, nous apporte de l'incertitude et perplexité, le meilleur est se jetter au party où y a plus d'honnesteté et de justice ; car encores qu'il en mesadvienne, si restera-t-il tousjours une gratification au dedans, et une gloire au dehors d'avoir choisi le meilleur. Outre que l'on ne sçait quand on eust prins le party contraire, ce qu'il en fust advenu, et si l'on eust eschappé son destin. Quand on doubte quel est le meilleur et plus court chemin, il faut tenir le plus droict [7].

§. 4. *Affaires difficiles et dangereux.*

Aux affaires difficiles, comme aux accords, y vouloir apporter de la seureté, c'est les rendre mal as-

---

[5] Voyez Plutarque, *Comparaison de Flaminius et de Philopœmen.*

[6] Esquiver.

[7] Voyez, à ce sujet, Cicéron, *de Offic.* L. I, c. IX.

seurés, parce que l'on y employe plus de temps, plus de gens s'en empeschent, l'on y mesle plus de choses et de clauses; et de là naissent les differends : joinct que c'est ce semble despiter la fortune, et se vouloir exempter de sa jurisdiction, ce qui ne se peut : *vim suorum ingruentem refringi non vult* [8]. Il est meilleur les faire plus briefvement et doucement avec un peu de danger que d'y estre si exact et chagrin.

Aux affaires dangereux il faut estre sage et courageux; il faut prevoir et sçavoir tous les dangers; ne les faire point plus grands ne plus petits par faute de jugement; penser qu'ils n'arriveront pas tous, et n'auront pas tous leur effect; que l'on en eschappera plusieurs par industrie, ou par diligence, ou autrement; quels sont ceux ausquels l'on pourra estre aydé, et là dessus prendre courage, se resouldre et ne quitter l'entreprinse honneste pour iceux : le sage est courageux, car il pense, discourt et se prepare à tout : le courageux aussi doibt estre sage.

§. 5. *Conjuration.*

Nous entrons aux plus grands, importans et dangereux accidens, parquoy nous les traicterons plus au

---

[8] « La fortune ne veut pas même que l'on pare ses coups ». C'est la fin d'une phrase de Tite-Live, L. V, chap. XXXVII : *Adeo occœcat animos fortuna; ubi vim suam ingruentem, refringi non vult.*

long et expressement les descrivant; et puis donnant en chascun les advis pour le souverain, et à la fin de tous les donnerons pour les particuliers. Conjuration est une conspiration et entreprinse d'un ou plusieurs contre la personne du prince ou l'estat; c'est chose dangereuse, mal aysée à eviter ou remedier, pource qu'elle est couverte et cachée. Comment se peut-on sauver d'un ennemy couvert du visage du plus officieux amy ? Comment peut-on sçavoir les volontés et pensées d'autruy ? Et puis celuy qui mesprise sa vie, est maistre de celle d'autruy,

Contemnit omnes ille qui mortem prius [9]:

tellement que le prince est exposé à la mercy d'un particulier, quel qu'il soit.

Machiavel traicte au long comme il faut dresser et conduire les conjurations : nous allons dire comme il les faut rompre, empescher et y remedier.

Les advis et remedes sur ce sont, 1. une secrette recherche et contremine par gens propres à cela, fideles et discrets, qui sont les yeux et les oreilles du prince; faut descouvrir tout ce qui se dict, et se faict, specialement par les principaux officiers. Les conjurateurs volontiers diffament çà et là le prince, ou prestent l'oreille à ceux qui le blasment et accusent. Il faut donc sçavoir les discours et propos que l'on tient du prince, et hardiment proposer recompense en de-

---

[9] Sénèq., *Hercul. OEt.* v. 443. La traduction précède.

niers et impunité à tels descouvrans : mais aussi ne faut-il croire legerement à tout rapport. Faut bien prester l'oreille à tous, non la foy, et examiner bien diligemment, affin de n'accabler les innocens, et se faire hayr et maudire au peuple. Le second est d'essayer par clemence et innocence à se faire aymer de tous, mesme de ses ennemis, *fidissima custodia principis innocentia* [10]. N'offensant personne on donne ordre de ne l'estre point* [11] ; et c'est mal à propos faire valoir sa puissance par outrages et offenses, *malè vim suam potestas aliorum contumeliis experitur* [12].

Le troisiesme est tenir bonne mine à l'accoustumé* [13], sans rien ravaller ; et publier par-tout qu'il est bien adverty de toutes les menées qu'on dresse, et faire croire que rien ne se remue qu'il n'en sente incontinent le vent. Ce fut un expedient que fournit utilement quelqu'un à Denis, tyran de Sicile, qui luy cousta un talent [14]. Le quatriesme est d'attendre sans effroy et sans trouble tout ce qui pourra advenir. Cesar practiqua bien ces trois derniers moyens, mais

---

[10] « La plus fidèle garde des princes, c'est l'innocence ». Pline, *Paneg. ad Traj.*

*[11] *C'est-à-dire*, en n'offensant personne, c'est le moyen de n'être pas offensé.

[12] Plin. L. VIII., ép. XXIV.

*[13] A l'ordinaire, sans se ravaler, sans s'avilir en rien.

[14] Voyez Plutarque, *Dits des rois, princes et capitaines.*

non le premier [15]. Il vaut mieux, disoit-il, mourir une fois, que de mourir tousjours en transe et en fiebvre continue d'un accident qui n'a point de remede, et faut en tout cas remettre tout à Dieu. Ceux qui ont prins autre chemin, et ont voulu courir au devant par supplices et vengeances, très rarement s'en sont bien trouvés, et n'ont pour cela eschappé: tesmoin tant d'empereurs romains.

Mais la conjuration descouverte, la verité trouvée, que faut-il faire? punir bien rigoureusement les conjurés : espargner tels gens, c'est trahir cruellement le public. Ils sont ennemys de la liberté, bien et repos de tous : la justice le requiert. Si est-ce qu'il y faut de la prudence ; et ne s'y faut porter tousjours et partout de mesme façon. Quelques fois il faut soudainement executer, mesmement s'il y a petit nombre de conjurés. Mais soit en petit ou grand nombre, il ne faut par gehennes et tortures vouloir sçavoir les complices (si autrement et secretement lon les peut sçavoir, et faire mine de ne les sçavoir est bon) ; car lon chercheroit ce que lon ne voudroit pas trouver [16]. Il suffit que par la punition d'un petit nombre, les bons subjects soient contenus en leur debvoir, et destournés ceux qui ne sont pas ou pensent n'estre pas decelés. Vouloir tout sçavoir par tortures, c'est exciter

---

[15] Voyez Plutarque, *in Cæsare*.
[16] Ce sont les paroles de Bodin. L. IV, c. v.

force gens contre soy. Quelques fois faut dilayer *17 la punition : bien faut-il promptement pourvoir à sa seureté. Mais les conjurés peuvent estre tels ou la descouverte faite en tel temps, qu'il n'en faut pas faire le semblant; et les vouloir punir sur l'heure, c'est jouer à tout perdre. Le meilleur de tous est de prevenir la conjuration, l'eluder et rendre vaine, feignant pour ce coup ne sçavoir les conjurés [18]; mais faire comme si l'on vouloit pourvoir à autre chose; comme firent les Carthaginois à Hannon leur capitaine [19], *optimum et solum saepè insidiarum remedium, si non intelligantur* [20]. Mais qui plus est quelques fois faut pardonner, si c'est un grand à qui le prince et l'estat soient obligés, duquel les enfans, parens et amis soient puissans. Que ferez-vous ? comment rompre tout cela? s'il se peut avec seureté faut pardonner, ou au moins adoucir la peine. La clemence en cet endroict est quelques fois non seulement glorieuse au prince, *nil gloriosiùs principe impunè laeso* [21], mais de

---

*17 Différer.

18 Ce sont les paroles de Bodin, L. IV, c. v.

19 Ce trait est rapporté dans Justin, L. XXI, c. IV.

20 « Le meilleur et peut-être le seul remède contre les embuches, c'est de feindre de ne les avoir pas découvertes ». Tac. *Annal.* L. XIV, c. VI.

21 « Rien de plus glorieux à un prince, que d'avoir été offensé sans qu'il en ait tiré vengeance ». Sénèq. *de Clementia.* L. I, c. XX.

très grande efficace pour la seureté à l'advenir, destourne les autres de semblable dessein, et faict qu'ils s'en repentent, ou en ont honte : l'exemple en est très beau d'Auguste envers Cinna [22].

§. 6. *Trahison.*

TRAHISON est une conspiration ou entreprinse secrette contre une place ou une troupe : c'est comme la conjuration, un mal secret, dangereux, difficile à esviter : car souvent le traistre est au milieu et au gyron de la compagnie, ou du lieu qu'il veut vendre et livrer. A ce malheureux mestier sont volontiers subjects les avaricieux, esprits legers, hypocrites ; et ont volontiers cecy qu'ils font bien sonner la fidelité, la louent et gardent ambitieusement en petites choses, et par là se voulant couvrir ils se descouvrent, c'est la marque pour les cognoistre. Les advis y sont presque tous mesmes qu'en la conjuration ; sauf en la punition, laquelle doibt estre icy prompte, griefve et irremissible ; car ce sont gens mal nays, incorrigibles, très pernicieux au monde, dont ne faut avoir pitié.

§. 7. *Emotions populaires.*

IL y en a plusieurs sortes selon la diversité des causes, personnes, maniere et durée, comme se verra

---

[22] Voyez Sénèq. *ibid.*, c. IX.

après : faction, ligue, sedition, tyrannie, guerres civiles : mais nous parlerons icy tout simplement et en general de celles qui s'esmeuvent à la chaude, comme tumultes subits; et ne durent gueres. Les advis et remedes sont leur faire parler et remonstrer par quelqu'un qui soit d'authorité, de vertu et reputation singuliere, eloquent, ayant la gravité et ensemble la grace et industrie d'amadouer un peuple : car à la presence de tel homme, comme à un esclair, le peuple se tient coy [23] :

> Veluti magno in populo cùm sæpe coorta est
> Seditio, sævitque animis ignobile vulgus ;
> Jamque faces et saxa volant, furor arma ministrat :
> Tum, pietate gravem ac meritis, si fortè virum quem
> Conspexere, silent, arrectisque auribus adstant.
> Ille regit dictis animos, et pectora mulcet [24].

Quelques fois le chef mesme y aille; mais il faut que ce soit avec un front ouvert, une forte asseurance, ayant l'ame quitte et nette de toute imagination de la mort, et du pis qu'il peust advenir : car d'y aller avec contenance doubteuse et incertaine, par flatterie,

---

[23] Pris dans Bodin. L. IV, c. VII.

[24] « Ainsi, lorsqu'une sédition s'élève dans un grand peuple, et que la multitude se déchaîne, déjà les feux et les pierres volent ; la fureur donne des armes : mais qu'un citoyen respectable par sa piété et par ses services, se présente, tous se taisent, prêtent une oreille attentive, et ses discours commandent aux passions, et calment les cœurs ». Virgil. *Énéid.* L. I, v. 152.

douce et humble remonstrance, c'est se faire tort et ne rien avancer. Cecy practiquoit excellemment Cesar contre ses legions mutinées et armées contre luy [25].

> .... stetit agere fulti
> Cespitis intrepidus vultu, meruitque timeri
> Nil metuens [26].

Autant en fit Auguste à ses legions Actiaques, dict Tacite [27]. Il y a donc deux moyens de jouyr et appaiser un peuple esmeu et furieux. L'un est par fierté et pure authorité et raison. Cettuy-cy, qui est meilleur et plus noble, convient au chef s'il y va : mais il y doibt bien penser, comme a esté dict : l'autre plus ordinaire est par flatterie et amadouement, car il ne luy faut pas resister tout ouvertement. « [28] Les bestes sauvages ne s'apprivoisent jamais à coups de baston : dont les belles paroles ny les promesses ne doibvent estre espargnées. En ce cas les sages permettent de mentir, comme l'on faict envers les enfans et les malades. En cela estoit excellent Periclès [29] qui gaignoit le peuple par les yeux, les oreilles et le ventre, c'est

---

[25] Voyez Tacit. *Annal.* L. I, c. XLII.

[26] « Placé sur un tertre de gazon, il leur montre un visage intrépide, et, parce qu'il ne craignait rien, il mérita d'être craint ». Lucan. L. V, v. 316.

[27] Dans les *Annales*, *loc. citat.*

[28] Tout ce qui est entre deux guillemets, est pris dans Bodin, *de la Rép.* L. IV, c. VII.

[29] Voyez Plutarque, dans *Périclès*.

à dire par jeux, comedies, festins, et puis en faisoit ce qu'il vouloit ». Cette maniére plus basse et servile, mais necessaire, se doibt practiquer par celuy que le chef envoye, comme fit Menenius Agrippa à Rome : car s'il pense l'avoir de haute luitte, lorsqu'il est hors des gonds de raison, sans rien quitter, comme vouloient Appius, Coriolan, Caton, Phocion, sont contes.

§. 8. *Faction et ligue.*

FACTION ou ligue est un complot et association des uns contre les autres entre les subjects, soit ou entre les grands ou les petits, en grand nombre ou petit. Elle vient quelques fois des haynes qui sont entre les particuliers et certaines familles, mais le plus souvent d'ambition (peste des estats) chascun voulant avoir le premier rang. Celle qui est entre les grands est plus pernicieuse. Il y en a qui ont voulu dire qu'elle est aucunement utile au souverain, et faict le mesme service au public que les riottes *30 des serviteurs en la maison, disoit Caton [31]. Mais cela ne peut estre vray, sinon aux tyrans qui craignent que les subjects soyent d'accord, ou bien de petites et legeres querelles d'entre les villes, ou d'entre les dames de la

---

*30 Les petites rixes ou querelles : *riotte* est le diminutif de *rixe*.

[31] Voyez Plutarque, *Vie de Caton le Censeur.*

cour, pour sçavoir forces nouvelles : mais non pas des factions importantes, qu'il faut estouffer dès leur naissance, et leurs marques, noms, habillemens, soubsriquets *32, qui sont quelques fois semences de vilains effects ; tesmoin le grand embrasement et les grands meurtres advenus en Constantinople, pour les couleurs de verd et bleu, soubs Justinien [33]; deffendre les assemblées secrettes qui peuvent servir à cela. Les advis sur ce sont : si la faction est entre deux seigneurs, le prince taschera par douceur de paroles ou menaces les accorder, comme fit Alexandre le grand entre Ephestion et Craterus [34], et Archidamus entre deux de ses amys [35]; s'il ne peut, il leur doibt donner des arbitres non suspects ny passionés. Le mesme doibt-il faire si la faction est entre plusieurs subjects, ou villes et communautés. S'il faut que luy-mesme parle, il le fera avec conseil appellé pour esviter l'envie et la hayne des condamnés. Si la faction est entre gens qui sont en fort grand nombre, et qu'elle soit si forte qu'elle ne se puisse appaiser par justice, le prince y emploiera la force pour l'esteindre du tout : mais il se gardera bien de se monstrer affectionné à l'un plus qu'à l'autre : car à cela y a grand

---

*32 Sobriquets.

33 Voyez Zonare, *in Justiniano*, et Procope, L. I. *de Bello Persico*.

34 Voyez Plutarque, *in Alexandro*.

35 Le trait est cité dans Bodin, *de la Rép*. L. IV, c. VII.

danger ; et plusieurs se sont perdus : et est indigne de sa grandeur, se faire compagnon des uns et ennemy des autres, luy qui est le maistre de tous : et s'il faut venir à punition, il doibt suffire que ce soit des chefs plus apparens.

§. 9. *Sedition.*

SEDITION est un violent mouvement de la multitude contre le prince ou le magistrat [36]. Elle naist et vient d'oppression ou de crainte : car ceux qui ont faict quelque grande faute craignent la punition ; les autres pensent et craignent qu'on leur vueille courir sus : et tous deux par apprehension du mal se remuent pour prevenir le coup [37]. Aussi naist de trop grande licence, de disette et necessité, tellement que les gens propres à ce mestier, sont les endebtés, et mal accommodés de tout, legers, esventés, et qui craignent la justice. Tous ces gens ne peuvent durer en paix, la paix leur est guerre, ne peuvent dormir qu'au milieu de la sedition, ne sont en franchise que parmy les confusions. Pour mieux conduire leur faict ils conferent ensemble en secret, font de grandes plaintes, usent de mots ambigus, puis parlent plus ouvertement, et font les zelés à la liberté et au bien public, au soulagement du peuple, et soubs ces beaux pre-

---

[36] Cette définition est prise de Juste-Lipse. *Politic.* L. VI.
[37] Voyez Aristot. *Politic.* L. V, c. III.

textes ils sont suivis de grand nombre [38]. Les advis et remedes sont, premierement, ceux qui servent aux emotions populaires, faire parler à eux, et leur remonstrer par gens propres à cela, comme a esté dict. 2. Si cela ne proffite, il faut s'armer et fortifier, et pour cela ne proceder contr'eux, mais leur donner loysir et terme de mettre de l'eau en leur vin ; aux mauvais de se repentir, aux bons de se reunir. Le temps est un grand medecin, mesmement aux peuples plus prests à se mutiner et rebeller, qu'à combattre, *ferocior plebs ad rebellandum, quam ad bellandum : — tentare magis quam tueri libertatem* [39]. 3. Cependant essayer à les esbransler par esperance et par crainte, ce sont les deux moyens ; *spem offer, metum intende* [40]. 4. Tascher à les desunir et rompre leur intelligence [41]. 5. En gaigner et attirer par soubs-main quelques uns d'entre eux par promesses et secrettes recompenses, dont les uns se retirent d'eux pour venir à vous, les autres demeurent avec eux pour vous y servir, vous

---

[38] Voyez Tacit. *Histor.* L. IV, c. LXXIII.

[39] « Le peuple est bien plus prompt à se révolter qu'à combattre ; — à prendre, qu'à défendre la liberté ». Tit. Liv. L. VII, c. XXVII ; — L. VI, c. XVIII.

[40] « Offrez l'espérance, ou sachez inspirer la crainte ». Tacit. *Annal.* L. I, c. XXVIII.

[41] *Imprimis per artes divelle eos ac disjunge*, dit Juste-Lipse, et il ajoute : *Quosdam occultis præmiis ad te allice.... offer blanda, imò ambiguè promitte. Quid refert ?*

advertissant de leurs menées, et les endormissant et attiedissant leur chaleur. 6. Attirer et gaigner les autres, leur accordant une partie de ce qu'ils demandent et par belles promesses en termes ambigus. Il sera puis après aysé de revoquer justement ce qu'ils auront extorqué injustement par sedition, *irrita facies quae per seditionem expresserint* [42] : et laver tout par douceur et clemence. 7. S'ils retournent en santé, raison et obeyssance, les faut traicter doucement, et se contenter du chastiment de fort peu, des principaux autheurs et boutefeux, sans s'enquerir dadvantage des complices, mais que tous se sentent en seureté et en grace [43].

§. 10. *La tyrannie et rebellion.*

LA tyrannie, c'est à dire la domination violente contre les loix et coustumes, est souvent cause des grands remuemens publics, d'où il advient rebellion, qui est une eslevation du peuple contre le prince, à cause de sa tyrannie, pour le chasser et debouter de son siege : et differe de la sedition en ce qu'elle ne veust point recognoistre le prince pour son maistre : la sedition ne va pas jusques-là, mais elle est mal contente du

---

[42] Tacit. *Annal.* L. I, c. XXXIX. La traduction précède.

[43] Ce paragraphe est, je le répète, presque entièrement traduit de Juste-Lipse. *Politic.* L. VI. Les trois suivans en sont aussi pris en grande partie.

gouvernement, se plaint et veut un amendement en iceluy. Or cette tyrannie est exercée par gens mal nays, cruels, qui aiment les meschans, brouillons, rapporteurs, hayssent et redoubtent les gens de bien et d'honneur, *quibus semper aliena virtus formidolosa, — nobilitas, opes, omissi gestique honores pro crimine, ob virtutes certissimum exitium : — et non minùs ex magnâ famâ quàm malâ* [44]. Mais ils sont bien punis; car ils sont hays et ennemys de tous; vivent en perpetuelle crainte et apprehension; tout leur est suspect; sont bourrelés et deschirés au dedans en leurs consciences, et enfin perissent de male mort *[45] et bientost, car c'est chose très rare qu'un viel tyran [46].

Les advis et remedes en ce cas sont au long des-

---

[44] « Ceux-ci redoutent la vertu qui leur est étrangère. — La noblesse, les richesses, les charges que l'on a gérées, celles même que l'on a négligé de briguer, tout paraît des crimes à leurs yeux; plus on a de vertus, plus la perte est certaine. — Pour être condamné par eux, il suffit que l'on jouisse d'une grande réputation; peu importe qu'elle soit bonne ou mauvaise ». Sallust. *Bell. Catil.* cap. v. — Tacit. *Histor.* L. I, c. II. — Id. *vita Agricol.* c. v, *in fine.*

*[45] De mort malheureuse.

[46] « On demandait à Thalès ce qu'il avait jamais vu de plus rare. Un tyran vieux, répondit-il ». Diogène-Laërce, vie de Thalès. *Tyrannorum execrabilis ac brevis potestas*, dit Sénèque, *de Clément.* L. I, chap. XI. Voyez aussi dans Platon, *de Rep.* L. IX, une peinture du tyran.

duits cy après [47] en lieu plus propre. Les advis reviennent à deux ; empescher à l'entrée le tyran, qu'il ne se rende maistre ; estant installé et recognu, le souffrir, et luy obeyr. Il vaut mieux le tolerer, qu'esmouvoir sedition et guerre civile, *pejus, deteriusque tyrannide sive injusto imperio, bellum civile* [48], l'on n'y gaigne rien ; le regimber ou rebeller enaigrit *[49], et rend encores plus cruels les mauvais princes : *nihil tam exasperat fervorem vulneris, quàm ferendi impatientia* [50]. La modestie et obeyssance les adoucit : car la douceur du prince, dit ce grand prince Alexandre, ne consiste pas seulement en leur naturel, mais aussi au naturel des subjects ; lesquels souvent par leurs mesdisances et mauvais deportemens, irritent et gastent le prince, ou l'empirent, *obsequio mitigantur imperia, — et contrà, contumacia inferiorum lenitatem imperitantis diminui : — contumaciam cum pernicie, quàm obsequium cum securitate malunt* [51].

---

[47] Au chap. XVI.

[48] « Il y a quelque chose de pire, de plus funeste que la tyrannie, ou un gouvernement injuste, c'est la guerre civile ». Plutarque, *Vie de Brutus.*

*[49] Aigrit, irrite.

[50] « Rien n'irrite plus une blessure, que l'impatience dans la douleur ». Hegesip. L. II, c. IX.

[51] « La soumission adoucit les gouvernemens. — L'audace des inférieurs, au contraire, altère la douceur naturelle du chef. — Mais ils aiment mieux résister et se perdre, qu'obéir et vivre en paix ». Quint. Curt. L. VIII, chap. VIII. — Tacit. *Annal.* L. XVI, c. XXVIII. — Id. *Histor.* L. IV, c. LXXIV.

§ 11. *Guerres civiles.*

QUAND l'un de ces susdicts remuemens publics, esmotions populaires, faction, sedition, rebellion, vient à se fortifier et durer jusqu'à prendre un train et forme ordinaire, c'est une guerre civile, laquelle n'est autre chose qu'une prinse et menée d'armes par les subjects, ou entr'eux, et c'est esmotion populaire ou faction et ligue; ou contre le prince, l'estat, le magistrat, et c'est sedition ou rebellion. Or il n'y a mal plus miserable, ny plus honteux; c'est une mer de malheurs. Et un sage a très bien dict [52], que ce n'est pas proprement guerre, mais maladie de l'estat, maladie chaude et frenaisie. Certes qui en est l'auteur, doibt estre effacé du nombre des hommes, et chassé des bornes de la nature humaine [53]. Toute sorte de meschanceté s'y trouve, impieté et cruauté entre les parens mesmes, meurtres avec toute impunité, *occidere palàm, ignoscere non nisi fallendo licet; — non aetas, non dignitas quemquam protegit;* —

> Nobilitas cum plebe perit, latèque vagatur
> Ensis [54].

---

[52] Favonius disait qu'une guerre civile était mille fois pire que la monarchie la plus injuste. — Dans Plutarque, *Vie de Brutus.*

[53] Charron traduit ici un passage de Cicéron, en l'abrégeant un peu. Voyez *Philip. XIII*, n°. 1, presqu'au commencement.

[54] « Il est permis de tuer au grand jour; mais pour sauver

422

DE LA SAGESSE,

Toute desloyauté, discipline abolie, *in omne fas, nefasque avidos, aut venales, non sacro, non prophano abstinentes* [55]. Le petit et inferieur faict du compagnon avec le grand :

> Rheni mihi Caesar in undis
> Dux erat, hic socius. Facinus quos inquinat, aequat [56].

Lequel n'ose parler, car il est du mestier, encores qu'il ne l'approuve : *obnoxiis ducibus et prohibere non ausis* [57]. C'est une confusion horrible : *metu ac necessitate huc illuc mutantur* [58]. « Somme ce n'est que misere. Mais il n'y a rien de si miserable que la victoire. Car quand pour le mieux elle tomberoit entre les mains de celuy qui a le droict de son costé, elle le rendroit insolent, cruel et farouche, voire quand il

---

la victime, il faut tromper et se cacher. — Ni l'âge, ni la dignité ne sont une sauve-garde.—Le fer se promène au loin sur toutes les têtes; la noblesse périt avec le peuple ». Tacit. *Hist.* L. I, cap. LVIII. — *Id. ibid.* L. III, cap. XXXIII. — Lucan. L. II. v. 101.

[55] « Ce qui est permis, comme ce qui est défendu, le sacré comme le profane, leur avide cupidité ne respecte rien ». Tacit. *Histor.* L. II, c. LVI.

[56] « Sur les rives du Rhin, César était mon général : il est ici mon camarade. Le crime rend égaux tous les complices du crime ». Lucan. L. V, v. 289.

[57] « Les chefs étant eux-mêmes coupables, ils n'osent rien défendre ».

[58] « La crainte, la nécessité les fait passer d'un côté à l'autre ». Tacit. *Hist.* L. I, c. LXXVI.

seroit d'un doux naturel, tant cette guerre intestine acharne, et est un venin qui consomme toute l'humanité [59]. » Et n'est en la puissance des chefs de retenir les autres. Il y a deux causes à considerer des guerres civiles : l'une est secrette, laquelle comme elle ne se sçait et ne se voit, aussi ne se peust-elle empescher, ny remedier : c'est le destin, la volonté de Dieu, qui veust chastier ou du tout ranger un estat,

> In se magna ruunt, laetis hunc numina rebus
> Crescendi posuere modum [60] :

l'autre est bien apperçeue par les sages, et s'y peut bien remedier, si l'on veut, et que ceux à qui il appartient y mettent la main : c'est la dissolution et generale corruption des mœurs, par laquelle les vauneants *[61] et n'ayant que faire veulent remuer, mettre tout en combustion, couvrir leurs playes par les maux de l'estat. Car ils ayment mieux estre accablés de la ruine publicque que de la leur particuliere : *miscere cuncta, et privata vulnera reipublicae malis operire : — nam itase res habet, ut publicâ ruinâ quisque malit quàm*

---

[59] Ce qui est compris entre des guillemets, est traduit de Cicéron. L. IV, IX, *Epistol. ad Familiar.*

[60] « Tout ce qui est grand, tombe. Les dieux ont imposé aux choses les plus prosperes, de certaines bornes qu'elles ne peuvent dépasser ». Lucan. L. I, v. 81.

*[61] Les vauriens.

suâ proteri, et idem passurus minus conspici [62]. Or les advis et remedes à ce mal de guerre civile sont à la finir au plustost, ce qui se faict par deux moyens, accord, ou victoire. Le premier vaut mieux; encores qu'il ne fust pas tel que l'on le desire, le temps remediera au reste. Il faut quelques fois se laisser un peu tromper, pour sortir de guerre civile, comme il est dict d'Antipater, *bellum finire cupienti, opus erat decipi* [63]. La victoire est dangereuse, car il est à craindre que le victorieux en abuse et ensuive une tyrannie. Pour bien s'y porter il se faut desfaire de tous les autheurs de troubles, et autres remueurs et sanguinaires, tant d'une part que d'autre, soit en les envoyant loing, soubs quelque beau pretexte et charge, en les divisant, ou en les employant contre l'estranger [64]; et traictant au reste doucement le menu peuple [65].

§. 12. *Advis pour les particuliers en toutes les susdictes divisions publiques.*

VOILA plusieurs especes de troubles et divisions pu-

---

[62] Tacit. *Histor.* L. I, c. LIII. — Velleius Patercul. L. II. La traduction précède les passages cités.

[63] « Qui, désirant de finir la guerre, vit qu'il fallait se laisser tromper ». Quint. Curt. L. VI, c. III.

[64] *Spargi per provincias, et externo bello illigari, pars consilii pacisque est.* Tacit. *Histor.* L. III, c. XLVI, *in fine.*

[65] *Leniter cum aliis agendum,* dit Juste-Lipse. L. VI.

bliques, ausquelles et à chacune d'icelles ont esté donnés advis et remedes pour le regard du prince, maintenant il en faut donner pour les particuliers. Cecy ne se vuide pas en un mot : il y a deux questions ; l'une, s'il est loisible à l'homme de bien de prendre party, ou demeurer coy [66] ; l'autre en tous les deux cas, c'est à dire estant d'un party, ou n'en estant point, comment on s'y doibt comporter. Quant au premier poinct, il se propose pour ceux qui sont libres, et ne sont encores engagés à aucun party ; car s'ils y sont ja engagés, cette premiere question n'est pour eux : ils sont renvoyés à la seconde. Je dis cecy, à cause que l'on peut bien estre d'un party, non par choix et dessein, voire que l'on n'approuve pas, mais pource que l'on s'y trouve tout porté et attaché par très grandes et puissantes liaisons, que l'on ne peut honnestement rompre, qui couvrent et excusent assez, estant naturelles et equivalentes. Or la premiere question a des raisons et exemples contraires. Il semble, d'une part, que l'homme de bien ne sçauroit mieux faire que de se tenir coy ; car il ne sçauroit s'immiscer à aucun party sans faillir, pource que toutes ces divisions sont illegitimes de soy, et ne peuvent estre menées ny subsister sans inhumanité et injustice [67].

---

[66] Juste-Lipse agite aussi cette question délicate. Voyez cet auteur, *loc. citat.*

[67] *Arma civilia neque parari neque haberi possunt per bonas artes.* Tacit. *Annal.* L. I, c. IX.

Et plusieurs gens de bien ont abhorré cela, comme respondict Asinius Pollio à Auguste, qui le prioit de le suyvre contre Marc-Antoine [68]. D'autre part est-il pas raisonnable de se joindre aux bons et ceux qui ont le droict? Le sage Solon l'a ainsi jugé, voire il chastie rudement celuy qui s'en retire et ne prend party [69]. Le professeur de vertu, Caton, l'a ainsi practiqué, ne se contentant de tenir un party, mais y commandant. Pour vuider ce doubte il semble que les hommes illustres, qui ont, et charge publique et credit et suffisance en l'estat, peuvent et doibvent se ranger du party qu'ils jugeront le meilleur; car ils ne doibvent abandonner en la tourmente le gouvernail du vaisseau, qu'ils conduisoient en bonace, doibvent servir à leur dignité, pourvoir à la seureté de

---

[68] Velleius Paterculus nous a conservé cette réponse. Quand Auguste pria Asinius Pollio de venir avec lui à la guerre contre Marc-Antoine, Asinius Pollio, lié par les bienfaits de ce dernier, lui répondit : « Je me tiendrai à l'écart sans entrer dans vos différens, et je serai la proie du vainqueur ». Vell. Paterc. L. II, c. LXXXVI.

[69] Aulu-Gelle a conservé le texte même de cette loi de Solon, et la cite d'après Aristote. Voyez *Noct. Att.* L. II, c. XII. — Plutarque ne veut pas aussi que l'on reste calme, indifférent au milieu des partis; mais il veut qu'on tâche de les reconcilier, sans se joindre à l'un ni à l'autre. Ce rôle n'est pas facile. *Voy.* Plutarque: *Instruction pour ceux qui manient les affaires d'état.* — Bodin approuve beaucoup la loi de Solon, et la croit très-utile, surtout dans les républiques. Voyez *de Rep.* L. IV, c. VII.

l'estat [70]; et les privés ou qui sont moindres en charge et en suffisance d'estat, s'arrester et se retirer en quelque lieu paisible et asseuré durant la division [71], et tous les deux se comporter comme il va estre dict. Au reste, pour le choix du party, quelques fois il n'y a point de difficulté, car l'un est si injuste et si malheureux que l'on ne s'y peut mettre avec aucune raison. Mais d'autres fois la difficulté est bien grande, et puis il y a plusieurs choses à penser outre la justice et le droict des parties [72].

3. Venons à l'autre poinct qui est du comportement de tous. Or il se vuide en un mot par l'advis et la reigle de moderation, suivant l'exemple d'Atticus [73], tant renommé pour sa modestie et prudence en tels orages, tenu tousjours et estimé pour favoriser le bon party, toutesfois sans s'envelopper aux armes et sans offense de l'autre party.

---

[70] *Dignitati esse serviendum, reipublicæ consulendum, officii rationem in omni vitá esse ducendam.* Cicér. Orat. pro Sextio, n°. 23. — Juste-Lipse à qui Charron a emprunté, comme je l'ai déjà dit, presque tous les principes émis dans ce chapitre, s'appuie sur les mêmes autorités.

[71] Juste-Lipse. *loc. citat.*

[72] L'avis de Bayle est qu'on choisisse la faction la moins puissante, lorsqu'on ne saura pas qui a droit ou qui a tort, quant au fond. *Voy.* Dict. hist. art. *Léonin*, Rem. B. Dans le même ouvrage (article *Eppendorf* Rem. C.), il prouve admirablement la nécessité de prendre un parti. — N.

[73] Voyez Cornelius Nepos, *in ejus vitá.*

Parquoy ceux qui sont déclarés d'un party s'y doibvent porter non outrés, mais avec moderation, ne s'embesongnant point aux affaires, s'ils n'y sont tout portés et pressés, et en ce cas s'y porter avec tel ordre et attrempance que l'orage passe sur leur teste sans offense, n'ayant aucune part à ces grands desordres et insolences qui s'y commettent; mais au rebours les adoucissant, destournant, esludant comme ils pourront. Ceux qui ne sont declarés ny engagés à aucun party (desquels la condition est plus douce et meilleure) encores que peut estre au dedans et en affection ils en ont un, doibvent demeurer neutres, c'est à dire, ne se soucier de l'issue et de l'estat des uns ny des autres, demeurant à eux seuls, et comme spectateurs en theatre se paissant des miseres d'autruy. Tels sont odieux à tous, et courent enfin grande fortune, comme il se lit des Thebains en la guerre de Xerxes et de Jabes Galaad [74], *neutralitas nec amicos parit, nec inimicos tollit* [75]. La neutralité n'est ny belle ny honneste, si ce n'est avec consentement des partys, comme Cesar qui declara de tenir les neutres pour siens, au contraire de Pompée, qui les declara ennemys [76]; ou à un estranger, ou à tel,

---

[74] Voyez dans la *Bible*, le liv. des *Juges*, c. XXI.

[75] « La neutralité ne fait point d'amis, n'ôte point d'ennemis ». Tite-Live. L. IX, c. III.

[76] *Denunciante Pompeio pro hostibus se habiturum qui reip.*

qui pour sa grandeur et dignité ne s'en doibt point mesler, mais plustost estre reclamé arbitre et moderateur de tous, ny aussi et moins encores inconstans, chancelans, metis, protées, plus odieux encores que les neutres, et offensifs à tous. Mais ils doibvent (demeurant partisans d'affection s'ils veulent, car la pensée et l'affection est toute nostre) estre communs en actions, offensifs à nuls, officieux et gracieux à tous, se complaignant du malheur commun. Tels ne se font point d'ennemys, et ne perdent leurs amys. Ils sont propres à estre mediateurs et amiables compositeurs, qui sont encores meilleurs que les communs. Ainsi des non partisans qui sont quatre, deux sont mauvais, les neutres et les inconstans; et deux bons, les communs et les mediateurs, mais tousjours l'un plus que l'autre, comme des partisans il y en a deux, les outrés et moderés.

§. 13. *Des troubles et divisions privées.*

Aux divisions privées l'on peust commodement et loyalement se comporter entre ennemys, si ce n'est avec une egale affection, au moins temperée ; ne s'engager tant aux uns, qu'ils puissent requerir tout de nous, et aussi se contenter d'une moyenne mesure de

---

defuissent : ipse medios et neutrius partis, suorum sibi numero futuros pronunciavit. Suétou *in Cæsar.* c. LXXI.

leur grace; ne rapporter que les choses indifferentes ou cognues, ou qui servent en commun, disant rien à l'un que l'on ne puisse dire à l'autre à son heure, en changeant seulement l'accent et la façon.

CHAPITRE V.

De la justice, seconde vertu.

DE LA JUSTICE EN GENERAL.

SOMMAIRE. Définition de la justice. — Il y a deux espèces de justice : l'une naturelle, universelle, philosophique; l'autre artificielle, politique, accommodée aux besoins de la police et des états. La première est bien supérieure à l'autre; mais les hommes ne savent ou ne peuvent guère la pratiquer. La seconde se prête à la faiblesse humaine, et permet au besoin plusieurs choses que l'autre ne manquerait point de proscrire.

La justice humaine et usuelle se divise en plusieurs espèces. Elle est commutative, lorsqu'elle a pour objet les engagemens mutuels des hommes entre eux; distributive, lorsqu'elle règle les devoirs des membres de la société envers cette même société, ou réciproquement de la société envers ses membres. — La première ou s'astreint aux termes même de la loi, ou n'en cherche, n'en suit que le sens. Qu'est-ce qu'une justice qui peut ainsi se restreindre ou s'étendre! La justice distributive a cela de défectueux qu'elle sait bien mieux punir que récompenser. Elle accuse, et n'indemnise point, lorsque l'innocence est reconnue.

Exemples : la règle de Polyclète, qui était inflexible, et la règle Lesbienne qui pouvait se ployer en tout sens.

JUSTICE est rendre à chascun ce qui luy appartient [1], à soy premierement et puis à autruy [2] : et par ainsi elle comprend tous les debvoirs et offices d'un chascun, qui sont doubles; le premier est à soy-mesme, le second à autruy; et sont comprins en ce commandement general, qui est le sommaire de toute justice, tu aymeras ton prochain comme toy mesme; lequel non seulement met le debvoir envers autruy en second lieu, mais il le monte et le reigle au patron du debvoir et amour envers soy; car, comme disent les Hebreux, il faut commencer la charité par soymesme.

« Le commencement donc de toute justice, le premier et plus ancien commandement, est de la raison sur la sensualité. Auparavant que l'on puisse bien commander aux autres, il faut apprendre à comman-

---

[1] C'est la définition de la justice, dans le Digeste, L. I, t. 1, *de Instit. et Jure*, leg. 10.

[2] C'est donc avec raison que Plutarque a dit : « Il n'est pas vrai que le juste est utile seulement aux autres, et qu'il est inutile à lui-même et aux siens ». Plut. *Comparaison de Caton et d'Aristide.* — N.

der à soy mesme, rendant à la raison la puissance de commander, et assubjettissant les appetits et les pliant à l'obeyssance. C'est la premiere originelle justice, interne, propre, et la plus belle qui soit [3] ». Ce commandement de l'esprit sur la partie brutale et sensuelle, de laquelle sourdent les passions, est bien comparé à un escuyer qui dresse un cheval, pource que se tenant tousjours dedans la selle, il le tourne et manie à sa volonté.

Pour parler de la justice, qui s'exerce au dehors et avec autruy, il faut sçavoir premierement qu'il y a double justice; une naturelle, universelle, noble, philosophique, l'autre aucunement artificielle, particuliere, politique, faicte et contraincte au besoin des polices et estats. Celle-là est bien mieux reiglée, plus roide, nette et belle, mais elle est hors l'usage, incommode au monde tel qu'il est, *veri juris germanaeque justitiae solidam et expressam effigiem nullam tenemus; umbris et imaginibus utimur* [4] : il n'en est aucunement capable comme a esté dict [5]. C'est la reigle de Polyclete, inflexible, invariable. Cette-cy est plus lasche et molle, s'accommodant à la foiblesse et ne-

---

[3] Ces premières phrases de l'alinéa, placées entre des guillemets, sont prises de Bodin, *de la Rép.* L. I, c. III.

[4] « Nous n'avons du vrai droit et de sa sœur la justice, aucune représentation solide et bien certaine : nous ne pouvons en offrir que l'ombre, le fantôme ». Cicér. *de Offic.*

[5] L. I, c. XXXIX.

cessité humaine et populaire. C'est la reigle Lesbienne et de plomb, qui ploye et se tord selon qu'il est besoin, et que le temps, les personnes, les affaires et accidens le requierent. Cette-cy permet au besoin et approuve plusieurs choses, que celle-là rejetteroit et condamneroit du tout. Elle a plusieurs vices legitimes, et plusieurs actions bonnes illegitimes. Celle-là regarde tout purement la raison, l'honneste ; cette-cy considere fort l'utile, le joignant tant qu'elle peut avec l'honnesteté. De celle-là qui n'est qu'en idée et en theorique, n'en faut point parler.

La justice usuelle, et qui est en practique par le monde, est premierement double, sçavoir egale, astraincte aux termes des loix, selon laquelle les magistrats et juges ont à proceder : l'autre equitable, laquelle sans s'assubjectir aux mots de la loy, marche plus librement, selon l'exigence des cas, voire quelques fois contre les mots de la loy. Or pour mieux dire, elle mene et reigle la loy selon qu'il faut : dont a dict un sage, que les loix mesmes et la justice ont besoin d'estre menées et conduictes justement, c'est à dire avec equité, *quae expositio et emendatio legis est, exponit sensum, emendat defectum.* [6]. C'est la

---

[6] « L'explication d'une loi en est la meilleure critique : en présenter le sens, c'est en corriger le vice ». Ce passage dont je ne puis indiquer la source, est peut-être pris de quelque commentateur du code.

fine fleur de justice qui est en la main de ceux qui jugent en souveraineté. Item pour en parler plus particulierement, il y a double justice; l'une commutative entre les particuliers, laquelle se manie par proportion arithmetique; l'autre distributive administrée publiquement par proportion geometrique [7] : elle a deux parties, la recompense, et la peine.

Or toute cette justice usuelle et de practique n'est point vrayement et parfaitement justice, et l'humaine nature n'en est pas capable non plus que de toute autre chose en sa pureté. Toute justice humaine est meslée avec quelque grain d'injustice, faveur, rigueur, trop et trop peu, et n'y a point de pure et vraye mediocrité, d'où sont sortis ces mots des anciens : qu'il est force de faire tort en detail, qui veut faire droict en gros, et injustice en petites choses, qui veut faire justice en grandes [8]. Les legislateurs pour donner

---

[7] On trouve dans Puffendorf la définition et l'explication de ces deux espèces de justice. « Lorsqu'on rend à quelqu'un ce qu'on lui doit en vertu d'un engagement mutuel, on pratique la *justice commutative*... La pratique des devoirs auxquels on est tenu en vertu des conventions de la société envers ses membres, ou des membres envers la société, est ce qu'on appelle *justice distributive* ». Voy. les notes de Barbeyrac sur Puffendorf, *Droit de la nat. et des gens*, L. I, c. VII, §. 10.

[8] Plutarque qui rapporte cette sentence de Jason, tyran de Thessalie, remarque avec raison, que c'est là *une instruction propre pour quelqu'un qui veut se faire seigneur et usurper*

cours à la justice commutative tacitement permettent de se tromper l'un l'autre, et à certaine mesure, mais qu'il ne passe point la moitié de juste prix, et c'est pource qu'ils ne sçauroient mieux faire. Et en la justice distributive, combien d'innocens prins, et de coulpables absous et relaschés et sans la faute des juges, sans compter le trop, ou le trop peu, qui est presque perpetuel en la plus nette justice! La justice s'empesche elle-mesme; et la suffisance humaine ne peut voir ny pourvoir à tout. Voicy entre autres un grand deffaut en la justice distributive, de punir seulement, et non salarier, bien que ce soient les deux parties et les deux mains de la justice, mais selon qu'elle s'exerce communement, elle est manchotte et incline toute à la peine. « La plus grande faveur que l'on reçoive d'elle, c'est l'indemnité, qui est une monnoye trop courte pour ceux qui font mieux que le commun » 9. Mais il y a encores plus; car soyez deferé et accusé à tort, vous voylà en peine et souffrez beaucoup; enfin vostre innocence cognue, vous en sortez absous de la derniere punition, mais sans reparation de l'affliction, qui vous demeure tousjours. Et l'accusateur moyennant qu'il aye apporté si petite couleur que ce soit (qui est facile à faire) s'en va

---

la tyrannie. Voy. Plut. *Instruction pour ceux qui manient affaires d'état.* — N.

9 Ce sont les propres termes de Montaigne, L. III, c. XIII.

sans punition, tant est escharse la justice *¹⁰ au loyer, et recognoissance du bien, et toute au chastiment. Dont est venu ce jargon, que faire justice, et estre subject à justice s'entend tousjours de la peine; et est aysé à qui veut de mettre un autre en peine, et le reduire en tel estat, qu'il n'en sortira jamais qu'avec perte.

De la justice et du debvoir y a trois parties principales. Car l'homme doibt à trois; à Dieu, à soy, à son prochain : au dessus de soy, à soy et à costé. Du debvoir envers Dieu, qui est la pieté et religion, a esté dict assez amplement cy-dessus ¹¹. Il reste donc icy à parler du debvoir envers soy et son prochain.

---

*¹⁰ Tant la justice est chiche pour la récompense.
¹¹ L. II, c. v.

CHAPITRE VI.

De la justice et debvoir de l'homme à soy-mesme.

SOMMAIRE. — Le premier devoir de l'homme envers lui-même est de vivre. Or, ce n'est pas vivre que de mal employer le tems. Les uns passent leurs jours en spéculations inutiles, les autres dans l'oisiveté ou les jeux; d'autres encore cherchent laborieusement à accumuler des honneurs, des richesses. Tout cela n'est point vivre. Il faut d'abord apprendre à se connaître, méditer sur soi-même, savoir rester dans la solitude et se passer des autres, non par vanité, mais pour mettre à profit toutes ses ressources personnelles, naturelles ou acquises. Il faut bien dispenser son tems, régler ses heures; former son esprit, son jugement; s'accoutumer surtout à douter, c'est le principe de la sagesse. — L'homme se doit aussi de prendre soin de son corps. La nature le lui a donné comme l'instrument de l'esprit; qu'il reste sous sa tutelle. L'esprit doit être pour le corps, comme un maître, mais non comme un tyran : il doit l'assister, le conseiller, *le nourrir, mais non l'engraisser.* Le corps restera dans un état florissant par une nourriture modérée, et par l'exercice. — Enfin l'homme doit veiller sur les biens que la nature ou la providence lui a donnés. Haïr et aimer trop les richesses sont deux excès également vicieux. Le sage les estimera ce qu'elles valent, connaîtra les biens et les maux qu'elles peuvent produire. Si elles se présentent, il saura en jouir; si elles lui échappent, il ne s'en désespérera point. Il est indigne de l'homme qui croit à une autre vie, d'attacher un trop grand prix aux biens de ce monde.

Exemples : Zénon. — Aristote.

CECY est assez comprins en tout cet œuvre; au premier livre qui enseigne à se cognoistre et toute l'humaine condition; au second qui enseigne à estre sage, et en donne les advis et les reigles; et au reste de ce livre specialement ès vertus de force et temperance : toutesfois comme en un sommaire je mettrai icy quelques advis plus exprès et formels.

Le premier et fondamental advis est de se resouldre à ne vivre point par acquit, à l'incertain et à l'adventure, comme font presque tous, qui semblent se moquer et ne vivre pas à bon escient, ne traictent et ne conduisent point leur vie serieusement, attentifvement, vivent du jour à l'autre, comme il adviendra. Ils ne goustent, ne possedent, ny ne jouyssent de la vie; mais ils s'en servent pour faire d'autres choses. Leurs desseins et occupations troublent souvent, et nuisent plus à la vie qu'ils n'y servent. Ces gens icy font tout à bon escient, sauf de vivre. Toutes leurs actions et les petites pieces de la vie leur sont serieuses; mais tout le corps entier de la vie n'est qu'en passant et comme sans y penser; c'est un presupposé, à quoy ne faut plus penser. Ce qui n'est qu'accident leur est principal, et le principal ne leur est qu'accessoire. Ils s'affectionnent et se roidissent à toutes choses, les uns à amasser sciences, honneurs, dignités, richesses; les autres à prendre leur plaisir, chasser, jouer, passer le temps; les autres à des speculations, fantaisies, inventions; les autres à manier et traicter affaires; les autres à autres choses; mais à vivre ils ny pensent pas. Ils vivent comme insensiblement estant bandés et pensifs à autres choses. La vie leur est comme un terme et un delay pour l'employer à d'autres choses. Or tout cecy est très injuste, c'est un malheur et trahison à soy-mesme; c'est bien perdre sa vie, et aller contre ce qu'un chascun se doibt,

mesnager le temps, *tempori parce* ⁵, que nous n'avons besoin de chose tant que du temps, disoit Zenon ⁶; car la vie est courte, et l'art est longue ⁷; non l'art de guarir, mais plustost de vivre, qui est la sagesse. A ce premier et capital advis servent les suyvans.

2. *⁸ Apprendre à demeurer, se delecter et contenter seul, voire se passer de tout le monde, si besoin est; la plus grande chose est de savoir estre à soy, la vertu se contente de soy; gaignons sur nous de pouvoir à bon escient vivre seuls, et y vivre à nostre ayse; apprenons à nous passer et nous desprendre de toutes les liaisons qui nous attachent à autruy, et que nostre contentement despende de nous, sans chercher, ny aussi desdaigner ou refuser les compagnies, voire gayement y aller et s'y trouver, si le besoin nostre ou d'autruy le requiert: mais ne nous y accoquiner et y establir nostre plaisir, comme aucuns qui sont comme demy-perdus estant seuls. Il faut avoir au dedans soy, de quoy s'entretenir et contenter, *et in sinu suo gaudere* ⁹. Qui a gaigné ce poinct,

---

⁵ Sénèq. ép. xciv.

⁶ Voy. Diogène Laërce, *Vie de Zénon*.

⁷ 1ᵉʳ. Aphorisme d'Hipocrate. — Le mot *art* était encore féminin, au tems de Charron.

*⁸ Sous-entendez, *il faut*.

⁹ Sénèq. ép. cv. La traduction précède. — Tibulle a dit de même:

Qui sapit, in tacito gaudeat ille sinu.
Eleg. xiii, v. 8.

se plaist par-tout, et en toutes choses. Il faut bien faire la mine conforme à la compagnie et à l'affaire qui se presente et se traicte, et s'accommoder à autruy, triste, si besoin est, mais au dedans se tenir tousjours mesme ; cecy est la meditation et consideration, qui est l'aliment et la vie de l'esprit, *cujus vivere est cogitare* [10]. Or par le benefice de nature il n'y a occupation que nous fassions plus souvent, plus long-temps, qui soit plus facile, plus naturelle et plus nostre que mediter et entretenir ses pensées. Mais elle n'est pas à tous de mesme, ains bien diverse *[11], selon que les esprits sont ; aux uns elle est foible, aux autres forte ; aux uns c'est fetardise *[12], oysiveté languissante, vacance et disette de toute autre besongne ; mais les grands en font leur principale vacation et plus serieux estude, dont ils ne sont jamais plus embesongnés, ny moins seuls (comme il est dict de Scipion [13]) que quand ils sont seuls et sejournent *[14] d'affaires, à l'imitation de Dieu, qui vit et

---

[10] « Pour qui penser c'est vivre ». Cicér. *Tuscul. quœst.* L. V, c. XXXVIII.

*[11] Elle est au contraire bien différente.

*[12] Nonchalance, paresse, lenteur. De *fait tard ; qui facit tardè.*

[13] *Publium Scipionem.... dicere solitum dicit Cato.... numquam se minùs otiosum esse quàm cùm otiosus; nec minùs solus, quàm cùm solus esset.* Cicér. *de Offic.* L. III, c. I, initio.

*[14] Et qu'ils chomment, manquent d'affaires.

se paist d'eternelle pensée. C'est la besongne des Dieux (dict Aristote) de laquelle naist leur beatitude et la nostre.

Or cette solitaire occupation, et cet entretien joyeux ne doibt point estre en vanité, moins en chose vicieuse, mais en l'estude et cognoissance profonde, et puis diligente culture de soy-mesme : c'est le prix faict, le principal, premier et plus plein ouvrage de chascun. Il faut tousjours se guetter, taster, sonder, jamais ne s'abandonner, estre tousjours chez soy, se tenir à soy : et trouvant que plusieurs choses ne vont pas bien, soit par vice et deffaut de nature, ou contagion d'autruy, ou accident survenu, qui nous trouble, faut tout doucement les corriger, et y pourvoir. Il faut s'arraisonner soy-mesme, se redresser, et remettre courageusement, non pas se laisser aller et couler par desdain et nonchalance.

Il faut aussi en evitant toute faineantise et fetardise, qui ne faict qu'enrouiller et gaster et l'esprit et le corps, se tenir tousjours en haleine, en exercice et en office : non toutesfois trop tendu, violent et penible, mais sur-tout honneste, vertueux et serieux : et plustost, pour ce faire, se tailler de la besongne, et se proposer des desseins pour s'y occuper joyeusement, conferant avec les honnestes hommes et les bons livres, dispensant bien son temps et reiglant ses heures, et non vivre tumultuairement et par hasard.

Mesnager bien et faire son proffit de toutes choses

qui se presentent, se font, se disent, s'en faire leçon, se les appliquer sans en faire bruict ny semblant.

Et pour plus particulariser, nous sçavons que le debvoir de l'homme envers soy est en trois, comme il a trois parties à reigler et conduire, l'esprit, le corps, et les biens. Pour l'esprit (le premier et principal auquel appartiennent premierement et par preciput les advis generaux que nous venons de dire), nous sçavons que tous ses mouvemens reviennent à deux, penser et desirer; l'entendement et la volonté, ausquels repondent la science et la vertu, les deux ornemens de l'esprit. Quant au premier qui est l'entendement, il le faut preserver de deux choses aucunement contraires et extremes, sçavoir sottise et folie, c'est à dire de vanités et niaiseries d'une part, c'est l'abastardir et le perdre; il n'a pas esté faict pour niaiser, *non ad jocum et lusum genitus, sed ad severitatem potiùs* [15], et d'opinions fantasques, absurdes et extravagantes, d'autre c'est le sallir et villaner *[16]. Il le faut paistre et entretenir de choses utiles et serieuses, le teindre et abreuver des opinions saines, douces, naturelles; et ne faut pas tant estudier à l'es-

---

[15] « La nature ne l'a pas formé pour les jeux et les amusemens, mais bien plutôt pour les occupations sévères ». Cicer. *de Offic.* L. I, c. XXXIX, n°. 103.

*[16] L'édition de Dijon met: *c'est de sallir et vilaner*, ce qui est inintelligible, et contraire au texte des deux 1res. éditions.

lever et guinder, à le tendre et roidir, comme à le reigler, ordonner, et policer; l'ordre et la pertinence c'est l'effect de sagesse, et qui donne prix à l'ame: et sur tout se garder de presomption, opiniastreté: vices familiers à ceux qui ont quelque gaillardise et vigueur d'esprit: plustost se tenir au doubte en suspens, principalement ès choses qui reçoivent oppositions et raisons de toutes parts, mal aysées à cuire et digerer : c'est une belle chose que sçavoir bien ignorer et doubter, et la plus seure, de laquelle ont faict profession les plus nobles philosophes [17], voire c'est le principal effet et fruict de la science.

Pour le regard de la volonté, il faut en toutes choses se reigler et soubmettre à la droicte raison, qui est l'office de vertu, non à l'opinion volage, inconstante, faulse ordinairement, moins encores à la passion. Ce sont les trois qui remuent et regentent nos ames. Mais voicy la difference, le sage se reigle et se range à ce qui est selon nature et raison, regarde au debvoir, tient pour apocryphe et suspect ce qui est de l'opinion, condamne tout à faict ce qui est de la passion, et pource vit-il en paix, chemine tout doucement en toutes choses, n'est point subject à se repentir, se desdire, changer, car quoy qu'il advienne,

---

[17] Dans ce même volume, on trouvera les noms de plusieurs philosophes tant anciens que modernes dont la science était *de savoir douter et ignorer.* Voy. *suprà*, page 46, dans les notes.

il ne pouvoit mieux faire ny choisir : et puis il ne s'eschauffe point, car la raison va tout doux. Le fol qui se laisse mener à ces deux, ne faict qu'extravaguer, se gendarmer, jamais ne repose. Il est tousjours à se radviser, changer, rhabiller, repentir, et jamais n'est content; aussi n'appartient-il qu'au sage de l'estre, et qu'à la raison et à la vertu de nous faire et rendre tels, *nulla placidior quies, nisi quam ratio composuit* [18]. L'homme de bien se doibt regenter, respecter, et craindre sa raison et sa conscience, qui est son bon genie, si qu'il ne puisse sans honte broncher en leur presence, *rarum est ut satis se quisque vereatur* [19].

Quant au corps, l'on luy doibt assistance et conduicte. C'est folie de vouloir sequestrer et desprendre ces deux parties principales l'une de l'autre; au rebours il les faut rallier et rejoindre. La nature nous a donné le corps comme instrument necessaire à la vie : il faut que l'esprit, comme le principal, prenne la tutele du corps. Il ne le doibt pas servir; ce seroit la plus vile, injuste, honteuse et onereuse servitude de toutes : mais l'assister, le conseiller, et luy estre comme mary. Il luy doibt donc du soin, et non du service : il le doibt traicter comme seigneur, non

---

[18] « Il n'y a point de repos plus doux que celui que la raison nous a préparé ». Sénèq. ép. LVI.

[19] « Il est rare que l'on sache se craindre, se respecter assez ». Quintilian. *Instit. orat.* L. X, c. VII.

comme tyran; le nourrir, non l'engraisser, luy monstrant qu'il ne vit pas pour luy, mais qu'il ne peust vivre icy bas sans luy. C'est adresse à l'ouvrier de sçavoir bien user et se servir de ses outils ; aussi est-ce un grand advantage à l'homme de se sçavoir bien servir de son corps, et le rendre instrument propre à exercer la vertu. Au reste, le corps se conserve en bon estat par nourriture moderée, et exercice bien reiglé. Comment l'esprit doibt avoir part et luy faire compagnie aux plaisirs, il a esté dict cy-dessus, et sera encores dict en la vertu de temperance.

Quant aux biens et au debvoir d'un chascun en cet endroict, il y a plusieurs et divers offices : sont sciences differantes qu'amasser des biens, conserver, mesnager, emploitter, et leur donner tour [20]. Tel est sçavant en l'un, qui n'entend rien en l'autre, ny n'y est propre. L'acquisition a plus de parties que toutes les autres. L'emploite [21] est plus glorieuse et ambitieuse. La conservation et la garde, qui est propre à la femme, est sombre.

Ce sont deux extremités pareillement vicieuses; aymer et affectionner les richesses; les hayr et rejetter. J'entends richesses ce qui est outre et par dessus

---

[20] On lit dans l'édition de Dijon : *et leur donner tout;* ce qui est inintelligible. — *Leur donner tour* doit signifier les façonner, les cultiver, les embellir.

[21] L'emploi, l'usage.

la necessité et la suffisance. Le sage ne fera ny l'un ny l'autre, selon le souhait et priere de Salomon, ny richesse ny povreté; mais les tiendra en leur rang, les estimant ce qu'elles sont, chose de soy indifférente, matiére de bien et de mal, utiles à beaucoup de bonnes choses.

Les maux et miseres, qui sont à l'affectionner et à hayr les biens, ont esté dicts cy-dessus [22]; voicy maintenant la reigle en la mediocrité, qui est en cinq mots. 1. Les vouloir, mais ne les aymer point, *sapiens non amat divitias, sed mavult* [23]. Tout ainsi que l'homme petit et foible de corps voudroit bien estre plus haut et plus robuste, mais c'est sans s'en soucier et sans s'en donner peine; cherchant sans passion ce que la nature desire, la fortune ne nous en sçauroit priver. 2. Encores beaucoup moins les chercher aux despens et dommage d'autruy, ou par arts et moyens lasches et sordides, affin que personne ne nous les pleure, plaigne, ou envie s'il n'est malicieux. 3. Advenans et entrans par la porte honneste de devant ne les point rebuter, ains gayement les accepter et recevoir en sa maison, non en son cueur, en sa possession, non en son amour, comme n'en estant dignes. 4. Les ayant, les employer honnestement et discrete-

---

[22] L. I, c. XXII.

[23] Sénèq. *de vitâ beatâ*, c. XXI, *sub fine*. La traduction précède.

ment en bien meritant d'autruy ²⁴ ; affin que pour le moins soit autant honneste leur sortie que leur entrée.

5. S'en allant d'elles-mesmes, se desrobant, et se perdant, ne s'en contrister, ne s'en allant rien du nostre, *si divitiae effluxerint, non auferent nisi semetipsas* ²⁵. Bref celuy ne merite estre accepté de Dieu, et est indigne de son amour et de profession de vertu, qui faict cas des biens de ce monde,

> Aude hospes contemnere opes, et te quoque dignum
> Finge Deo ²⁶.

---

²⁴ « Il n'y a rien, dit Plutarque, de plus convenable et de plus honnête que de faire profiter son bien, en s'abstenant de celui des autres ». Plut. *vie de Philopœmen.*

²⁵ Sénèq. *de Vitâ beatâ*, c. XXII. La traduction précède le passage latin, et même le développe.

²⁶ « Osez mépriser les richesses, hôte illustre; imitez un dieu, vous en êtes digne ». *Enéide*, L VIII, v. 364. Ces vers se trouvent dans un discours où Évandre raconte à Énée qu'Alcide a visité son humble toit. Voici comme l'abbé Delille les a traduits ou plutôt paraphrasés :

> .... Ce toit reçut le grand Alcide,
> Des monstres, des brigands noble exterminateur ;
> Là siégea près de moi ce dieu triomphateur :
> Depuis qu'il l'a reçu ce palais est un temple.
> Comme lui fils des Dieux, suivez ce grand exemple ;
> Osez d'un luxe vain fouler aux pieds l'orgueil :
> De mon humble séjour ne fuyez point le seuil ;
> Venez, et regardez, des yeux de l'indulgence,
> Du chaume hospitalier l'honorable indigence.

FIN DU TOME SECOND.

TABLE
DU TOME SECOND.

LIVRE SECOND,
CONTENANT LES INSTRUCTIONS ET REIGLES GENERALES DE SAGESSE.

pages.

PREFACE, auquel y a peincture generale de sagesse, et le sommaire du livre.................... 1

CHAPITRE Ier. Exemption et affranchissement des erreurs et vices du monde, et des passions. (*Premiere disposition à la sagesse*).................... 8

CHAP. II. Universelle et pleine liberté de l'esprit, tant en jugement qu'en volonté. (*Seconde disposition à la sagesse*).................... 23

CHAP. III. Vraie et essentielle preud'hommie. (*Premiere et fondamentale partie de sagesse*)........ 73

CHAP. IV. Avoir un but et train de vie certain. (*Second fondement de sagesse*).................... 110

CHAP. V. Estudier à la vraye pieté (*Premier office à la sagesse*)..................... 117

CHAP. VI. Regler ses desirs et plaisirs............ 158

CHAP. VII. Se porter moderement et egalement en prosperité et adversité...................... 170

CHAP. VIII. Obeyr et observer les loix, coustumes et ceremonies du pays, comment et en quel sens...... 191

CHAP. IX. Se bien comporter avec autruy......... 213

CHAP. X. Se conduire prudemment aux affaires..... 220

CHAP. XI. Se tenir tousjours prest à la mort, fruict de sagesse.................... 234

Chap. XII. Se maintenir en vraye tranquillité d'esprit, le fruit et la couronne de sagesse, et conclusion de ce livre 273

LIVRE TROISIEME.

Preface, auquel sont traitez les advis particuliers de sagesse par les quatre vertus morales............ 281

Chap. Ier. De la prudence premiere vertu. (*De la prudence en general*)................................ 282

Preface. De la prudence politique du souverain pour gouverner estats............................... 290

Chap. II. Premiere partie de cette prudence politique et gouvernement d'estat qui est de la provision.... 292

Chap. III. Seconde partie de la prudence politique et du gouvernement d'estat, qui est de l'action et gouvernement du prince 343

Chap. IV. De la prudence requise aux affaires difficiles et mauvais accidens publics et privés............. 397

Preface.. 400

§. 1er. Des maux et accidens qui nous menacent.. 401

§. 2. Maux et accidens presens, pressans, et extremes................................... 402

§. 3. Affaires douteux et ambigus............. 405

§. 4. Affaires difficiles et dangereux.......... ibid.

§. 5. Conjuration............................. 406

§. 6. Trahison................................ 411

§. 7. Emotions populaires.................... ibid.

§. 8. Faction et ligue........................ 414

		pages.
§. 9.	Sedition..........................	416
§. 10.	La tyrannie et rebellion...............	418
§. 11.	Guerres civiles.....................	421
§. 12.	Advis pour les particuliers en toutes les susdictes divisions publicques........	424
§. 13.	Des troubles et divisions privées........	429

Chap. V. De la justice, seconde vertu. (*De la justice en general*).............................. 430

Chap. VI. De la justice et debvoir de l'homme à soy-mesme................................ 436

www.ingramcontent.com/pod-product-compliance
Lightning Source LLC
Chambersburg PA
CBHW051820230426
43671CB00008B/782